OEUVRES

COMPLÈTES

D'ÉTIENNE JOUY.

TOME XVI

ON SOUSCRIT A PARIS:

Chez JULES DIDOT AINÉ, rue du Pont-de-Lodi, n° 6,
BOSSANGE père, rue de Richelieu, n° 60;
PILLET aîné, imprimeur-libraire, rue Christine, n° 5,
AIMÉ-ANDRÉ, quai des Augustins, n° 59,
Et chez L'AUTEUR, rue des Trois-Frères, n° 11.

ŒUVRES

COMPLÈTES

D'ÉTIENNE JOUY,

DE L'ACADÉMIE FRANÇAISE;

AVEC DES ÉCLAIRCISSEMENTS ET DES NOTES.

Mélanges.

TOME I.

PARIS

IMPRIMERIE DE JULES DIDOT AÎNÉ,

RUE DU PONT-DE-LODI, N° 6.

1823.

MÉLANGES.

PREMIÈRE PARTIE.

VARIÉTÉS LITTÉRAIRES ET PHILOSOPHIQUES.

VOLUME XVI.

AVANT-PROPOS.

Les mouvements plus rapides et plus compliqués de la société actuelle ont nécessairement imprimé aux travaux des écrivains une nouvelle direction. La littérature, organe de besoins et d'intérêts nouveaux, a dû pendant ce premier quart du dix-neuvième siècle quitter le champ vague des spéculations, pour s'établir sur le terrain mouvant de la politique : dès-lors les journaux, au moyen desquels les nations entretiennent entre elles une correspondance journalière, sont devenus une puissance de fait, et tous les talents se sont empressés de concourir à leur rédaction. Tour-à-tour conseillers, guides, instruments ou victimes des événements qui se pressaient autour d'eux, les écrivains les plus célèbres non seulement n'ont pas dédaigné ce genre de publication, mais peut-être quelques uns d'entre eux ont-ils sacrifié à cette renommée d'un moment la gloire plus durable à laquelle ils auraient pu prétendre.

La révolution a créé parmi nous l'éloquence politique; trente ans ont suffi pour que cette branche de littérature atteignît à la perfection, et c'est dans les journaux qu'elle a consigné ses succès. Je suis étonné qu'à une époque où les libraires exploitent avec tant d'habileté ce qu'ils appellent le domaine public, aucun d'eux n'ait encore songé à former un corps d'ouvrage de tant de morceaux précieux, de tant de pages éloquentes, dispersées et perdues pour la plupart dans des feuilles éphémères, où leurs auteurs eux-mêmes les ont oubliées. Quel recueil que celui où l'on trouverait réunies les opinions et les pensées de MM. B. Constant, de Pradt, Devaux, Châteaubriand, Perrier, Mignet, Girardin, Camille Jordan, Pagès, Fiévée, etc., sur les plus hautes questions de la politique; où l'on pourrait interroger tour-à-tour MM. Étienne, Jay, Tissot, Hoffmann, Kératry, Courrier, sur cette morale usuelle, sur cette philosophie pratique, sur cette littérature sociale, qui peuvent seules aujourd'hui consolider le nouvel ordre de choses; où l'on satisferait par la réunion d'une foule de traits, de mots, d'inspirations brillantes, dont les colonnes de nos journaux sont semées, au besoin de jouissances variées et rapides qui me paraît être un des caractères distinctifs de l'époque!

En admettant avec moi qu'une des parties les plus brillantes de notre gloire littéraire puisse se retrouver dans les journaux publiés depuis vingt-cinq ans, on aurait tort d'en conclure qu'un très petit nombre de volumes ne dût pas suffire à cette compilation, dont on aurait soin d'exclure ce qui appartient trop exclusivement à l'opinion du jour, à la circonstance du moment, à l'intérêt personnel, et sur-tout à l'esprit de parti; tout ce qui se ressent de la précipitation d'un travail quotidien; tout ce qui n'a pas dans son but le caractère de l'utilité publique, et dans le talent qui l'a produit une garantie suffisante de sa durée.

Peu d'hommes de lettres de mon temps ont pris une part plus active que moi à cette littérature polémique que l'on regarde à juste titre comme un des éléments du gouvernement constitutionnel. Cette opinion que je partage dans toutes ses conséquences me fait un devoir de déclarer, au moment où je me dispose à quitter la carrière, que dans cette foule d'écrits que j'ai publiés par la voie des journaux, il n'est pas une ligne que je puisse craindre de déférer, sous mon nom, à mes amis et à mes ennemis même, si j'ai le malheur d'en avoir : pourquoi craindrais-je de me rendre cette espèce de justice, que, dans tant de pages où j'ai laissé pour ainsi dire tomber mes impressions du moment, je n'ai point à me reprocher d'avoir une seule fois trahi ma pensée pour obéir au conseil du plus juste ressentiment; que, s'il est vrai qu'une disposition naturelle, dont je suis loin de me faire un mérite, me porte à m'exagérer à moi-même au premier examen d'un ouvrage les beautés que je crois y découvrir, il est plus certain encore que jamais aucun sentiment jaloux, aucun souvenir haineux n'a dicté mes critiques ou dirigé ma censure? En peignant certains hommes comme je les ai vus j'ai souvent eu l'occasion de manifester le mépris qu'ils m'inspiraient, mais je ne les ai appelés que par leur vice ; ce n'est pas ma faute s'ils ont cru entendre leur nom. Ne serait-il pas à desirer que l'exemple que je donne trouvât des imitateurs parmi les écrivains célèbres que je viens de nommer, et dont les écrits dispersés restent sans gloire et sans influence sous le voile de l'anonyme qui les couvre?

Tour-à-tour collaborateur du *Publiciste*, de la *Gazette de France*, du *Mercure*, de la *Minerve*, du *Journal des Arts*, de la *Renommée*, du *Courrier Français*, du *Miroir*, et de la *Pandore*, j'ai choisi dans le nombre, beaucoup trop considérable sans doute, des articles que j'ai publiés dans ces feuilles, ceux qui ne m'ont pas paru indignes d'être reproduits dans la collection de mes œuvres. C'est dire assez que j'en ai sévèrement exclu ces critiques d'allusion dont l'intelligence exigerait, dès à présent, un long et fastidieux commentaire ; ces analyses critiques d'ouvrages sur lesquels l'opinion publique est désormais fixée ; ces plaisanteries dont le sel s'évapore avec les objets fugitifs qui les font naître ; en un mot tous ceux de mes écrits périodiques où je n'ai point assez distinctement reconnu, en dernier examen, ce respect pour le public, et cet invariable amour de l'humanité, de la vérité, de la patrie, qui ont dicté mes ouvrages, et qui, je l'espère du moins, les recommanderont à la postérité.

DISCOURS DE RÉCEPTION

A L'ACADÉMIE FRANÇAISE[1].

Évariste-Desiré de Parny naquit dans l'île Bourbon ; il avait à peine atteint sa dixième année, lorsqu'il quitta pour la première fois ces climats brûlants que j'ai long-temps habités moi-même, et qu'a décrits avec tant de charmes l'éloquent auteur de *Paul et Virginie*, qui l'a précédé de quelques mois dans la tombe.

Sa naissance et ses inclinations l'appelaient dans la carrière des armes ; il embrassa cette brillante profession au sortir du collège de Rennes, où de saines études, dont il n'appréciait pas alors tous les avantages, fécondèrent le germe précieux du talent qu'il avait reçu de la nature.

Au milieu des riantes séductions dont l'environ-

---

[1] L'éloge de M. de Parny, dont j'occupe aujourd'hui la place à l'académie française, était pour moi un devoir qu'il m'eût été bien doux de remplir à l'époque où je fus admis à siéger dans cette illustre compagnie, à la fin de 1814 : des circonstances dont il est inutile de rappeler le souvenir ne m'ayant pas permis de prononcer ce discours et d'acquitter alors cette dette honorable, j'ai dû me borner, après dix ans, à rendre un hommage tardif à la mémoire de cet illustre académicien, dans une simple notice sur sa vie et ses ouvrages.

naient dans le monde son rang, son esprit et son âge, l'amitié fut le premier sentiment qu'éprouva son cœur: un de ses compatriotes, Bertin, en fut l'objet. Sans m'arrêter à un parallèle qui a souvent été fait entre deux poëtes qui me semblent n'avoir d'autre rapport que celui du genre où ils se sont exercés, je dois dire que cette rivalité de talent, qui, dans les ames vulgaires, devient si facilement de l'envie, ne fit que resserrer leurs nœuds que la mort seule a pu rompre. Leur esprit, leur caractère, tout à-la-fois différents et analogues, rendirent leur adhésion plus forte, comme on voit dans quelques ouvrages de l'art l'union de deux fragments rendue plus solide, plus immédiate, par l'inégalité même des parties qui les composent.

M. de Parny touchait à sa vingtième année lorsque les ordres paternels le rappelèrent aux lieux de sa naissance: il avait quitté Paris à regret; mais un sentiment nouveau, auquel son ame venait pour ainsi dire de naître, un sentiment qui renfermait toute sa destinée, le réconcilia avec sa patrie : il aima, son talent lui fut révélé.

M. de Parny apporta en naissant un esprit délicat, une imagination vive, et sur-tout une ame sensible, source la plus féconde de la pensée et du génie.

L'abandon sans négligence, la grace sans aucune recherche, une douce facilité qui n'exclut pas la précision, telles furent les qualités que l'on remarqua dans le premier recueil de ses poésies érotiques qu'il publia en 1778, et qui excitèrent une admiration d'autant plus vive, qu'elles contrastaient davantage avec l'affectation et le faux goût qui dominaient alors dans la poésie légère. Ce fut dans la nature et dans son cœur que M. de Parny chercha la source de ces vers que *soupirait Tibulle*. Avec quel charme, avec quel empire, il nous associe à ses plaisirs et à ses tourments! comme il nous fait aimer ce qu'il aime! comme il éveille dans tous les cœurs le sentiment dont le sien est rempli! Tout entier à ce qu'il voit, à ce qu'il éprouve, ses pensées sont des sentiments, ses expressions sont des images; il semble avoir tout oublié: la passion n'a point de mémoire.

A ces jours fugitifs d'un bonheur dont l'amour garantit si rarement la durée succédèrent les longs jours des regrets, des inquiétudes et de l'absence : contraint à la plus pénible séparation, il ne s'arracha pas sans les plus cruels efforts à la terre natale où il avait reçu deux fois la vie. De retour en France, il s'y déroba aux plaisirs bruyants du monde, et ne voulut confier qu'à la solitude le précieux trésor d'une mélancolie profonde où son génie devait puiser ses plus parfaites inspirations.

Bacon a dit, dans ce langage figuré qui prête à sa pensée tant d'éclat et d'énergie, que le *cœur de l'homme sensible était semblable à cet arbre généreux qu'il faut blesser pour en obtenir le baume qu'il recèle.* Le malheur du poëte tourna au profit de sa gloire. Ce fut à ses chagrins, à l'état d'une ame en proie à la tristesse des regrets, au tourment des souvenirs, que nous fûmes redevables de ces élégies où sont renfermés tous les mystères, tous les enchantements, toutes les douleurs de l'amour; chef-d'œuvre de sentiment et de style qui valut à son auteur la gloire d'avoir conquis à notre langue l'élégie antique dans toute sa perfection.

Si jeune encore, la postérité commença pour lui à cette époque, l'homme de son temps et de tous les temps, ce génie prodigieux dont les vastes ailes ombragent les deux cimes du Parnasse, et qui seul entre tous les écrivains obtint et mérita l'honneur de donner sont nom à son siècle, Voltaire le surnomma le Tibulle français.

Par un de ces contrastes dont le cœur humain n'est pas exempt, M. de Parny joignait à beaucoup d'indolence une vague inquiétude, un besoin de changement, dont il fut long-temps tourmenté:

> La peine (*disait-il*) est aux lieux qu'on habite,
> Et le bonheur où l'on n'est pas.

En 1784 il se rendit pour la seconde fois à Bourbon, et ne revit pas sans une émotion bien vive des lieux où il avait tant aimé: il suivit à la côte de Coromandel, en qualité d'aide-de-camp, M. le vicomte de Souillac gouverneur des établissements français dans les Indes; le hasard des événements, qui m'avait entraîné sur les mers presqu'au sortir de l'enfance, me fit rencontrer pour la première fois à Pondichéry le poëte illustre que le choix de l'Académie pouvait seul m'autoriser, trente ans après, à appeller mon prédécesseur. Mon goût, je n'ose dire ma vocation, pour la poésie, quelques essais dont mon âge excusait à ses yeux l'extrême faiblesse, m'attirèrent sa bienveillance; et je mets au nombre des souvenirs les plus doux de ma vie la première leçon que j'ai reçue de lui sur l'art des vers, dont il était déja maître, dans cette plaine de Goudlour, dernier champ de bataille illustré par nos armes dans ces contrées lointaines.

Après deux ans de séjour sur cette terre que le ciel a comblée de toutes ses faveurs, et dont l'avarice et l'ambition d'un peuple européen ont fait le théâtre de tous les crimes et de toutes les misères humaines, M. de Parny revint en France riche de ses études, de ses voyages et de ses souvenirs. Son cœur avait perdu ses tendres illusions, mais leur reflet colorait encore sa vive et brillante imagination; le sentiment qu'il n'éprouvait plus s'exhalait encore de son ame, semblable à ces fleurs qui laissent une odeur suave aux vases où elles ont long-temps séjourné. Plusieurs compositions charmantes, parmi lesquelles on distingue *les Tableaux, la Journée champêtre, les Déguisements de Vénus,* ajoutèrent à la réputation du poëte, en signalant toutes les facultés de son esprit.

L'ensemble des qualités dont se compose le caractère particulier de son talent, une élégance facile et soutenue, un sentiment inné de l'harmonie poétique, un naturel exquis, un style éminemment pur, brillent dans cette partie de ses ouvrages : le charme qu'ils y répandent est d'autant plus durable, qu'il est plus étranger à ces combinaisons futiles où l'on cherche dans la bizarrerie de l'expression l'effet qui ne doit appartenir qu'à l'image ou à la pensée. En se rappelant à quelle époque de décadence les arts étaient insensiblement parvenus, à quels rivaux M. de Parny disputait alors la palme poétique, on sent de quel heureux naturel, de quelle force de goût et de jugement il eut besoin d'être armé pour lutter contre la contagion des fausses doctrines littéraires auxquelles plusieurs poëtes contemporains avaient dû leurs succès. Juste appréciateur des anciens, il n'affecta pas d'éviter leurs traces pour se frayer une route où personne n'eût marché avant lui, et dédaignant le brillant jargon des amours à la mode, il se contenta d'exprimer des sentiments vrais dans un langage harmonieux et passionné, où l'on n'a point à craindre

L'hymen brusque et forcé des mots,

> Ce vain effort de l'impuissance,
> Cette pénible extravagance

qu'il appelait

> Le crime de nos vers nouveaux.

On lui faisait le reproche de rimer quelquefois avec négligence; il y répondit de la seule manière qui pût lui donner quelque poids, par un dialogue entre le *Poëte et sa Muse* où, sans nuire jamais au sens, il prodigue toutes les richesses de la rime.

Les ouvrages de M. de Parny semblent partager sa carrière poétique en trois parts bien distinctes : dans la première il s'abandonne aux seules inspirations de son cœur; dans la seconde il se crée un monde idéal où son imagination se joue au milieu des enchantements qu'elle fait naître : son talent, dans la troisième, prend une direction tout-à-fait différente; il y reste sous la seule influence de son esprit. Il était doué de cette faculté brillante au degré le plus éminent, et l'on ne commença peut-être à s'en apercevoir qu'au moment où il fut permis de lui en faire un reproche. Je m'abstiendrai d'en peser la valeur, et je n'arrêterai pas votre attention sur quelques ouvrages dont une morale sévère peut avoir à se plaindre, car l'impartiale vérité me forcerait de convenir que ces débauches portent partout l'empreinte d'un grand talent qui s'égare, et d'un esprit supérieur dont la sagesse elle-même gémit en secret de ne pouvoir nier l'éclat. Il suffit de lire les ouvrages de Parny pour se convaincre que ce fut à l'extrême sensibilité de son cœur, où l'amour occupa tant de place, qu'il fut redevable de toute la puissance de son talent. En appliquant cette même observation aux plus grands hommes dont s'honore la France, on voit que c'est à cette source féconde que presque tous ont puisé le génie particulier qui les immortalise; en effet l'amour dont le sentiment se modifie sous tant d'aspects divers, semble, du moins dans ce pays, avoir été imposé par la nature aux hommes supérieurs comme une des conditions de leur supériorité : Henri IV, Condé, Turenne, Molière, Racine, Voltaire, Buffon, Rousseau, ont tous payé aux femmes un tribut d'adoration dont l'amour n'a souvent été que le prétexte, et dont la reconnaissance justifie presque toujours l'excès.

Quelques moralistes trop sévères, qui affectent de ne voir dans l'amour qu'une liaison sans attachement, qu'un sentiment sans estime, demanderont peut-être à l'aide de quels sophismes on peut essayer de prouver qu'une passion qui par-tout ailleurs ne produit que désordre et faiblesse jouit en France du privilége de faire naître les vertus, d'enflammer le courage et de féconder les talents. Ne peut-on pas répondre que l'amour a toujours été parmi nous, suivant une vieille expression, *l'entrepreneur des grandes choses*, parceque les femmes de notre nation ont eu, à toutes les époques de notre histoire, une incontestable supériorité sur tout leur sexe?

Je n'emploierai pas le langage d'une fade adulation ou d'une galanterie déplacée pour donner à cette proposition toute l'évidence qu'elle peut recevoir du plus simple exposé des faits, et je me contenterai de rappeler à votre souvenir des noms qui sont des preuves.

La France peut se prévaloir avec un juste orgueil des hommes illustres qu'elle a produits, mais tous (à une seule exception près, Voltaire) ont, chez les nations étrangères, des rivaux de gloire ou du moins des concurrents de renommée.

Les femmes françaises dont l'histoire a consacré les noms y tiennent sans opposition et sans rivalité le premier rang parmi les femmes célèbres de tous les temps et de tous les pays.

Le premier poète du Parnasse anglais veut-il peindre dans une épître enchanteresse tout ce que l'amour peut inspirer d'abandon, de dévouement, et d'héroisme, quel autre nom que celui de notre Héloïse viendra s'offrir à sa pensée? quel modèle plus achevé pourrait lui révéler sa brûlante imagination? Il a sous les yeux ces lettres admirables où l'abbesse du Paraclet a épanché son ame, et tout l'effort du génie de Pope ne peut aspirer qu'à revêtir de couleurs poétiques, en les transportant dans une autre langue, les images les plus vives, les pensées les plus sublimes que l'amour et la religion aient jamais inspirées. Héloïse, en deux lignes et dans la simple adresse d'une lettre, a trouvé le moyen de réunir tout ce qu'il y a de plus humble, et de plus énergique, de plus gracieux et de plus tendre dans le langage de l'amour :

« La servante à son maître, la sœur à son frère,
« l'amie à son ami, Héloïse à Abélard, salut. »

Il est des qualités que la nature semble avoir départies séparément à chacun des deux sexes ; cette valeur qui consiste à affronter la mort dans les combats, ce génie de la guerre qui enflamme et dirige les armées, durent être l'apanage particulier des hommes : un seul exemple dans l'histoire des peuples vient faire exception à cette régle, et c'est dans l'histoire des femmes célèbres de notre nation que cet exemple se trouve.

La France est envahie; l'étranger y donne des lois au sein de la capitale, et la couronne chancelle au front de Charles VII : Jeanne d'Arc paraît, rallie nos guerriers, combat nos ennemis, et rappelle la victoire sous les drapeaux de Dunois. Au siècle de l'héroisme une jeune fille efface la gloire des héros, et, pour dernier service rendu par elle à la patrie, elle meurt, et son trépas imprime au nom anglais une tache ineffaçable.

Il est digne de remarque que ce soit parmi ces mêmes Françaises auxquelles on adresse si légèrement le reproche de frivolité, qu'il faille chercher les femmes qui se sont le plus illustrées dans la carrière de l'érudition et des sciences abstraites. Pourrions-nous craindre d'être taxés d'une prévention aveugle en faveur de nos aimables compatriotes en nous exprimant comme le docte Ménage, comme le savant Johnson, qui tous deux ont prononcé que madame Dacier était la femme la plus érudite qui eût jamais existé [1] ?

Le même éloge, le même droit de prééminence dans les sciences mathématiques, ne peuvent être contestés à cette sublime Émilie, à cette célèbre marquise du Châtelet qui ne craignit pas de suivre Newton dans les hauteurs prodigieuses où s'éleva son génie, et qui la première entreprit de révéler à la France la théorie du nouveau système du monde.

Ce n'est pas seulement par des tentatives au-dessus ou si l'on veut même hors de leur sphère naturelle que les femmes françaises ont établi leur supériorité, elles la conservent dans cette partie des lettres et des arts moins étrangère aux habitudes de leur sexe où elles trouvent par-tout des concurrentes et jamais de rivales ; il suffit de nommer madame de Sévigné pour écarter l'idée d'un parallèle dans le genre épistolaire : ses lettres en sont réputées dans toute l'Europe le modèle le plus parfait.

Les Deshoulières, les du Bocage, obtiendraient

---

[1] *Feminarum quot sunt, quot fuere, doctissima.* (MÉNAGE.)

moins unanimement la palme poétique; plusieurs de nos contemporaines la leur disputent avec avantage, et nous la réclamons avec assurance pour celle à qui l'Académie la décerna il y a quelques années, et dont la perte récente est si vivement sentie [1].

C'est à madame de La Fayette qu'est dû l'honneur d'avoir discrédité ces volumineuses fadaises que les Gomberville, les Scudéry, les Desmarêts, avaient mises en vogue sous le nom de *romans*, dans le plus beau siècle de notre littérature. L'auteur de la Princesse de Clèves, en retraçant avec grace et vérité les tableaux ingénieux des événements de la vie, a indiqué la route nouvelle que les Richardson et les Fielding ont ouverte. Plusieurs dames anglaises s'y sont fait remarquer; mais s'il est vrai que deux d'entre elles y balancent la réputation des Riccoboni, des Graffigny, des Tencin, il ne l'est pas moins qu'aucune ne s'est encore placée au rang des auteurs de *Malvina* et des *Vœux téméraires*. En m'abstenant de nommer une femme célèbre [2] que des ouvrages d'un ordre supérieur placent à la tête de tous les écrivains de son sexe et parmi les plus célèbres du nôtre, j'ai voulu par-là m'assurer un dernier avantage et réserver à la cause que je soutiens un argument contre lequel il ne pût s'élever aucune objection.

L'influence que les femmes de ce pays ont de

---

[1] Madame Dufrénoy. — [2] Madame la baronne de Staël.

tout temps exercée sur la destinée des grands hommes, elles la doivent sur-tout à ce charme de la société dont elles possèdent le secret, et qui n'a rien à redouter du temps qui détruit tous les autres : douées d'un instinct merveilleux pour discerner le mérite, pour pressentir le talent, pour apprécier le génie, elles sont en quelque sorte le lien qui les tient unis, le ressort doux et caché qui les met en œuvre. Qui pourrait, en mesurant la hauteur où sont parvenus tant de grands hommes du dernier siècle, assigner la part que peuvent réclamer dans leur gloire les La Sablières, les du Châtelet, les d'Argental, les Luxembourg, les Geoffrin, les d'Épinay, qui ont dirigé leurs efforts, embelli leur vie, ou consolé leur infortune?

Cet éloge des femmes ramène naturellement ma pensée sur cette jeune créole à laquelle Parny consacra sa lyre.

Éléonore B*** avait treize ans, Parny en avait vingt; il la vit, il l'aima, et l'amour enchanta deux années de leur vie : il ne lui fut pas permis de donner son nom à sa maîtresse, elle devint l'épouse d'un autre, et Parny revint en France, où il écrivit en vers harmonieux l'histoire de ses amours. Notre poésie ne connaissait pas l'élégie érotique; l'amant d'Éléonore rendit l'Europe attentive à ses accents purs comme la nature, ardents comme la passion. Les chants maniérés des Pezai, des Cubières, et de toute l'école de Dorat, disparurent devant la poésie facile et gracieuse de Parny ; c'était la voix libre du rossignol qui se faisait entendre au milieu du gazouillement de ces oiseaux de volière que l'on instruit à contrefaire la voix humaine. On a comparé Bertin à Parny ; un critique sans chaleur et sans ame, La Harpe, osa même placer le chantre d'Eucharis au-dessus de l'amant d'Éléonore : l'opinion publique a déja fait justice d'un pareil jugement. Le premier a versifié avec soin, souvent même avec bonheur, les souvenirs voluptueux de sa vie galante ; l'autre a su imprimer à ses poésies tout le naturel, toute l'ardeur de la passion dont son cœur était rempli : c'est de lui, comme de Sapho, que l'on a pu dire :

Spirat adhuc amor,
Vivuntque commissi calores
Æoliæ fidibus puellæ.

Bertin est rarement inspiré par son cœur ; il peint de souvenir ; ce que Tibulle, Catulle et Properce disaient à leurs maîtresses, il le répète à la sienne ; il traduit en vers élégants non ses propres sentiments, mais les émotions qui ont agité les poètes érotiques de l'antiquité : on serait tenté de croire que si ces maîtres de la lyre élégiaque n'eussent pas été tour-à-tour heureux et malheureux, jaloux et confiants, trahis et réconciliés, Bertin n'eût eu rien à dire. S'il est vrai cependant qu'une imitation fécondée par le goût devient elle-même une création, il serait injuste de ne pas tenir compte à Bertin du bonheur de l'expression, de la fraîcheur du coloris, et de ne pas reconnaître en lui un véritable poëte, plus remarquable par le talent des descriptions que par la vérité des sentiments.

Mais Parny fut le poète de la nature et de l'amour; ses brûlantes émotions s'exhalaient de son ame, et se changeaient en poésie, comme ces vapeurs légères que le soleil élève, et qui retombent en pure rosée. Parny, dont les vers ne servirent, si j'ose m'exprimer ainsi, qu'à mettre en relief, hors de son cœur, ses propres inspirations, vivra plus long-temps que Bertin, dont le talent n'atteste que la faculté de reproduire des pensées vieillies et de les rajeunir par le choix harmonieux des mots.

La destinée commune et l'amitié constante de ces deux poètes ont quelque chose de touchant et de singulier; tous deux créoles, tous deux élèves d'Apollon et de Mars, ils se rencontrèrent sur toutes les routes, et jamais le moindre nuage ne vint troubler une si douce union : « Cher Parny, disait Bertin avec une sensibilité vraie qu'on trouve si rarement dans ses vers érotiques,

 « Cher Parny, tu le sais, rivaux et frères d'armes,
 « Et dans tous les sentiers nous rencontrant toujours,
 « Compagnons échappés aux fureurs de Neptune,
 « Témoins de nos succès sans en être jaloux,

« Espoir, craintes, ennuis, plaisirs, gloire, fortune,
   « Tout devint commun entre nous;
   « Conformité d'âge et de goûts
« Resserra chaque jour une amitié si chère. »

Cette amitié si rare dura jusqu'à la mort de Bertin, mort aussi imprévue que déplorable, qui le surprit à trente-sept ans, le jour même de son mariage avec une jeune créole de Saint-Domingue, qu'il aimait éperdument.

Je reviens à Parny, dont cette courte digression ne m'a point écarté. Les plaisirs le bercèrent jusqu'au moment où la révolution éclata; il en adopta les principes avec courage, il en répudia les excès avec horreur : Parny venait d'achever un joli poëme *sur les amours des reines de France;* il le brûla par un motif de délicatesse et de loyauté bien digne d'éloge à une époque où les malheurs de la monarchie pouvaient donner à la gaieté maligne du poëte l'apparence de la satire et de l'outrage envers d'illustres infortunes.

La définition que Cicéron a donnée du grand orateur, l'homme également propre à bien dire et à bien faire, doit s'appliquer aux grands écrivains de tous les genres, dont M. de Parny vient grossir l'honorable liste. Il fut plus qu'un grand poëte, il fut un homme de bien, et l'envie elle-même, qui s'empressa de signaler quelques erreurs de son esprit, n'a jamais osé porter la moindre atteinte à la probité de ses mœurs, à la noblesse de son caractère, à l'heureuse alliance des qualités les plus aimables et des vertus les plus solides.

Il fut fidèle en amitié : j'en appelle à la mémoire de Bertin et au témoignage d'un guerrier célèbre dont le nom environné de tout l'éclat de la gloire peut encore recevoir un nouveau lustre de l'inviolable attachement qu'il portait à M. de Parny, et dont il lui donna de si nobles preuves[1].

Si l'amitié fut la première passion de son cœur, la reconnaissance en était la première vertu : que ne m'est-il permis d'acquitter, en la publiant, la dette honorable de bienfaits qu'il avait contractée envers un homme d'état[2] qui sut concilier les soins et les devoirs d'une grande administration avec l'amour éclairé des lettres, et qui vengea autant qu'il fut en lui le mérite dans l'infortune de l'oubli du pouvoir et de l'insolence des protecteurs !

Entre les vertus qui distinguaient cet illustre écrivain, oublierais-je l'amour de la patrie et de la liberté ? ce sentiment, père des grandes pensées ainsi que des grandes actions, respire dans tous ses ouvrages ; il est sur-tout empreint dans son *Épître aux insurgents* et dans ce poème de *God damn* où sous les couleurs d'un ingénieux badinage il peint avec autant de finesse que d'énergie les mœurs atra-

---

[1] Le maréchal Macdonald. — [2] M. Français de Nantes.

bilaires et la sombre politique d'un peuple voisin.

Celui dont l'amour avait illustré, embelli et tourmenté la jeunesse trouva dans l'hymen ce bien-être domestique, cette félicité durable dont le calme n'est peut-être jamais mieux apprécié que lorsqu'il succède aux orages des passions. La plus digne, la plus aimable épouse, à laquelle l'unissaient déjà les liens du sang et d'une longue amitié, devint la compagne de sa vie. Madame de Parny, par un dévouement dont sa tendresse ne lui permit jamais de mesurer l'étendue, se consacra sans réserve aux soins touchants d'embellir, de conserver les jours de son époux, dont les souffrances physiques commençaient dès-lors à menacer la durée.

Il est une grande époque dans la vie, où chacun atteint le plus haut degré de bonheur auquel il lui soit permis d'aspirer : ce fut pour M. de Parny l'époque de son mariage, qui fut aussi celle où vos suffrages l'appelèrent dans cette illustre société. Le discours qu'il y prononça, remarquable par l'abondance et l'énergie des pensées, par la souplesse et la pureté du style, mit en lumière cette vérité hardie, que la décadence des lettres, dont on affecte de se plaindre, est beaucoup moins sensible parmi ceux qui les cultivent que parmi ceux qui les protégent, et que dans le public qui méconnaît les vrais talents ou qui dédaigne d'encourager leurs efforts. Les siens n'eurent jamais qu'un noble but : indifférent aux honneurs, il dédaigna les richesses; il savait cependant que si la fortune est aveugle, elle n'est pas invisible, et que si elle marche au hasard, on peut du moins se mettre sur son passage.

La mort, qui planait depuis long-temps sur sa tête, n'attendit pas qu'il approchât du terme inévitable pour l'enlever aux lettres dont il était l'honneur, à l'épouse dont il était l'idole, aux amis dont il était le modèle. Les douleurs de la perte de M. Delille étaient encore récentes lorsque la France eut à pleurer celle de M. de Parny, et comme le dit alors le président de cette assemblée, dans un rapprochement aussi touchant qu'ingénieux, la tombe de Virgile se fermait à peine, que l'on vit s'ouvrir celle de Tibulle. M. de Parny s'acquitta de cette dernière action de la vie avec une force d'ame d'autant plus digne d'admiration, que ce fut au milieu des souffrances qu'il vit arriver pas à pas cette mort que la nature et la philosophie lui avaient appris à mépriser. Il ne recula pas devant cette effrayante image, et parut en expirant sourire à la pensée que les œuvres du génie ont seules le privilége d'échapper aux lois de la destruction.

DIALOGUES
DES VIVANTS ET DES MORTS.

PREMIER DIALOGUE.

> *Et timebunt et super eum ridebunt.*
> Ils en trembleront, et ils en riront en même temps.
> Dav., *Ps.*

L'ABBÉ MENU, LE PÈRE LAINEZ, *général des jésuites*, ET LE PÈRE ESCOBAR.

L'Abbé. — Pardon, mes pères, si j'ai employé certaines formules diaboliques pour évoquer vos ombres; mais, si l'on veut que les gens répondent, il faut les appeler par leur nom.

Escobar. — Entre nous point de cérémonie, et sur-tout point de scrupule sur les moyens; d'ailleurs Sanchez ne dit-il pas formellement qu'on peut, sans pécher, recourir au diable, s'il n'est pas possible de réussir par une autre voie?

L'Abbé. — Soyez donc les bienvenus.

Lainez. — De quoi s'agit-il?

L'Abbé. — D'une consultation où il est question de rendre à l'ordre des enfants de Loyola sa splendeur et ses prérogatives.

Lainez. — Commencez donc par lui rendre son

nom : les noms gouvernent le monde ; le nôtre fut proscrit dès l'origine ; il fallut combattre pour le conserver ; nous entrâmes hardiment en lice, et malgré les arrêts du parlement, les décrets de la Sorbonne, de l'assemblée du clergé de France, *jésuites* nous nous appelâmes, *jésuites* nous fûmes, et *jésuites* nous demeurâmes. Catherine de Médicis était notre protectrice, et cependant, toute reine qu'elle était, j'ai déclaré solennellement à l'assemblée de Poissy, qu'elle avait convoquée, qu'au pape seul appartenait le droit d'ordonner en France des conférences de religion : armez-vous d'audace, si vous voulez réussir.

ESCOBAR. — Sans négliger la ruse :

Fu sempre onorevole cosa vincere per l'ingegnuolo.

L'ABBÉ, *au père Lainez.* — Songez, mon général, que nous vivons à une époque où la puissance temporelle est limitée par des lois auxquelles nous ne pouvons encore opposer avec succès que les maximes *chatoyantes* du père Escobar : d'ailleurs je me souviens de votre réponse au recteur de l'université, lorsqu'il vous demanda si les jésuites étaient réguliers, séculiers, ou moines :

Tales quales, répondîtes-vous ; ce qui n'est pas très catégorique, vous en conviendrez.

LAINEZ. — Je n'en allais pas moins au fait, et vous vous en écartez : les noms que vous avez pris de *Société de victimes de l'amour de Dieu*, de *Pères de la foi*, de *Sacré-Cœur,* en disent trop ou trop peu : ils vous déguisent mal, et donnent à vos adversaires le prétexte de vous appeler *pères de la ruse, pères de la mauvaise foi;* après tout, les injures que l'on vous dit et que vous rendez avec intérêt ne sont rien ; ce sont les bagatelles de la porte : appelez-vous promptement jésuites, et je réponds du succès ; les circonstances sont favorables.

L'ABBÉ. — Beaucoup moins que vous ne le croyez ; songez donc que malgré les instances du pape régnant, et sa bulle du 7 août 1814, pour le rétablissement de notre ordre, les empereurs de Russie et d'Autriche, les rois de Prusse, de Naples, de Portugal, et même d'Espagne, refusent d'admettre les jésuites dans leurs états.

ESCOBAR. — Un peu de patience, mon cher abbé : ces empereurs, ces rois sont jeunes, les terreurs de la mort n'ont pas encore assez de prise sur leur esprit.

L'ABBÉ. — Cependant Ferdinand de Sicile touche à son quatorzième lustre, et son neveu d'Espagne...

LAINEZ. — Aussi la résistance que nous rencontrons dans ces deux royaumes tient-elle à une autre cause : elle vient des moines ; c'est une vieille jalousie de froc, principalement de la part des dominicains, gens haineux, avides de nos richesses et de notre crédit, dont ils ont hérité : rien de semblable n'existe en France.

L'ABBÉ. — Soit ; mais la Charte, cette Charte qui

ne devait être que transitoire et qui dure déja depuis cinq ans, voilà l'obstacle.

Lainez. — Il faut le renverser.

L'abbé. — C'est à quoi nous travaillons sans relâche; mais le zèle n'est rien sans la force.

Escobar. — Ce qu'on ne peut opérer d'une manière, on l'essaie d'une autre; la sape et la mine renversent l'édifice le plus solide, aussi bien que les ouragans et les tremblements de terre.

L'abbé. — La sape, vous l'avez dit, père Escobar, voilà notre moyen; il est sûr, mais il peut être long, forcés que nous sommes d'assourdir nos coups pour empêcher qu'ils ne retentissent d'un bout à l'autre de la France, et ne frappent toutes les oreilles à-la-fois; c'est ainsi que par nos mains ou par celles de nos amis, nous sommes déja parvenus à biffer quatorze articles ou paragraphes de la Charte immortelle: le troisième, en ne plaçant que des nobles et des prêtres dans tous les postes de quelque importance; le quatrième, en empêchant de présenter la loi qui doit garantir la sûreté individuelle; le cinquième, en faisant d'abord tuer quelques centaines de protestants pour l'exemple, et ensuite en les forçant de fermer ou de démolir plusieurs de leurs temples; le neuvième, en prêchant contre les acquéreurs de biens dits nationaux; le treizième, en autorisant les ministres à ne point présenter la loi relative à leur responsabilité; le quinzième, en faisant exercer la puissance législative par le gouvernement, comme on peut s'en convaincre par cette quantité d'ordonnances et même de décisions ministérielles qui ont, en certains cas, force de loi; le dix-huitième, en étouffant par des *ordres du jour* ou des *questions préalables* la liberté des discussions dans les deux chambres; le quarante-huitième, en faisant établir et percevoir, sous des noms différents, des impositions illégales; l'article 62, qui veut que nul ne puisse être distrait de ses juges naturels; l'article 66, par la condamnation à des amendes qui équivalent à des confiscations; l'article 69, en diminuant, en supprimant les pensions des militaires, en les privant de leurs grades et de leurs honneurs; l'article 11, qui interdit toute recherche des opinions et des votes émis antérieurement à la promulgation de la Charte, en condamnant au bannissement perpétuel, c'est-à-dire au plus affreux des supplices, des vieillards qui avaient pour garantie de leur sécurité la parole royale et le vœu de la loi constitutionnelle.

Enfin, si le projet que nous avons suggéré aux ministres est adopté, comme nous en avons l'espoir, nous aurons la joie de voir détruire les articles 37, 38, et 40, qui servent de base à cette odieuse loi des élections, dont nous avons calculé toutes les conséquences: ainsi, décompte fait, nous avons déja détruit dix-huit articles de la Charte depuis 1815;

d'où je conclus qu'en moins de quatorze ans nous aurons consommé l'ouvrage de sa destruction totale.

Lainez. — Attendre et se conformer au temps est une de nos maximes; mais ici le temps est contre nous, il faut le devancer : Où en êtes-vous de vos missions?

L'abbé. — Elles ont fait merveille, et suffiraient seules pour nous assurer la victoire, si le gouvernement nous accordait une protection ouverte.

Lainez. — Vous n'en avez pas besoin.

L'abbé. — Je le sais, très révérend père général; je m'en suis expliqué dans *le Conservateur* où j'ai dit, en propres termes, que la permission du gouvernement n'est pas plus nécessaire aux pères de la foi pour prêcher et catéchiser que pour confesser et administrer les autres sacrements, attendu que notre véritable souverain est au Vatican et non pas aux Tuileries; bien que nés en France, nous ne sommes ni Français ni sujets de Louis XVIII, mais Romains et sujets de Pie VII.

Escobar. — Bravo, l'abbé; je vois que vous avez étudié ma *Théologie morale :* vous pénétrez au fond des choses; vous voyez le but et la fin.

Lainez. — Procédons avec ordre; après le pape, ce qu'il vous importe le plus de ménager ce sont les femmes : nous ne les avons jamais négligées, quelque méchant bruit que nos ennemis aient accrédité sur notre compte; mais le confessionnal ne suffit pas toujours, il faut appeler chez vous celles de vos pénitentes dont la dévotion a le plus d'éclat : c'est ainsi que nous en usâmes à Rome, sans nous soucier des criailleries des jansénistes, qui nous reprochaient d'abuser des choses les plus saintes pour séduire nos belles dévotes.

L'Abbé. — Dans ce genre, ma réputation est faite : je m'occupe spécialement des dames chrétiennes ; j'en ai ramené plusieurs dans le chemin du salut, qui s'étaient si bien égarées qu'on les croyait tout-à-fait perdues : au moment où je vous parle, j'achève un chef-d'œuvre de conversion.

Lainez. — C'est sur-tout les femmes de qualité que vous devez avoir en vue.

L'Abbé. — Sans doute ; mais celles-là sont presque toutes converties par l'âge et l'expérience ; leur exemple n'a rien d'entraînant, tandis qu'une jeune et jolie dévote exerce une influence plus communicative, plus excentrique....

Lainez. — Et plus douce pour le directeur ; je sens tout cela. Vous avez, m'a-t-on dit, l'intention de composer une bibliothèque à l'usage de ces dames : n'oubliez pas les petits vers ; nos pères ne sont pas ennemis de la poésie badine : voyez plutôt *l'éloge* que le père Lemoine a fait de *la pudeur*, dans son livre charmant de *la Dévotion aisée ;* comme il dit galamment à la belle Delphine que, dans ce bas monde, toutes les jolies choses sont rouges, ou sujettes à rougir, les roses, les grenadiers, la bouche et les chérubins :

> Les chérubins, ces glorieux
> Composés de tête et de plume,
> Que Dieu de son esprit allume,
>   Qu'il éclaire de ses yeux ;
> Ces illustres faces volantes
> Sont toutes rouges et brûlantes,
> Soit du feu de Dieu, soit du leur ;
> Et, dans leurs flammes mutuelles,
> Font du mouvement de leurs ailes
> Un éventail à leur chaleur :
> Mais la rougeur éclate en toi,
> Delphine, avec plus d'avantage,
> Quand l'honneur est sur ton visage
> Vêtu de pourpre comme un roi.

L'ABBÉ. — Ces vers sont pleins de grace et de délicatesse ; je vous avouerai cependant que la sévérité de mes principes....

ESCOBAR. — En morale de jésuite il n'y a point de principes, il n'y a que des intentions.

LAINEZ, *à l'abbé.* — Vous pouvez en croire Escobar ; il est là sur son terrain, et vous ne sauriez mieux faire que de profiter de ses leçons.

L'ABBÉ. — C'est le but que je me suis proposé en évoquant son ombre à deux faces.

ESCOBAR, *à l'abbé.* — D'abord, dites-moi, faites-vous aux fidèles une obligation d'entendre la messe ?

L'ABBÉ. — Au moins une fois tous les dimanches.

Escobar. — Une messe entière?

L'abbé. — Sans doute.

Escobar. — Cependant il est des hommes infiniment pieux à qui l'état de leur santé, une affaire importante peut ne pas permettre de remplir ce devoir indispensable dans toute son étendue.

L'abbé. — Comment faire alors?

Escobar. — Rien de plus facile : il s'agit de choisir le moment où quatre prêtres disent la messe à quatre autels différents; l'un au moment où il commence, l'autre quand il est à moitié, le troisième quand il est aux trois quarts, et de s'en aller quand le quatrième a fini ; car n'est-il pas évident que quatre quarts équivalent à un entier? Or, en divisant un quart d'intention sur chaque quart de messe, il est clair qu'on a eu l'intention complète d'entendre une messe entière; donc on l'a entendue en effet. Nos pères Turrianus, Ozorius, Hurtado et plusieurs autres sont d'accord sur ce point de doctrine que j'ai développé dans mon chapitre *de la Pratique d'ouïr la messe selon notre société.*

L'abbé. — Je relirai vos œuvres, mon père.

Escobar. — Vous y verrez encore que l'intention d'aller à l'église pour y voir le beau sexe ne fait pas perdre le mérite du saint sacrifice; il est bon que vos jeunes officiers sachent ces choses-là.

L'abbé. — J'aurai soin de les leur apprendre.

Escobar. — Citez-leur ce passage de mon livre :

nec obest alia prava intentio aspiciendi libidinosè feminas. Et pour vous l'expliquer à vous-même, songez que notre tâche n'est pas d'éteindre les passions humaines, mais de transiger avec elles. Je vous recommande aussi mon chapitre du *Larcin*, du *Vol* et des *Restitutions.*

L'abbé. — Sur ce dernier point nous sommes d'autant plus sévères, qu'il s'agit des biens de l'Église.

Lainez. — Rien de plus juste!... quand les ventes et les aliénations faites depuis 1792 auront été annulées, vous en reviendrez plus facilement à celles qui datent de 1762; nous nous entendons.

Escobar. — Point de pitié pour les détenteurs de biens ecclésiastiques : Lessius dit positivement *qu'on peut tuer un homme pour une pomme* volée dans le jardin du presbytère, s'il n'y a pas d'autre moyen de la ravoir : *aut pro pomo si opus est occidere.*

L'abbé. — Permettez-nous d'attendre, pour prêcher la doctrine expéditive de Lessius, que l'institution du jury ait subi en France le sort que l'on prépare à la loi des élections : avec tous nos petits bourgeois érigés en juges, il n'y aurait aucune sûreté pour le champion de l'Église qui tuerait le voleur de pommes.

Lainez. — Prêchez toujours ; la parole semée germera en temps et lieu.

L'abbé. — Que peuvent nos sermons, nos conférences dogmatiques? nos ennemis n'ont-ils pas la liberté de la presse? leurs journaux ne sont-ils pas autant de torches ardentes qui font luire et pénétrer la lumière par-tout où nous nous efforçons d'épaissir les ténèbres? n'ont-ils pas jusqu'à nouvel ordre cette Charte qu'ils ont prise au sérieux, et dont ils veulent absolument usurper les conséquences? .

Escobar. — Vous avez une Charte, c'est fort bien : le roi l'a donnée, il est le maître ; mais cette Charte est une concession de son bon plaisir, un acte de sa libre volonté : or le bon plaisir, comme tous les plaisirs du monde, a son inconstance; la volonté royale, comme toutes les volontés humaines, est ambulatoire : donc le roi peut ne pas se soucier demain de ce qui lui plaît aujourd'hui, ne pas vouloir aujourd'hui ce qu'il voulait hier.

L'abbé. — Mais les promesses, les serments...

Escobar. — Plaisante objection! N'ai-je pas enseigné comment, au moyen des restrictions mentales, on fait des promesses qui n'engagent à rien, et des serments qu'on peut rompre très légitimement? La doctrine des équivoques du père Sanchez vous est-elle étrangère au point qu'il faille vous apprendre *qu'on peut jurer qu'on n'a pas fait une chose que l'on a faite,* en sous-entendant, à part soi, *qu'on ne l'a pas faite avant d'être né?*

Quant aux promesses, j'ai posé cette règle : «Les « promesses n'obligent point lorsqu'on n'a pas l'in-

« tention de *s'obliger* en les faisant; or il n'arrive
« guère qu'on ait cette intention : quand on dit, *Je le*
« *ferai*, on entend qu'on le fera si l'on trouve son
« profit à le faire, et si l'on ne change pas de vo-
« lonté; car il ne dépend pas de soi de se priver de
« la volonté. » Tel est mon sentiment, tel est celui
du grand Molina : si vous êtes un vrai jésuite, vous
ne pouvez en avoir d'autre.

L'Abbé. — Croyez, mon père, que nous sommes
profondément imbus de ces hautes maximes; mais
pour les faire pénétrer dans l'ame des rois, il faudrait que leur conscience nous fût exclusivement
soumise; il faudrait....

Lainez. — Vous faire craindre, et profiter habi-
lement de la terreur secrète que notre mémoire répand autour des trônes : c'est là l'esprit de notre
ordre, et le fond de notre histoire. Depuis l'origine
de notre société jusqu'à sa dissolution, depuis le
père Salmeron jusqu'au père Malagrida, tous nos
théologiens ont professé la doctrine du régicide :
songez que parmi tant de rois tonsurés, fouettés à la
porte des églises, détrônés ou mis à mort, on ne
compte que deux victimes des fureurs populaires
(encore pourrait-on prouver qu'en France et en
Angleterre l'aristocratie n'est pas étrangère à ce
double attentat). Tout le reste est l'œuvre des deux
premiers ordres de l'état; nous n'avons guère sur
eux que l'avantage d'avoir justifié les faits par

l'exposé des principes. Cette audace d'une sainte politique a fondé notre puissance, et doit la rétablir.

L'abbé. — Cette puissance (en supposant que nous parvenions à la ressaisir) est nécessairement limitée par le vœu d'obéissance absolue que nous faisons au pape. Si donc la manie des constitutions gagnait sa sainteté, et qu'elle s'avisât un beau jour de transformer son conclave en sénat....

Escobar. — Le cas est prévu; chacun des vœux que nous faisons a sa restriction mentale : celui d'obéissance n'est absolu que par rapport aux missions; dans tout le reste, nous devons une obéissance aveugle à notre général : aussi voyez-vous que notre ordre a été en guerre avec tous les papes depuis Paul IV jusqu'à Clément XIV.

L'abbé, *au P. Lainez.* — Comment concilier l'opposition au pape avec son infaillibilité que vous-même, mon général, avez solennellement reconnue au concile de Trente?

Lainez. — Escobar va vous l'expliquer.

Escobar. — *Si Clément XIV était infaillible, il a détruit l'ordre des jésuites, et nul ne peut le ressusciter sans faillir; mais si Pie VII est infaillible, il n'a pas failli en rétablissant l'ordre des jésuites, et Clément XIV a failli en l'abolissant :* tel est le grand argument des philosophes auquel nous répondons par une restriction mentale de notre vœu : *Le pape est infaillible en tout ce qui ne concerne pas les jésuites;* cela est péremptoire, je crois.

Lainez. — D'ailleurs il importe moins d'avoir *des raisons que des moines.*

L'abbé. — Nous ne manquons pas de moines; mais ce sont de mauvais comédiens : on leur donne un rôle, mais on leur interdit le costume; aussi les siffle-t-on chaque fois qu'ils se montrent sur la scène : quoi qu'en dise le proverbe, l'habit fait le moine, mais il ne fait pas le jésuite; c'est l'esprit de corps, c'est le caractère, qui nous distinguent. Le parti des hommes monarchiques se compose presque tout entier de jésuites de robe longue et de robe courte. Les premiers figurent dans le *Conservateur;* les autres, parmi lesquels il faut compter nos familiers et nos alguazils, exploitent, au profit de l'ordre, les journaux subalternes de la faction.

Lainez. — Vous êtes plus riches en jésuites que vous ne croyez : n'avez-vous pas des hommes en place, des ministres dont l'ambition se prête à tous les rôles, dont l'intrigue emprunte tous les masques, dont la ruse trompe tous les partis? ce sont des jésuites.

N'avez-vous pas dans vos Chambres des orateurs qui soutiennent le pour et le contre, qui parlent d'une façon et qui votent de l'autre, qui veulent fonder des lois sur des équivoques de mots, qui veulent des concordats, qui correspondent avec le pape? jésuites! archi-jésuites!

Parmi vos magistrats n'en est-il aucun dont l'orgueil ait éteint l'humanité, dont l'intérêt ait étouffé la conscience? n'en est-il pas qui se montrent sévères à la faiblesse et indulgents à la puissance, qui condamnent les uns au *minimum*, les autres au *maximum* de la peine? ce sont encore là des jésuites. Que vous faut-il de plus? vous avez là, pour peu que vous choisissiez un général habile, de quoi détrôner dix rois, renverser cent constitutions, et mettre l'Europe en feu du Tage à la Néva. De l'audace, de la ruse et de l'argent, et je puis vous répondre qu'avant un an votre édifice appelé constitutionnel sera bouleversé de fond en comble.

SECOND DIALOGUE.

LE MARQUIS DE MONTSURMONT, CHAPELLE, ET UN VALET DE CHAMBRE.

Le valet. — Où allez-vous? on n'entre pas.

Chapelle. — Mon ami, tu vois bien qu'on entre, puisque je suis entré.

Le valet. — C'est la faute du suisse; demain je le fais chasser par M. le marquis.

Chapelle. — Qu'est-ce à dire le marquis? ne suis-je pas chez le poëte Montsurmont?

Le valet. — Il est bien vrai que mon maître a fait quelques vers dans sa jeunesse, mais il en est tout honteux depuis qu'il est grand seigneur.

Chapelle. — Dans ce cas, monseigneur sera très content de voir l'ami des plus illustres personnages de la cour de Louis XIV: ce sont eux qui m'envoient.

Le valet. — Monsieur est de l'ancien régime, à ce qu'il me paraît? c'est différent; je l'annonce: vous vous nommez le prince... le duc...?

Chapelle. — Tout simplement Chapelle.

Le valet, *annonçant*. — M. de Chapelle, de la part de Louis XIV.

Le Marquis, *au domestique*. — Imbécile!... Pardon, monsieur, mais votre nom, votre habillement, et le temps du carnaval, où nous sommes, peuvent, jusqu'à un certain point, excuser l'insolence ou la bêtise d'un valet : voulez-vous bien me dire à qui j'ai l'honneur de parler?

Chapelle. — Il n'y a, de sa part, ni sottise ni insolence. Je suis en effet le compagnon de voyage de Bachaumont... Je conçois votre étonnement!... Tous les siècles, les morts ont une nuit d'anniversaire qu'il leur est permis de passer parmi les vivants; c'était mon tour à marcher : j'ai voulu savoir, avant de partir, à qui je m'adresserais dans un monde où je ne connais plus personne; j'ai pris des informations auprès d'un de vos confrères : Chénier m'a donné votre adresse.

Le Marquis. — Chénier!... Attendez donc.... je me souviens... il était gentilhomme?...

Chapelle. — Je n'en sais rien; mais il était poëte, et très bon poëte, de l'avis de Voltaire et de Boileau, avec qui je l'ai fait dîner dernièrement dans une des meilleures tavernes de Pluton, où j'avais réuni l'aimable Parny, le respectable Ducis, et quelques uns de vos plus célèbres contemporains. Il fut question de vos ouvrages...

Le Marquis. — Frivolités dont je rougis.

Chapelle. — Pourquoi cela? s'ils sont aussi bons que Ducis le soutient, contre l'avis de Chénier, il est vrai; car celui-ci prétend que votre talent se borne à tourner difficilement un vers qui ne manque ni de pureté ni d'élégance, mais où se fait sentir le défaut de pensée et d'inspiration.

Le Marquis. — Chénier est un insolent, un rimailleur, et, qui pis est, un républicain; mais que m'importe, après tout, ce qu'il pense de mes vers, dont moi-même je ne fais guère plus de cas que des siens? de semblables bagatelles sont indignes d'un homme d'état.

Chapelle. — Ils m'ont aussi parlé de vous en cette qualité, et cette fois, monsieur le marquis, l'avis a été unanime; ils se sont mis à rire, et j'ai fait comme eux.

Le Marquis. — Monsieur Chapelle!...

Chapelle. — Allons, point d'humeur : vous savez que je ne me suis jamais gêné avec les grands. Vous me pardonnerez de vous traiter comme eux. Le duc de Brissac était un fort aimable duc; il me séduisit avec son vieux Chambertin, et sous promesse de nous enivrer de compagnie, il me décida à le suivre dans une de ses terres : malheureusement pour lui j'avais toujours mon Plutarque en poche; comme nous arrivions à Angers je tombai sur cette maxime: *Qui suit les grands serf devient;* ce fut un trait de lumière, rien ne put me décider à continuer le voyage : en vain le cher duc m'assura qu'il me traiterait en ami, il ne put obtenir de moi que cette réponse : *Plutarque l'a dit, et Plutarque a toujours raison.* J'étais venu à Angers dans un brillant équipage, je retournai à Paris par le coche.

Le Marquis. — Je ne vois là que la boutade d'un esprit capricieux.

Chapelle. — Pourquoi ne pas y voir cet amour de l'indépendance, ce sentiment de la dignité de l'homme de lettres qu'on retrouve jusque dans mes folies? Quand il prit fantaisie au duc de Vivonne et à moi d'imiter Polyeucte, et de briguer la gloire du martyre, ai-je voulu céder au maréchal l'honneur de parler au pacha, et d'être empalé le premier? Le duc, un peu violent de sa nature, me jeta son assiette à la tête; à la bonne heure! mais j'esquivai le coup. Je renversai la table et les sièges, et, par amour pour l'égalité, j'assenai à monseigneur les meilleurs coups de poing que jamais maréchal de France ait reçus.

Le Marquis. — Brutalité d'ivrogne!

Chapelle. — Punition méritée; le vin fait sentir à l'homme tout ce qu'il vaut. Je vous conseille d'en boire.

Le Marquis. — J'ai trouvé un moyen plus doux et plus noble de connaître mes forces.

Chapelle. — Il est vrai que vous avez eu certaines faiblesses : celles-là, Ducis lui-même vous les pardonne; mais il fait un bruit d'enfer de votre conduite politique.

Le Marquis. — Ce diable d'homme n'a donc pas renoncé à ses principes républicains?

Chapelle. — C'est le cas d'y tenir dans un pays où les rois et les pâtres ne pèsent pas un atome de plus les uns que les autres dans la balance des êtres; mais vous-même, si je dois le croire, vous avez vanté la république et chanté la liberté?

Le Marquis. — Sans doute; mais c'était en l'absence de la monarchie: il a pu vous dire que, du moment où l'autorité passa aux mains d'un seul, je fus le premier à donner l'exemple d'un *abaissement auguste*, en adorant à genoux les mystères du pouvoir.

Chapelle. — C'est justement ce qu'ils disent et ce qu'ils blâment hautement, mon cher confrère.

Le Marquis. — Votre confrère!... A quel titre? je vous prie.

Chapelle. — Mille pardons, j'oubliais que vous êtes marquis, et, qui pis est, académicien, et que je n'ai eu l'honneur d'être ici-bas ni l'un ni l'autre; au temps où je vivais l'Académie était chose fort desirable, par la raison qu'elle était hors des atteintes du pouvoir. Une fois élu, vous étiez sûr de mourir dans votre fauteuil.

Le Marquis. — L'Académie, fondée par le grand cardinal, avait été détruite par la révolution; en la recréant on était bien le maître d'en écarter des hommes qui pensaient mal, et de les remplacer par des hommes qui pensaient bien...

CHAPELLE. — Ou qui ne pensaient pas du tout.

LE MARQUIS. — Cet établissement a été rendu à sa destination primitive; achever le Dictionnaire, faire des éloges, et entendre tous les ans l'oraison funèbre de saint Louis, tel est le but de cette institution respectable, puisqu'elle se compose, en grande partie, de personnages titrés ou revêtus des premières dignités de l'état.

CHAPELLE. — De mon temps on n'y voyait guère que des hommes de lettres : la liberté civile et l'égalité légale, qu'on n'avait pas encore eu le bon esprit d'envisager comme les éléments du pouvoir monarchique, s'étaient réfugiées dans la république des lettres; le despotisme pesait sur tout, excepté sur le génie et sur les talents.

LE MARQUIS. — A quelle époque, je vous prie, le pouvoir absolu trouva-t-il parmi les hommes de lettres des flatteurs plus éhontés, un dévouement plus servile?

CHAPELLE. — A quelle époque?... A celle où vous vivez. Nous étions du moins de bonne foi, nous autres, dans nos éloges les plus exagérés. Molière adorait Dieu, mais il immolait à la risée publique

> Tous ces gens qui, d'une ame à l'intérêt soumise,
> Font de dévotion métier et marchandise,
> Et prêchent la retraite au milieu de la cour.

Il respectait les grands, mais, loin de suivre les

conseils de la reine *Parisatis,* qui veut qu'on ne leur adresse que des paroles d'or et de soie, il lançait à ces hommes cuirassés de brocard d'or, de plaques et de croix, des traits dont il les perçait au vif.

A-t-on jamais fouetté le préjugé de la naissance de vers plus sanglants que ceux de Boileau dans sa cinquième satire :

>On fait cas d'un coursier qui fier, et plein d'ardeur,
>Fait paraître en courant sa bouillante vigueur,
>Qui jamais ne se lasse, et qui dans la carrière
>S'est couvert mille fois d'une noble poussière ;
>Mais la postérité d'Alfane et de Bayard,
>Quand ce n'est qu'une rosse, est vendue au hasard,
>Sans respect des aïeux dont elle est descendue,
>Et va porter la malle ou tirer la charrue.

Racine avait un faible pour la cour, ce qui ne l'empêcha pas d'appeler le courroux du ciel sur ces favoris qui,

>   Par de lâches adresses,
>Des princes malheureux nourrissent les faiblesses,
>Les poussent au penchant où leur cœur est enclin,
>Et leur osent du crime aplanir le chemin.

Le moraliste La Bruyère foulait sous ses pieds dédaigneux cette multitude d'esclaves dorés qui rampent avec tant d'orgueil :

« Si je compare ensemble, dit-il, les deux con-
« ditions des hommes les plus opposées, les grands

« et le peuple, ce dernier me paraît content du
« nécessaire, et les autres sont inquiets et pauvres
« avec le superflu : l'un ne se forme et ne s'exerce
« que dans les choses qui sont utiles, l'autre ne s'oc-
« cupe que de choses pernicieuses ; là se montre in-
« génument la grossièreté, la franchise ; ici se cache
« une sève maligne et corrompue, sous l'écorce de
« la politesse : le peuple n'a guère d'esprit, les grands
« n'ont point d'ame. Celui-là a un bon fond et n'a
« point de dehors ; ceux-ci n'ont que des dehors et
« une simple superficie : faut-il opter ? je ne balance
« pas, je me fais peuple. »

Le Marquis. — Que prouve ce verbiage déma-
gogique ? Que La Bruyère avait ou croyait avoir à
se plaindre des grands, et préférait les grossièretés
du peuple à leur injustice ; mais il est un moyen
d'éviter l'embarras du choix, c'est d'être grand soi-
même.

Chapelle. — S'il se moquait des hommes de son
temps qui n'avaient d'autre titre que celui-là, il se
serait moqué bien davantage de ceux du vôtre, qui
l'acquièrent au prix de la réputation que leur mérite personnel leur avait procurée, et qui, pouvant
trouver une gloire durable dans l'exercice de leurs
talents, vont la chercher dans le privilége de porter
des plumes blanches et des talons rouges.

Le Marquis. — Ma gloire a été de former des
sujets fidèles.

CHAPELLE. — Le premier maître à qui vous avez dit cela n'a pas eu beaucoup à se féliciter de vos succès en ce genre.

LE MARQUIS. — Les autres s'en trouveront mieux : quoi qu'il en soit, n'allez pas, comme certaines gens, tirer de ma conduite la conséquence d'un caractère versatile ; j'aime le pouvoir, et je lui suis invariablement fidèle ; mais je ne manque jamais aux égards que l'on doit à celui qui l'a perdu : tout le monde connaît ma réponse à un ministre qui voulait que je me prononçasse le jour même de la restauration : Accordez-moi du moins, lui dis-je avec fermeté, le temps d'un deuil de cour.

CHAPELLE. — En effet voilà du dévouement !

LE MARQUIS. — On me croit plus avide d'honneurs que je ne le suis en effet : ce que je veux, c'est moins la considération que donnent les grandes places, que les richesses qu'elles procurent ; aussi me suis-je long-temps repenti, dans le choix qu'on me laissa d'une place au tribunat ou au corps législatif, d'avoir donné la préférence à cette dernière, moins honorable de cinq mille francs : le bon sens estime les choses ce qu'elles valent, et ne révère que celles qui sont utiles.

CHAPELLE. — Sur ce pied-là, combien estimez-vous les marquis ?

LE MARQUIS. — Autant qu'ils s'estiment eux-mêmes; c'est un marché que je ne passerais pas avec les gens de lettres.

CHAPELLE. — Vous les haïssez donc bien! De quoi les accusez-vous? d'opposer des obstacles à l'arbitraire, de poursuivre les abus, de prêcher la tolérance?...

LE MARQUIS. — Non; je les accuse de confondre les mots de roi et de patrie, de morale et de religion, de harceler le pouvoir, de prétendre éclairer sa marche; en un mot, de se donner une importance que l'état social leur refuse.

CHAPELLE. — Faites-moi bien promettre de ne pas répéter là-bas toutes les impertinences qui vous échappent dans cet entretien; vous deviendriez la fable de notre institut élyséen, et je ne répondrais pas que notre président Voltaire ne vous en fît exclure un jour.

Savez-vous bien qu'à l'une des dernières séances générales il fut question de votre académie française, et que l'on blâma hautement le rôle silencieux auquel elle s'est condamnée à une époque où l'éloquence et la politique sont devenues inséparables? Dans un siècle de lumières, où doit-on en chercher le foyer, si ce n'est dans une assemblée d'hommes en qui l'on suppose au moins de l'instruction, de la droiture dans l'esprit, de l'indépendance dans le caractère, de la constance dans les principes, et de l'amour de la liberté dans le cœur? Si l'opinion publique est aujourd'hui le grand moteur du gouvernement représentatif, dont vous avez le bonheur de jouir, à quelles mains devrait en être confiée la direction? Supposez une académie française composée des grands hommes des deux derniers siècles, et jugez de l'influence heureuse qu'elle exercerait aujourd'hui sur l'esprit national. Voyez-vous Fénélon, libre de toute entrave, faisant triompher par la douceur et par la tolérance une religion divine à laquelle il soumet les esprits et les cœurs! entendez-vous l'éloquent Rousseau interroger les peuples et les rois, et tracer à tous leurs droits et leurs devoirs! Sans doute alors, comme aujourd'hui, les cris des sots et des méchants chercheraient à étouffer leur voix patriotique; mais le vengeur de la raison humaine, l'apôtre de toutes les vérités utiles, l'ennemi de tous les préjugés, Voltaire, écraserait sous le poids du ridicule ces nains à priviléges qui se croient grands parcequ'ils sont montés sur les épaules les uns des autres; ces missionnaires de haine et de discorde qui se croient nécessaires parcequ'ils sont dangereux; cette meute d'écrivailleurs sans probité, sans esprit et sans foi, qui se croient déjà riches des dépouilles qu'on leur promet.

Le Marquis.—Avant d'admettre cette puissance, résultant d'une réunion d'hommes de génie, je ne serais pas fâché de savoir où vous les trouveriez maintenant.

CHAPELLE. — Quand le génie a tracé la route, le talent peut marcher à sa suite, s'il prend le patriotisme pour guide : c'est l'ami Thomas qui l'a dit; mais il ajoute, et je vous le répète après lui : Je ne reconnais pas le talent en livrée.

LE MARQUIS. — Les couleurs des partis y ressemblent beaucoup.

CHAPELLE. — Tenez, mon cher marquis, voulez-vous me permettre, avant de vous quitter, de vous donner un bon conseil?

LE MARQUIS. — Peut-être est-il un peu tard.

CHAPELLE. — N'importe, vous n'êtes pas obligé de le suivre. Reprenez dans le monde et dans les lettres le rang qui vous convient : votre fortune est faite, tâchez de refaire votre réputation; armez-vous d'un orgueil mieux entendu, revenez parmi vos égaux, parmi vos véritables pairs. De mon temps Molière, Racine, Boileau, allaient à la cour, mais ils vivaient avec La Fontaine, Segrais, Benserade, Pélisson, Du Perrier, Lulli, et même avec Descotteaux le joueur de flûte : Molière était plus fier de son talent de comédien, tout médiocre qu'il était, que de sa place de valet de chambre du roi, et je vous assure qu'il faisait plus de cas de son Tartufe que de tous les marquisats de France.

Vous vivez dans un siècle où l'opinion est véritablement la reine du monde; quand vous pouviez aspirer à l'honneur d'être un de ses ministres, vous avez déserté sa cour; ne mourez pas dans sa disgrace : votre lyre est-elle détendue, saisissez le burin de l'histoire, et détrompez des illusions d'une vanité puérile; réparez vos torts envers la patrie et la vérité, en leur consacrant votre dernier éloge.

TROISIÈME DIALOGUE.

MIRABEAU, M. DE SERRE.

La nouvelle des tristes débats qui agitent en ce moment la France était parvenue à M. de Serre, et avait détruit les premiers effets de cette salutaire influence que le doux climat de Nice exerce sur les santés délicates; la fièvre et l'insomnie étaient revenues prolonger ses veilles, et livrer aux longues et pénibles méditations les heures nocturnes qu'elles ravissaient au sommeil. Comment, s'écriait-il en jetant alternativement les yeux sur deux brochures dont l'une était couverte en blanc et l'autre en bleu, comment finira cette lutte entre la liberté et le pouvoir absolu, entre les intérêts anciens et les intérêts nouveaux? qui doit l'emporter du droit ou de la force? qui doit succomber des oligarchies ou des peuples?

— Les peuples sont immortels, leur durée n'a de terme que celui du monde, répondit d'une voix âpre et fortement accentuée un homme dont la présence inattendue était faite pour inspirer l'étonnement et la crainte. Sous un front large et saillant, où se développaient tous les signes du courage et des vastes pensées, s'enfonçaient deux yeux étincelants du feu du génie; sa taille épaisse et sa large poitrine n'étaient cependant pas en proportion avec sa tête énorme, que grossissait encore le luxe de sa chevelure: l'espèce de sourire qui errait sur ses lèvres annonçait moins encore le dédain et la fierté que le sentiment intime d'une supériorité incontestable.

M. de Serre reconnut Mirabeau.

MIRABEAU. — J'ai pénétré dans votre pensée, je connais vos doutes, et je puis les éclaircir... Vous vous taisez?.... j'entends aussi votre silence. Peu d'hommes, dans leur vie privée, ont donné plus de prétextes à la calomnie, plus de pâture à la médisance; mais quel homme public, quel écrivain peut s'honorer de sentiments plus courageux, de vœux plus désintéressés, d'une ame plus grande, et d'un caractère plus inflexible?

M. DE SERRE. — On doit du moins la vérité aux morts; je vous l'avouerai donc, monsieur de Mirabeau, c'est bien moins le libertin de qualité que le tribun factieux, dont la visite en ce moment m'épouvante.

MIRABEAU.—L'éloquent défenseur de la liberté de la presse aurait-il adopté sans examen les calomnies de quelques hommes intéressés, qui ne me pardonnent pas d'avoir détrôné les abus dont ils vivaient?

M. DE SERRE—Les abus seuls ont-ils été détrônés? et le crêpe funèbre qui couvre en ce moment la France ne vous rappelle-t-il pas la journée fatale?....

Mirabeau. — Je n'existais déja plus; mais j'avais protesté d'avance contre un attentat dont la source me semblait devoir jaillir du choc des moyens extrêmes qu'employaient deux factions ennemies.

M. de Serre. — Je me rappelle en effet les derniers mots que vous prononçâtes à la tribune :

Je combattrai les factieux, de quelque côté qu'ils soient.

Mirabeau. — Mes amis ne comprirent pas ma pensée tout entière, et mes ennemis feignirent de l'entendre dans un sens qui leur était favorable : au lieu de continuer à soutenir les droits du peuple, je fis la faute de disputer ma popularité à ceux qui cherchaient à me la ravir; et si la mort ne m'eût surpris dans cette fausse route, je ne sais où elle m'aurait conduit.

M. de Serre. — Elle vous eût infailliblement ramené vers l'autorité légitime.

Mirabeau. — Je ne la méconnus jamais...

M. de Serre. — Pas même lorsque vous adressâtes à M. de Brézé ces paroles audacieuses qui ont évoqué toutes les puissances de la révolution?

Mirabeau. — Que trouvez-vous de répréhensible dans ces mots qu'on a tant de fois répétés, et qui peut-être méritaient cet honneur? Les députés dont je me rendis l'organe étaient les élus et les mandataires de la nation ; ils faisaient partie des états-généraux, et, dans le système même du gouvernement qui les avait convoqués, nul pouvoir n'était au-dessus du leur.

M. DE SERRE. — Vous ne prétendez pas, sans doute, fonder sur de pareils principes votre respect pour la suprême autorité?

MIRABEAU. — Le respect lui-même résiste à l'oppression, et je ne m'en écartais pas alors que je repoussais, avec toute la véhémence de mon ame, l'insulte faite à la représentation nationale, qui est aussi une majesté.

M. DE SERRE. — Le principe est jugé par ses conséquences. Le serment du 23 juin n'a-t-il pas produit les fatales journées des 5 et 6 octobre?

MIRABEAU. — Non certes, et vous avez trop d'esprit, trop de bonne foi, pour le penser : ce sont les cris des hommes à priviléges, ce sont les menaces de l'aristocratie, c'est l'espoir trop hautement annoncé par elle de ressaisir ses usurpations, qu'elle appelait ses droits, de partager de nouveau la nation en deux peuples, les oppresseurs et les opprimés; c'est l'aspect d'une soldatesque menaçante autour de la capitale, qui provoquèrent l'insurrection dont vous vous plaignez ; je ne nierai point que l'enthousiasme de la liberté n'ait eu part à ces désordres; car si le despotisme a ses violences, si l'aristocratie a ses fureurs, le patriotisme a ses excès.

M. DE SERRE. — Et l'ambition ses ténébreux mystères... Mais sur ce point l'assemblée vous a justifié; peut-être aussi jugea-t-elle que son premier orateur n'avait joué dans cette scène que le second rôle.

MIRABEAU. — Une telle pensée eût été à-la-fois une calomnie et une absurdité; des hommes tels que moi ne sont les seconds de personne: ils peuvent se dévouer à la mort pour fonder la liberté d'un grand peuple, mais non pour satisfaire une ambition subalterne; la mienne était fière et désintéressée; je suis mort pauvre, et mes funérailles ont été faites aux frais de l'état.

M. DE SERRE. — En parlant à un autre vous eussiez dit de la république, car dès-lors la monarchie n'existait plus; vous en aviez *emporté avec vous les lambeaux.*

MIRABEAU. — On m'a fait dire cette orgueilleuse sottise; je suis fâché de vous l'entendre répéter: au moment où je cessai de vivre la vieille monarchie de Louis XIV avait subi de grands changements; mais toutes les colonnes de l'ancien édifice étaient debout: nous avions religieusement conservé tout ce qu'il y avait de légitimement établi.

M. DE SERRE. — Vous aviez doté la royauté de la robe de Nessus, en dépouillant la couronne de ses plus précieuses prérogatives: ce n'était plus le prince qui nommait les magistrats.

Mirabeau. — L'influence directe des gouvernements sur le pouvoir judiciaire, est l'attribut du despotisme.

M. de Serre. — Aussi l'avons-nous soustrait à cette influence par l'institution du jury.

Mirabeau. — Vous savez mieux qu'un autre que des jurés choisis par le pouvoir ne sont et ne peuvent être que des commissaires.

M. de Serre. — Voulez vous livrer la justice aux erreurs du sort?

Mirabeau. — Je les crains moins que les passions des hommes.

M. de Serre. — L'inconvénient du choix des jurés est compensé par l'inamovibilité des juges.

Mirabeau. — Un vivant et un mort n'ont point d'intérêt à se tromper: c'est de bonne foi que nous causons ensemble; attachons donc aux mots leur véritable signification : pensez-vous qu'on puisse qualifier d'inamovible un juge qui peut passer d'un tribunal inférieur à un tribunal supérieur, qui, de simple juge à cinq mille francs de traitement, peut devenir procureur du roi avec dix mille, et de procureur du roi président d'une cour royale? Par-tout où un homme se trouve placé entre la crainte et l'espérance, il y a de nécessité mouvement, inquiétude et oscillation dans sa conduite.

M. de Serre. — M. de Mirabeau, laissez-nous profiter d'une trop funeste expérience; le premier intérêt de la société est que le pouvoir soit fort, et qu'on le craigne.

Mirabeau. —Qu'il soit juste, monsieur, et qu'on l'aime, il sera toujours assez fort : la crainte exclut l'amour, et, de tous les règnes, le plus court est celui de la peur.

M. de Serre. —Comme de toutes les tyrannies la plus intolérable est celle de la multitude.

Mirabeau. —Malheur au peuple réduit à opter entre le despotisme et l'anarchie! l'un et l'autre supposent l'absence de tout gouvernement.

M. de Serre. —Nous avons passé par ces deux états, et nous nous reposons maintenant sous l'abri d'une Charte constitutionnelle où le prince et le peuple trouvent une mutuelle garantie.

Mirabeau. — Grace à trois lois funestes, dont l'une est, dit-on, votre ouvrage, l'existence politique de la France est de nouveau compromise, et l'indépendance de la tribune est tout ce qui vous reste de cette liberté acquise au prix de tant de combats, d'efforts et de sacrifices : la conserverez-vous?

M. de Serre. —La liberté n'est qu'un bouclier, on veut en faire un glaive. Un génie tel que celui du grand Mirabeau ne peut ignorer de quelles interprétations dangereuses sont susceptibles ces mots magiques de peuple, d'égalité, d'indépendance.

Mirabeau. — Lorsqu'un héraut de Flaminius,

s'avançant au milieu des Grecs assemblés pour célébrer les jeux isthmiques, prononça ces mots:
« Sont délivrés et affranchis du joug les Corinthiens,
« les Locriens, les peuples de la Phocide et de l'île
« d'Eubée, les Achéens, les Magnésiens, les Thessa-
« liens et les Phtiotes, pour vivre selon leurs lois et
« en pleine liberté; les Grecs firent répéter ces pa-
« roles, et, après les avoir entendues une seconde
« fois, ils jetèrent de si grands cris et se livrèrent à
« des transports de joie si extraordinaires, qu'on vit
« aisément, dit Plutarque, qu'au jugement de tous
« les hommes la liberté est le premier des biens. »

M. DE SERRE. — Plutarque dit aussi que la liberté est une liqueur enivrante qu'il ne faut pas verser toute pure aux peuples altérés; et Rousseau, qui la trouvait trop payée du sang d'un seul homme, n'en aurait certainement pas voulu au prix qu'elle nous coûte.

MIRABEAU. — Encore moins eût-il consenti à se laisser ravir un bien si chèrement acheté.

M. DE SERRE. — Connaissez-vous un moyen d'apprendre au peuple à distinguer la liberté de la licence?

MIRABEAU. — Oui sans doute ; c'est de ne pas les confondre soi-même : les gouvernements craignent le peuple, comme un écuyer mal habile craint un cheval vigoureux qui hennit et frappe la terre; il l'approche la menace à la bouche, la verge à la main, et le rend farouche au lieu de le rendre docile. Les uns veulent protéger le peuple, qui ne veut être protégé que par la loi; d'autres craignent, en prononçant son nom, de réveiller en lui le sentiment de sa force, et de le porter à en faire un dangereux usage. Les Anglais et les Américains se sont montrés plus habiles politiques en consacrant le nom du peuple dans leurs lois, dans leurs institutions. Un grand ministre n'a pas cru, en parlant de la *majesté du peuple anglais*, humilier ou affaiblir la majesté royale ; lord Chatam savait que ce n'est ni l'orgueil ni même l'agitation du peuple qu'il faut craindre, mais son repos absolu : le plus irrésistible des pouvoirs qu'il puisse exercer est celui *de refuser de faire*.

M. DE SERRE. — Ce refus même ne pourrait-il pas être considéré comme une rébellion, et le conseil qui en serait donné comme une provocation à la révolte? ce n'est pas la vapeur qui s'exhale, mais celle qui se condense et se roule dans le vase qui la renferme, dont l'explosion est à craindre.

MIRABEAU. — Quand on est, comme vous, convaincu de cette vérité, pourquoi (sans quitter la figure sous laquelle vous la présentez d'une manière si ingénieuse), pourquoi fermer toutes les issues par où ces vapeurs de liberté peuvent s'échapper sans fracas? pourquoi donner à la presse d'autres entraves que celles des lois? pourquoi enchaîner la pensée?

M. de Serre. — La tribune lui reste ouverte.

Mirabeau. — Encore l'étouffe-t-on incessamment par les cris d'*ordre du jour*, de *question préalable*. Dans notre assemblée constituante les opinions étaient véritablement libres. Cazalès était écouté, sinon avec la même faveur, du moins avec la même attention que La Fayette : le président pouvait n'être pas exempt de répugnances et de prédilections, mais il tenait à honneur de se montrer impartial. Point de préférences injurieuses, point de paroles hautaines. Vous aviez essayé de renouveler ce noble exemple; pourquoi n'a-t-il pas toujours été suivi? Quel ministre eût osé répondre avec arrogance et affecter, en présence des députés du peuple français, un pouvoir délégué, qui cessait au moment où, franchissant le seuil de notre chambre, il n'avait plus qu'à répondre aux questions que l'assemblée jugeait à propos de lui faire?

M. de Serre. — La charte qui régit aujourd'hui la France donne au ministre une attitude plus conforme à la majesté du prince dont il est l'organe; le gouvernement ne peut être fort qu'autant que les ministres qui en font partie inspireront la retenue, la crainte, et j'ai presque dit la terreur du respect.

Mirabeau. — Vous invoquez en faveur du despotisme ministériel des sentiments qui ne sont dus qu'à la loi et à la liberté : vous avez sous les yeux l'exemple de l'Angleterre.

M. de Serre. — La liberté française est trop jeune pour tant d'égards.

Mirabeau. — Ses défenseurs ne le sont pas assez, et ce n'est pas, croyez-moi, un des moindres vices de votre nouveau pacte social. Il est fâcheux que la tribune nationale ne soit accessible qu'à des voix pour la plupart affaiblies. La jeunesse de l'homme est l'âge des inspirations magnanimes, des résolutions courageuses, et des vertus patriotiques. Quand on compte déja les années qu'on a vécu, on ne pense guère qu'à se réserver celles qui restent à vivre. Jeune au moment où la révolution s'annonça, j'avais du courage pour un siècle; je n'avais déja plus que trois ans de vie. Je rompis le premier la paix de la servitude, j'attaquai le dogme de l'éternité des priviléges, et ma voix puissante éveilla la liberté dans tous les cœurs. Soutien du trône, que l'aristocratie, qui l'avait ébranlé jusque dans ses fondements, m'accusait de vouloir renverser, j'entrepris de lui donner une constitution pour base, je bravai les vaines clameurs, les protestations injurieuses, les menaces ardentes, toutes ces convulsions de l'orgueil blessé et des préjugés expirants. Dans une assemblée où se trouvèrent réunis, comme par miracle, tant d'hommes de bien, de génie, et de courage, la liberté comptait avec orgueil parmi ses défenseurs l'élite de cette immortelle assemblée, aux premiers rangs de laquelle siégeaient Thouret, Chapelier, Barnave, Adrien Duport, Lameth, Regnault de Saint-Jean-d'Angély, Monnier, Noailles, Mathieu de Montmorency, sur le rapport duquel la noblesse fut abolie, La Fayette, élevé à l'école de la liberté américaine, et moi, qui depuis quinze ans luttais corps à corps avec le despotisme contre lequel s'armait alors la France tout entière. Tous ces jeunes orateurs, dont s'enorgueillissait la tribune, avaient fondé parmi vous la liberté constitutionnelle sous l'abri du trône.

M. DE SERRE.—La tourmente révolutionnaire a renversé l'une et l'autre; et lorsque après trente ans nous sommes appelés à les rétablir, devez-vous blâmer les précautions que nous prenons pour les garantir du fléau de l'anarchie auquel vous les aviez laissées en proie?

MIRABEAU.—Non sans doute; je loue vos intentions et je rends justice à vos talents : de tous les ministres qui se sont succédé depuis cinq ans, trois seulement se sont montrés dignes de la confiance du monarque et de la nation; vous mériteriez de figurer à leur tête si vous eussiez été compris dans leur disgrace; mais les derniers actes de votre administration ont trompé les espérances de la patrie : vous avez prêté le secours de votre éloquence aux ennemis de la liberté, et vos derniers efforts ont ébranlé, dans la loi des élections, la colonne sur laquelle repose l'édifice social.

M. de Serre. — La France et l'Europe invoquent à grands cris le repos; j'ai cru qu'il fallait l'acheter puisqu'on ne pouvait le conquérir.

Mirabeau. — Au dehors, au dedans, une paix durable ne peut avoir d'autre garantie que la justice et la stabilité des institutions; elle ne peut jamais être l'ouvrage de ces hommes de tous les pouvoirs qui reçoivent, du geste d'un ministre, leur opinion et leur conscience, et qui vont, la main haute et les yeux baissés, déposer leur boule adulatrice dans l'urne de vos destinées.

La gloire de la tribune a couvert les erreurs de mes premières années; depuis, combien d'existences honorables ont été se flétrir sur des banquettes mercenaires! Je ne connais d'opinions méprisables que celles qui ne reposent pas sur des principes.

M. de Serre. — Même en adoptant cette proposition, les principes ne sont-ils pas de leur nature variables comme les caractères et les intérêts qui les produisent?

Mirabeau. — Cette question est plus subtile que solide. Ce que veut le peuple français, ce que veulent tous les peuples de l'Europe ne peut être l'objet d'un doute : tous aspirent à la liberté civile; les plus avancés réclament la liberté politique, et ceux-ci forment entre eux une espèce de société d'assurance, dont les autres invoquent le secours. Le fanatisme n'a point dégoûté de la religion; les périls de la liberté ne dégoûteront pas de la liberté les nations qui en ont déja joui, et rendront plus ardent le desir de celles qui n'en ont pas encore connu le bienfait.

La Pologne en a déja ressaisi le simulacre; la Suède en trouve la garantie dans le roi qu'elle s'est donné; on l'a promise à la Prusse, qui ne l'oubliera pas; errante sur les bords du Rhin, déja deux états d'Allemagne lui offrent un asile; la Belgique l'a entrevue; l'Ausonie soupire après son retour, tandis que la Péninsule espagnole voit avec ravissement flotter ses étendards paisibles sur des rivages tant de fois affranchis.

M. DE SERRE.—Vous le reconnaissiez vous-même, l'Europe est à la veille d'une conflagration générale: tous les trônes sont donc en péril?

MIRABEAU.—La royauté n'a rien à craindre, le despotisme seul est menacé. Le cours invincible du siècle et des lumières conduit les peuples de l'Europe à la monarchie constitutionnelle. L'état des choses est tel, que les rois ont encore l'initiative de cette grande mesure du salut de tous. Dans quelques années cette initiative peut dépendre des volontés nationales; mais si les dons n'inspirent que la reconnaissance, la victoire enfle les cœurs et les porte à l'exigence. Ne doit-on pas craindre que ces mêmes peuples, qui se trouveraient heureux aujourd'hui de vivre à l'ombre d'un trône constitutionnel, ne se contentent plus alors d'un bien dont ils auront fait la conquête?

Engagez vos profonds publicistes à méditer sur ce sujet, et dites-leur bien qu'il sera trop tard pour prendre un parti, quand je reviendrai m'informer de celui qu'ils auront adopté.

QUATRIÈME DIALOGUE.

SULLY ET M. DECAZES.

M. Decazes. — A cette fraise, à cette longue barbe, à cette écharpe blanche, il est aisé de voir que vous fûtes en votre temps un homme de cour.

Sully. — J'allais à la cour quand je ne pouvais pas voir le roi ailleurs.

M. Decazes. — Les rides de votre front annoncent les longues méditations et la profonde expérience.

Sully. — J'ai beaucoup vécu et j'ai connu les hommes, car j'ai eu occasion de les observer dans la bonne et dans la mauvaise fortune.

M. Decazes. — Je puis me flatter aussi de les connaître ; mon devoir fut long-temps d'épier leurs démarches, d'écouter leurs paroles, de deviner leurs pensées, et d'interpréter leur silence..... Vieillard, pourquoi vous éloignez-vous ?

Sully. — Je ne sais quel souvenir de Concini....

M. Decazes. — Je ne suis pas étranger.

Sully. — Qui donc êtes-vous ?

M. Decazes. — Le ministre favori d'un grand roi.

Sully. — Le ministre !...

M. Decazes. — Vous me trouvez un peu jeune; c'est qu'on fait son chemin plus vite à la faveur des vents qu'à l'aide de la rame : vous voyez que je fais la part de la fortune; j'ai cependant l'amour-propre de croire que je ne suis pas redevable à elle seule des grands emplois, des hautes dignités, des alliances illustres et de la faveur du prince dont je jouis depuis cinq ans.

Sully. — Concini s'éleva plus haut et plus rapidement encore; sa poitrine était couverte d'une cuirasse de maréchal de France, et cependant de Luynes et Vitry...

M. Decazes. — Vous me parlez d'un temps d'ignorance, de superstition et de despotisme, et grace au ciel nous vivons dans un siècle de lumières, et sous la protection de lois constitutionnelles qui ne nous laissent pas craindre le retour des horreurs dont votre imagination est encore frappée : mais, avant de continuer l'entretien, il serait bon de nous connaître; je me nomme messire Élie comte Decazes, prince, par alliance, de Glusbourg, pair de France, secrétaire d'état au département de l'intérieur et président du conseil des ministres de S. M. Louis XVIII, roi de France et de Navarre.

Sully. — Voilà bien des titres; j'en avais davantage, mais je ne me souviens que de mon nom; je suis Sully; Henri IV était mon ami et mon roi.

M. Decazes. — Soyez le bien-venu, mon cher collègue, je professe, ainsi que la nation, une haute admiration pour votre mémoire et pour vos principes.

Sully. — Cette admiration-là ne tire pas à conséquence, à en juger par les actions de ceux qui la professent.

M. Decazes. — Je vois que vous êtes au courant dans l'autre monde de ce qui se passe dans celui-ci.

Sully. — J'interroge assez régulièrement les courriers que la mort nous dépêche; mais je n'en suis guère mieux instruit; les nouvelles de la veille sont presque toujours démenties par celles du lendemain : par exemple, on nous a dix fois annoncé votre renvoi, la veille du jour où nous avons appris votre triomphe : avec un peu d'audace et beaucoup d'adresse et d'intrigues, je conçois que vous ayez jusqu'ici conservé votre place; ce qui m'étonne, c'est que vous soyez resté debout sur les débris de trois ministères.

M. Decazes. — Rien de plus simple, je les fais, les défais et les refais moi-même.

Sully. — Vous faites et défaites les ministres?...

M. Decazes. — D'où vient votre étonnement; l'exemple de Richelieu...

Sully. — Le cardinal était un méchant homme; mais il avait du génie, mais il régnait sous un prince faible et despote, et tenait à distance la foule de ses ennemis, en faisant couper la tête de ceux qui s'approchaient de trop près de son éminence.

M. Decazes. — Le système constitutionnel, sous lequel nous vivons, m'a forcé d'adopter un plan de conduite un peu différent; le succès l'a couronné jusqu'à ce moment, mais je ne me fais pas illusion sur les derniers résultats : je voudrais conserver ma place; dites-moi donc comment vous avez fait pour vous maintenir si long-temps à la vôtre?

Sully. — Je n'ai flatté, je n'ai trompé, je n'ai persécuté personne.

M. Decazes. — Vous viviez dans un siècle moins éclairé, mais vous aviez affaire à des hommes plus dociles.

Sully. — Je vivais dans un temps où il n'était si mince gouverneur qui ne fît son traité particulier, qui ne vendît les clefs de sa ville, et ne trafiquât de sa fidélité; dans un temps où l'ambition et l'avarice des grands faisaient de la soumission le plus scandaleux trafic; où les moindres services étaient pesés au poids de l'or : vous n'avez trouvé que des hommes qui voulaient conserver; nous avions à transiger avec des hommes qui voulaient acquérir : vous avez pu, sinon rassasier vos ennemis, du moins satisfaire à leurs premiers besoins, en leur prodiguant des emplois, des honneurs, les trésors et les domaines de l'état; ceux de Henri ne lui laissèrent pas de quoi nourrir ses serviteurs; je n'eus que des refus à prononcer; aussi m'appelait-on le *ministre négatif.*

M. Decazes.— Et cependant vous sûtes conserver la faveur du prince et l'estime de la nation, au milieu des ennemis puissants dont vos épargnes augmentaient chaque jour le nombre et la haine; tandis que moi, qui ne leur ai jamais refusé que le pouvoir, je me vois chaque jour en butte à des haines profondes, à des machinations secrètes, auxquelles je n'oppose qu'une faveur que l'on m'envie, et à la conservation de laquelle j'emploie en vain toutes mes forces : ma tâche, comme celle de Sisyphe, est de rouler un rocher au haut d'une montagne, d'où il retombe au moment où je crois l'avoir fixé sur son sommet; le mal que j'ai fait ne m'appartient pas, et l'ordonnance du 5 septembre est mon ouvrage; mais, je le sens, il me manque ce qui sans doute faisait votre sécurité, ce que peut seul donner un long usage des cours.

Sully. — Votre modestie vous trompe; vous avez toutes les qualités d'un vieux courtisan, ce sont celles d'un homme d'état et d'un patriote qui vous manquent.

M. Decazes. — Enseignez-moi donc par quels savants calculs, par quelles habiles combinaisons vous avez su tout à-la-fois vous faire aimer du monarque, respecter des grands, et bénir par le peuple.

Sully.—Ministre d'un prince loyal, je le fus

comme lui; je le servais, Bellegarde le flattait; j'étais son ami, son ministre; Bellegarde était son favori : son emploi était d'amuser le roi, le mien de travailler avec lui : nos entretiens plus graves avaient pour objets les grands intérêts de l'état, le bonheur du peuple, le repos et la gloire de la nation, et si quelquefois nous y mêlions le charme de nos affections réciproques, c'était pour en faire hommage à cet amour de la patrie où tous nos sentiments venaient se réunir.

J'avais contre moi les princes, les grands officiers de la couronne, les maîtresses, leurs enfants, les partisans de l'Espagne, les restes de l'ancienne ligue, les jésuites, toute cette bande de courtisans qui paraît si légère et dont le poids écrase la France; tous ces gens-là voulaient des pensions, des dotations, des gratifications ou des places; je ne donnai de pensions qu'aux services, de gratifications qu'au travail, et de places qu'au mérite : la livrée dorée cria au *négatif,* taxa d'avarice mes sages économies, me déclara l'ennemi des serviteurs du roi, et comme les valets monarchiques de mon temps ne valaient pas mieux que ceux du vôtre, ils s'en prirent à Henri lui-même et le taxèrent d'ingratitude. De tous côtés l'on demanda mon renvoi; la Verneuil crut avoir bien pris son moment pour n'être pas refusée, mais le roi, dont les faiblesses étaient celles d'un grand homme, se contenta de lui répondre « qu'il trouverait plus facilement cent « maîtresses comme elle, qu'un ministre comme « moi. »

On peut se rendre justice après sa mort, et parler de soi comme en parle la postérité : j'étais parvenu au faîte des honneurs; mais cette élévation, je la devais à de longs travaux, à d'immenses services, soit en paix, soit en guerre; elle n'avait été ni subite ni imprévue; elle déplaisait à beaucoup de gens, mais elle n'étonnait personne : placé entre les partis, je n'en connus jamais d'autre que celui de la France. Deux sectes religieuses se disputaient l'empire, j'appartenais à celle que le roi avait abandonnée; je les protégeai également : protestants et catholiques vécurent, sinon en paix, du moins en repos, sous le règne du magnanime Henri.

Jeune homme, vous avez été ministre dans des circonstances bien moins difficiles, et les jours de Charles IX ont été sur le point de renaître parmi vous; dans un siècle de lumières vous avez souffert que le fanatisme ensanglantât le midi de la France; au moment d'une réconciliation facile entre le petit-fils de Henri IV et le peuple français, vous avez permis qu'une faction gothique s'interposât entre le monarque et la nation, qu'elle cherchât à étouffer sa liberté, à éteindre sa gloire dans le sang de leurs nobles défenseurs?

DECAZE. — Les passions étaient les plus fortes.

Sully. — Qui vous condamnait à être leur complice?

Decaze. — La crainte de devenir leur victime.

Sully. — Les tribunaux n'admettent pas cette excuse dans un particulier; de quel poids peut-elle être pour un homme public?

Decaze. — N'avez-vous pas dit vous-même « que dans les temps de troubles l'homme n'était pas toujours assez maître de ses esprits pour voir ce qui était bon et faire ce qui était juste? »

Sully. — Sans doute; mais en professant ces maximes, je ne souffrais pas qu'on envoyât à la mort, ou qu'on laissât dans l'exil, ceux qui avaient vu le bien et la justice ailleurs que là où j'avais cru l'apercevoir.

Decaze. — Nous ne sommes plus les maîtres du passé, je voudrais du moins assurer l'avenir.

Sully. — Je serais tenté de croire au contraire que votre politique est encore aujourd'hui ce qu'elle a toujours été, de rendre cet avenir incertain, afin d'entretenir des inquiétudes secrètes, sur lesquelles vous comptez, pour vous rendre nécessaire et conserver le pouvoir.

Decaze. — C'est ce que dirent mes ennemis.

Sully. — C'est ce que prouvent vos actions. Je sais que vous marchez au hasard, que vous n'avez aucun but, aucun système; je ne puis croire cependant que vous ignoriez à quelle ancre tient aujourd'hui le salut de l'état. Par une faveur du ciel, à laquelle la prévoyance humaine n'a contribué en rien, il a été accordé au prince qui vous gouverne de donner à la France une constitution et des lois qui peuvent la garantir à jamais du despotisme royal, de l'ambition des grands et de la turbulence du peuple Louis XVIII a élevé cette digue contre les flots, et votre imprudence y veut faire une brèche. J'ai eu le temps de méditer là-bas sur votre nouveau système de gouvernement; il agit par le concours de trois pouvoirs.

Decaze. —Un seul suffit pour tout arrêter, je voudrais donc créer, hors de la constitution, une force ministérielle qui pût au besoin remettre en mouvement la machine politique.

Sully.—Ministre d'un jour, faut-il vous apprendre que les hommes ne s'attachent qu'à ce qui est stable? C'est de l'idée, où chacun est, que l'ordre établi ne peut être changé, que naît la confiance et le respect pour ceux qui gouvernent; les rois meurent, les ministres changent, mais les institutions survivent, et c'est sur elles, sur elles seules que se fonde le bonheur des sociétés : dans les états privés d'une constitution, le règne du meilleur prince n'offre aucune garantie pour l'avenir, et rarement un roi digne du trône a pour successeur un prince digne de lui : c'est ainsi qu'après la mort de Louis XII et de notre adorable Henri les dissipations, les sottes entreprises, les brigues, les désordres de toute espèce, ont succédé à l'économie, au règne des lois, et de la justice. N'ai-je pas vu les courtisans laisser percer leur joie infernale à l'aspect du cadavre sanglant du bon roi? *Le temps des rois est passé* (se disaient-ils les uns aux autres), *celui des princes et des grands est revenu* [1]; et ce temps qui revint en effet fut celui du pillage, des profusions, des baladins et des bouffons de cour. Mes épargnes furent prodiguées aux grands et aux prêtres, la France retomba sous l'influence de l'étranger et des jésuites; plus de considération au dehors, plus de paix dans l'intérieur; le peuple se vit en proie de nouveau à toutes les misères dont Henri IV l'avait délivré par vingt ans de soins et de travaux : le bien qu'il avait fait reposait sur lui seul, et la France succomba avec lui sous le poignard de Ravaillac. Pourquoi le ciel, qui lui inspira le desir de donner à la monarchie des lois fondamentales, ne lui laissat-il pas le temps d'élever ce monument à sa gloire! Henri IV se serait survécu à lui-même; et le bonheur dont jouirait aujourd'hui la nation française lui serait d'autant plus cher qu'elle le devrait

Au seul roi dont le peuple ait gardé la mémoire.

Ce qu'il eût fait par l'inspiration de son génie patriotique, la prévoyance d'un de ses descendants

---

[1] Mémoires de Sully.

l'exécute deux siècles après; l'édifice est élevé; le peuple français, après trente ans de gloire et un jour de revers, se repose dans cet asile protecteur, et c'est vous, ministre de fortune, qui voulez en saper les fondements!

DECAZE. — M'en préserve le ciel! je ne veux déplacer qu'une seule pierre.

SULLY. — D'autres sont là pour vous imiter, chacun voudra détacher la sienne; et l'édifice croulera, n'en doutez pas.

DECAZE. — Je trouverai peut-être à me loger sous ses ruines.

SULLY. — S'agit-il de vous ou de la France? O mon cher Henri! toi qui méditas si long-temps sur les moyens de faire jouir l'Europe d'une paix éternelle; toi qui ne rêvais qu'au bonheur et à la gloire de ta patrie; toi qui m'imposas la noble tâche de seconder tes efforts pour soustraire ton peuple chéri à l'avidité des courtisans, aux intrigues des gens en place, à l'insolence des grands seigneurs, si petits à tes yeux, de quel front un favori aurait-il osé te proposer d'enfreindre les lois protectrices que tu avais données à tes peuples; de féconder les semences d'une nouvelle ligue, en inondant les provinces de missionnaires chargées d'y prêcher l'intolérance; de rallumer la torche des guerres civiles, au risque d'une révolution nouvelle; de remettre encore une fois aux prises le despotisme et la liberté?

Decaze. — Il y a du bon dans ce que vous dites; j'y réfléchirai; en attendant, je vous quitte pour travailler à mon projet sur le changement de la loi des élections.

CINQUIÈME DIALOGUE.

madame LA MARQUISE de ***, mademoiselle THÉROIGNE de MÉRICOURT, et madame de MONTPENSIER.

Madame la marquise de *** est sujette à des accès de somnambulisme durant lesquels elle va, vient et parle mieux qu'aucune marquise de France : par suite de cette infirmité, cette dame, dont l'hôtel a une sortie sur les Champs-Élysées, se promenait une nuit dans l'allée des Veuves ; à la lueur de la lune, qui recevait un nouvel éclat de la neige dont la terre était couverte, elle vit venir à elle deux espèces de fantômes féminins dont l'un était vêtu à la manière des princesses de la fin du seizième siècle, et l'autre d'un habit d'amazone écarlate et d'une toque surmontée d'un panache noir. «C'est sur a place Vendôme et par mon ordre qu'il fut tué, disait l'une, et cette action commença la journée du 10 août, à laquelle j'eus pourtant moins de part qu'à celles des 5 et 6 octobre.—Fi ! l'horreur ! s'écria la marquise, comment ces furies se trouvent-elles dans un jardin qui porte le nom d'Élysée ? » A cette vive apostrophe, les deux spectres s'arrêtent, et il s'établit entre eux et la marquise le dialogue suivant :

La Duchesse. — Savez-vous à qui vous parlez, ma bonne?

La Marquise. — Ma bonne! moi!

Mlle Théroigne. — Ne faudrait-il pas l'appeler ma belle?

La Marquise. — Fuyons; ce ton grossier et vulgaire...

La Duchesse (*la retenant*). — Hé! la, la, madame, arrêtez-vous : on peut, je crois, sans déroger, causer un moment avec la sœur des Guise.

La Marquise (*en s'inclinant*). — Quoi! vous seriez?...

La Duchesse. — Non, je ne suis pas, mais je fus la duchesse de Montpensier.

La Marquise. — Mais votre compagne parlait des premiers jours de notre révolution, comme témoin oculaire.

La Duchesse. — Comme acteur, dites donc! Comment! vous ne reconnaissez pas votre contemporaine... Théroigne de Méricourt?

La Marquise. — Juste ciel! une ombre de votre qualité souffre auprès d'elle cette furie roturière!

Mlle Théroigne. — Furie, si vous voulez; mais roturière, je nie le fait, et les comtes de Thérouenne, dont Rivarol me fait descendre, valent bien les maltôtiers vos ancêtres.

La Duchesse. — Vous êtes à-peu-près aussi nobles l'une que l'autre, et je ne connais pas aujourd'hui deux maisons, en France, dont les titres soient mieux prouvés que les vôtres ; mais ce n'est pas de cela qu'il s'agit. Cette folle a eu la fantaisie de voir la place où Jacques Clément me vengea de Henri de Valois ; nous revenions de Saint-Cloud, et j'allais avec elle visiter les lieux où elle s'est à son tour vengée d'un amant infidèle.

La Marquise. — Mais dans les nuits des 5 et 6 octobre à qui en voulait-elle ?

Mlle Théroigne. — A tout le monde : la fièvre révolutionnaire m'avait porté au cerveau ; j'étais jeune, ardente, jolie ; j'avais quelque éloquence ; je voulus, à tout prix, jouer un rôle, et j'y suis parvenue : des guerriers ont pâli devant moi ; j'ai vu à mes pieds des hommes d'état, des orateurs...

La Marquise. — A vos pieds ? quelle modestie !

Mlle Théroigne. — N'importe ! tout est légitime quand il s'agit du triomphe de la cause qu'on a une fois embrassée ; demandez plutôt à la duchesse.

La Duchesse. — Je crois en effet me rappeler que Nemours, Henri III, et tout au plus deux ou trois autres gentilshommes...

Mlle Théroigne. — Sans compter frère Jacques...

La Marquise. — Vous l'entendez, madame.

La Duchesse. — C'est une impertinente : elle répète des bruits d'enfer ; d'ailleurs ces peccadilles, dont les eaux du Léthé m'ont peut-être fait perdre la mémoire, ne peuvent élever des scrupules que dans les ames vulgaires. Nous autres femmes politiques, nous marchons au but sans faire attention à la route; la gloire du succès couvre la honte du moyen.

Mlle Théroigne. — On peut vous en croire, vous êtes passée maîtresse en ces sortes d'affaires.

La Marquise. — Les hommes et les circonstances vous ont merveilleusement servies, il faut l'avouer.

La Duchesse. — J'ai su choisir les uns et saisir les autres: voilà tout mon secret. J'ai commencé par nouer des intrigues, et par *mêler les cartes;* des tracasseries de cour j'ai passé à des projets de guerre. J'avais à me venger des indiscrétions offensantes du roi, mais je voulais associer la France entière à mon ressentiment: l'assassinat de mes deux frères me servit au-delà de mes souhaits. Le dominicain Jacques Clément, dont cette folle de Théroigne vous parlait tout-à-l'heure, me parut un instrument tout façonné pour le grand coup que je méditais; il se disait appelé par le ciel à frapper le tyran (c'est le nom que notre sainte ligue catholique donnait au roi légitime), mais le jeune moine manquait de résolution, et c'est par dérision que ses confrères encapuchonnés l'appelaient le capitaine Clément: il me fallut donc échauffer le cerveau de cet apprenti fanatique. Je portais à mon cou des ciseaux d'or pour tonsurer l'impertinent Valois ; j'exigeai que le tendre Clément portât à sa ceinture un poignard dont je lui fis présent, et avec lequel il parut dans les processions.

La Marquise. — L'heureux temps que celui où vous viviez! Les cloîtres étaient une pépinière de héros : aujourd'hui cette ressource nous manque. Faute de conspirateurs, on ne fait plus de conspirations ; on est réduit à en supposer.

Mlle Théroigne. — J'ai vu cependant un abbé, tout fraîchement arrivé dans l'autre monde, qui prétend avoir vu rentrer les jésuites en France, où ils s'occupaient à former des disciples.

La Marquise. — Sans doute, mais on ne forme pas des Barrière, des Clément, des Châtel, des Ravaillac, en un jour! Et d'ailleurs les pères de la foi trouvent par-tout des obstacles ; l'enseignement mutuel, la liberté de la presse, le droit de pétition, les députés libéraux...

Mlle Théroigne. — On travaille à vous en débarrasser, si j'en dois croire le général Collaud, qui s'en plaignait hier en présence de Mirabeau, de Turgot et de Malesherbes.

La Marquise. — Mon Dieu! je sais cela ; mais la chose n'est pas faite ; même après le succès, la lutte peut être longue : tandis que du temps de madame la duchesse tout allait bien, tout allait vite. Combien se passera-t-il de mois, d'années peut-être, avant qu'un missionnaire ose dire dans la chaire évangélique : « J'entends encore mettre en question « s'il est permis de tuer un ennemi de l'Église ; pour « moi, je déclare que je suis prêt à tuer Henri de « Valois à toute heure, à tout moment. »

La Duchesse. — Ce coup d'état n'était cependant pas aussi facile que vous paraissez le croire ; les principes des jésuites, bien que professés hautement, n'avaient pas alors tout le succès qu'ils ont obtenu depuis : les exemples de Judith et d'Éléazar cités à Jacques Clément ne suffisaient pas pour vaincre ses scrupules ; les deux rois avaient obtenu des succès ; ils marchaient sur Paris à la tête d'une armée de quarante mille hommes : à cette nouvelle, la terreur fut plus forte que le fanatisme. La défection se mit dans les troupes du duc de Mayenne ; d'Aumale lui-même avait perdu son audace, et les prêtres ne prononçaient plus qu'en bégayant leurs sanglants anathèmes: tous les hommes perdaient la tête; c'est le moment où les femmes prennent sur eux une incontestable supériorité. Je fis appeler Jacques Clément; il était jeune, et j'ai toujours été belle, car je suis morte avant l'âge où les femmes cessent de l'être.

Mlle Théroigne. — Vous aviez cependant vos quarante-cinq ans bien sonnés, si je ne me trompe.

La Duchesse. — Madame de Nemours est la seule qui l'ait dit, et les personnes les plus à portée de s'en convaincre ne l'ont jamais cru ; frère Clément fut de ce nombre : je le voyais souvent, parceque ma présence avait plus de pouvoir sur lui que mes discours ; je m'arrangeai avec son supérieur pour faire apparaître à Jacques son ange gardien sous les traits qu'il aimait davantage. Le supérieur était un homme adroit, et j'étais jolie comme un ange ; l'apparition fit merveille. Trois nuits de suite l'esprit céleste se montra aux yeux du jeune dominicain, et lui répéta les mêmes paroles : « Frère « Clément, je suis messager du Dieu tout puissant, « qui te viens assurer que par toi le tyran de la France « doit être mis à mort. La couronne du martyre « t'attend. »

Cependant je m'apercevais que cette couronne d'épines le tentait beaucoup moins que la couronne de roses dont mon front était souvent paré, et force me fut de lui en laisser détacher quelques feuilles : Je ne crains plus la mort, me disait-il alors, mais *j'aime la vie à cause de vous.* Je le rassurai sur ses jours. « Nous avons, lui dis-je, dans l'intimité des « deux Henri, des amis secrets prêts à les trahir et à « vous défendre ; Mayenne mon frère a pour otages « les plus zélés amis du roi, que la ligue a fait arrê- « ter, et dont la tête tomberait en même temps que « la vôtre... Songez aux honneurs, aux récompenses « que l'Église, l'état et moi vous réservons. »

Mes discours, l'absolution de son confesseur, et

mes caresses, puisqu'il faut l'avouer, le déterminèrent, et il partit pour Saint-Cloud. Vous savez le reste.

La Marquise. — Sans doute vous aviez pris la précaution...

La Duchesse. — J'y songeai... Nous avions à la cour des gens très experts; mais en réfléchissant aux inconvénients de ces sortes de drogues qui agissent si rarement à point, je me décidai à n'en pas faire usage.

Mlle Théroigne. — Je n'étais guère scrupuleuse de ma nature; mais, ne vous en déplaise, mesdames, j'avais en horreur tout ce qui porte le caractère de l'hypocrisie et de la lâcheté : je n'envoyai point mes amis s'exposer au péril que je fuyais; j'allai moi-même présenter ma poitrine à la pointe des épées, je m'exposai aux coups comme aux regards, et je craignais moins la haine que le mépris.

La Duchesse. — Quoi qu'il en soit, je ne fis pas empoissonner Jacques Clément.

Mlle Théroigne. — Vous vous contentâtes de faire empoisonner son poignard !

La Duchesse. — Sans cette précaution la blessure n'eût pas été mortelle, les médecins le déclarèrent; mais jugez de mes inquiétudes, le moine ne fut admis chez le roi que le lendemain : je passai quinze heures dans ma voiture près d'une des portes du château : Clément était-il arrêté? ne révélerait-il pas nos secrets dans les tortures? Nous autres gens de qualité, nous pouvons nous passer de vertu, mais non de ce qu'on est convenu d'appeler honneur : ma situation était affreuse. Enfin le courrier paraît avec le signal convenu ; j'embrasse vingt fois le porteur de la nouvelle : *Dieu! lui dis-je, que vous me faites aise; le tyran, le monstre est mort; je ne regrette qu'une chose; c'est qu'il n'ait pas su, avant de mourir, que c'est moi qui ai conduit le bras du meurtrier: Allons rendre graces à Dieu.* Je cours aussitôt dans les rues les plus fréquentées, dans les places publiques, en criant: *Citoyens, bonne nouvelle! il est mort!* Et tout le peuple répète avec moi: *Gloire au bienheureux martyr enfant de saint Dominique!* Je fis chanter dans l'église des cordeliers le *cantique de la délivrance de Béthulie,* et je fis écrire sur le sanctuaire de Notre-Dame: *Saint Clément, priez pour nous!*

Les princes de notre maison, qui, à la mort de mes deux frères, avaient pris l'écharpe noire, la quittent pour l'écharpe verte; je fais venir d'un village près de Sens la mère du régicide; tout Paris se porte au-devant d'elle, et la salue des mots sacrés, *Béni soit le fruit de votre ventre!* Je la loge dans mon hôtel, et je la fais asseoir à ma table ; enfin nous obtenons du pape qu'il fasse, en plein consistoire, l'éloge du bienheureux Jacques Clément, et déclare le roi assassiné indigne de la sépulture.

En peu de jours les soldats de Mayenne revinrent sous les drapeaux de la ligue; la guerre civile se ralluma de tous côtés, et ce coup hardi qui devait atteindre Henri IV retarda du moins de plus d'un lustre le triomphe de ce roi populaire.

Mlle Théroigne. — Duchesse, je n'ai pas eu ainsi que vous le bonheur d'être dévote, et la haine brutale que je portais aux princes de la terre ne rend point ma pitié suspecte; je l'avouerai cependant, le très saint père Sixte-Quint, avec son allocution en l'honneur d'un moine parricide, me paraît un pape de fort mauvais exemple.

La Marquise. — Vous êtes une impie : ce n'est pas, à Dieu ne plaise! que j'approuve le meurtre dont le frère Jacques s'est rendu coupable; la personne des rois est sacrée; c'est contre les ennemis de la sainte ligue que madame la duchesse aurait dû diriger les poignards dont elle disposait.

Mlle Théroigne. — Une bonne Saint-Barthélemi politique! n'est-il pas vrai?

La Marquise. — Pourquoi pas?

Mlle Théroigne. — C'est ce que nous disions aussi nous autres.

La Marquise. — Mais, vous autres, c'est bien différent; vos fureurs étaient dirigées contre les prêtres, contre la noblesse, contre tout ce qu'il y a de sacré sur la terre. Vous étiez des monstres.

Mlle Théroigne — Je ne dispute point sur l'épithète, pourvu que vous me permettiez d'en faire une application générale aux terroristes de la ligue, de la révolution et de la restauration.

La Duchesse. — Elle a raison, la folle; qu'importent les noms sacrés de religion, de liberté, de roi, de patrie, s'ils servent de prétexte aux mêmes fureurs, de voile aux mêmes complots?

Mlle Théroigne. — Je crois faire preuve d'une grande impartialité en ne réclamant sur vous, mesdames, aucune espèce d'avantage; car enfin, en fait de crimes révolutionnaires, je ne me suis pas souillée du plus odieux : je n'ai point appelé l'étranger dans mon pays : je passe à madame la duchesse ses Espagnols, à madame la marquise ses Anglais, ses Prussiens et ses cosaques, et j'accepte en commun le nom de furies révolutionnaires qu'on nous donne. Reste à prouver quelle fut la plus habile.

La Duchesse. — En fait de révolution, il faut d'abord parler aux yeux : j'ai distribué des écharpes vertes.

Mlle Théroigne. — Moi, des cocardes tricolores.

La Marquise. — Moi, des brassards et des mouchoirs blancs.

La Duchesse. — J'ai fait assassiner Henri III, et j'ai célébré sa mort par des jeux et des festins.

Mlle Théroigne. — J'ai fait prisonnier Louis XVI, et j'ai dansé sur le champ de bataille du 10 août.

La Marquise. — Attendu que je vis encore, et que

ma tâche n'est pas finie, je ne vous dirai pas tout ce que j'ai fait contre Louis XVIII; il suffit que vous sachiez que je dirigeais en 1815 les farandoles du jardin des Tuileries, et que nous dansions au milieu de trois ou quatre cent mille baïonnettes étrangères.

La Duchesse. — Les femmes ont sans doute un grand avantage dans les intrigues politiques et dans les guerres civiles : leur vie est moins exposée que celle des hommes.

Mlle Théroigne. — Nos révolutionnaires étaient donc moins galants que les vôtres.

La Duchesse. — Il est pour les femmes politiques des avantages qui tiennent aux temps, à l'âge, aux dons de la nature : être jeune et belle est la première condition que le succès leur impose.

Mlle Théroigne. — J'étais moins belle que vous, ma chère duchesse, mais je n'étais pas boiteuse.

La Duchesse. — Je boitais avec tant de grace, que je mis cette allure à la mode.

.La Marquise. — J'aurais pu comme une autre me prévaloir de quelques attraits, mais en affichant la dévotion on se condamne au rôle d'honnête femme.

Mlle Théroigne. — Vous devez vous en acquitter à merveille; la nature vous appelait à cet emploi.

La Duchesse. — C'est un malheur; chez les femmes la politique est inséparable de l'amour. Nous ne pouvons conspirer qu'avec des hommes, et nous n'avons qu'un moyen de soumettre leur volonté et de diriger leur force.

LA MARQUISE. — A défaut d'amour (moyen d'ailleurs tout-à-fait usé), je crois avoir sur madame la duchesse elle-même le mérite de l'invention... Vous riez, mademoiselle de Méricourt... Toute morte que vous êtes, vous ne savez donc pas encore à qui vous devez les conseils que vous avez si facilement suivis? vous ne savez donc pas...

Mlle THÉROIGNE. — Pardonnez-moi, très haute et très puissante marquise; j'ai retrouvé la raison en perdant la vie[1]; je sais votre secret: rendre la liberté odieuse par les crimes commis en son nom; *user la révolution par ses excès;* dans des têtes faibles comme était la mienne porter l'enthousiasme jusqu'au délire, et le délire jusqu'à la fureur; il n'y a pas là d'invention; c'est le vieux système de la vieille aristocratie; vous êtes assez âgée pour en avoir fait l'épreuve en 1792, et assez noble pour figurer dans le parti qui le renouvelle depuis 1815.

LA MARQUISE. — Puisque vous êtes si bien instruite, ma chère, vous devez savoir que le moyen est bon, qu'il nous a déjà valu un excellent discours de M. Pasquier, une bonne déclaration de M. De-

---

[1] Mademoiselle Théroigne est morte à Charenton, en 1812, dans la maison des fous, où elle était enfermée depuis dix ans.

caze; qu'il nous amènera bientôt le changement de la loi des élections, de la loi du recrutement, de la loi sur la liberté de la presse, en un mot le remversement de cette épouvantable Charte qui consacrait en quelque sorte toutes les folies que les libéraux appellent les intérêts de la révolution.

La Duchesse.—Le temps et la raison humaine ont pris ces intérêts sous leur garde; le bien, ou, pour continuer à parler notre langage, le mal est fait; peut-être pouvez-vous encore vous donner le plaisir de quelques petits massacres, de quelques assassinats à domicile, de quelques notes secrètes, mais vous ne refoulerez pas le torrent du siècle, et vous mourrez à la peine.

La Marquise.—Qu'importe? *les privilèges ou la mort*, voilà notre devise.

Mlle Théroigne. — Nous avions dit les premiers *La liberté ou la mort ;* les ultrà-royalistes du Midi et de l'Ouest disaient naguère *Le roi quand même ou la mort:* votre devise n'est qu'un plagiat.

La Marquise. — Vous me feriez perdre courage si je n'étais au fait de la correspondance avec notre saint-père le pape pour le rétablissement des jésuites.

La Duchesse.— Voilà votre dernière planche dans le naufrage: des jésuites, beaucoup de jésuites! non dans les couvents, mais dans les affaires: vous ne vous doutez pas du parti que la ligue a tiré du père Mathieu; il allait à Rome et il en revenait comme vous allez de la rue Saint-Dominique au quai Malaquais.

La Marquise. — Tout se fait chez nous par correspondance secrète; mais elle est parfaitement établie: nous communiquons avec sa Sainteté par l'intermédiaire d'un noble comte qui est l'amour de Rome, mais qui n'en est pas l'épée. Nos agents près des autres puissances étrangères y sont tout naturellement placés; il ne nous en coûte que quelques secrétaires, les mêmes courriers font le service des deux gouvernements: croyez-moi, la partie est bien nouée; tous les honnêtes gens, c'est-à-dire tous les gens de qualité de l'Europe, ont fait alliance et sont d'accord pour agir d'abord contre les peuples à l'aide des rois, sauf ensuite à agir contre les rois à l'aide des prêtres.

La Duchesse. — Cela me paraît assez ingénieux.

Mlle Théroigne. — Je ne trouve à dire à ce projet que l'intervention de l'étranger, auquel, nous autres gens de 93, nous n'avons jamais songé que pour repousser ses attaques : on sait à quel prix il vend ses services.

La Marquise. — Au prix de quelques provinces. Belle affaire! La France n'était pas si grande au bon vieux temps, et elle était plus heureuse; le peuple était pauvre, mais il était soumis: l'opulence le rend indocile, l'instruction le rend raisonneur. L'ignorance et la pauvreté, voilà l'état naturel de la nation plébéienne; et c'est pour l'y ramener que nous organisons des missions, des compagnies de Jésus, des verdets, des confréries; que nous avons des magasins à poudre, des dépôts d'armes, et que nous faisons nommer nos amis au commandement des places qui les renferment. Attendez quelque temps encore, et vous verrez... Vous verrez.

Mlle Théroigne. — Nous ne verrons point, car le coq a chanté ; il annonce le jour qu'il ne nous est plus permis de revoir : disparaissons, ma chère duchesse.

La Duchesse. — Bonne chance, madame la marquise.

Mlle Théroigne. — A revoir dans l'autre monde, où l'ange des ténèbres a déjà marqué votre place parmi les femmes révolutionnaires, entre la duchesse de Montpensier et votre servante Théroigne de Méricourt.

SIXIÈME DIALOGUE.

MADAME LA BARONNE DE STAEL ET M. LE DUC DE BROGLIE.

M. DE BROGLIE. — Que vois-je! se peut-il!...

Mme DE STAEL. — Mon cher Victor, ne vous alarmez pas; et, sans m'interroger sur un prodige dont aucun être vivant ne saurait pénétrer la cause, jouissez un moment avec moi du bonheur que nous procure à tous deux cette nocturne apparition : il est, vous le voyez, des liens que la mort même ne saurait briser; le doux accord des sentiments, des vues, des opinions, forme la chaîne qui rattache la vie périssable à la vie immortelle, et qui empêche que ce qui fut long-temps uni soit à jamais séparé.

M. DE BROGLIE. — Je pourrais, je crois, expliquer cette heureuse sympathie par la concordance intellectuelle...

Mme DE STAEL. — N'expliquons rien, je vous prie; je n'ai plus de temps à perdre. Ces relations d'amour qui survivent aux organes matériels ne me laissent point étrangère aux sentiments des objets de mes plus tendres affections : mes enfants vivent; ils honorent, ils chérissent ma mémoire, je le sais; mais c'est là que se bornent mes rapports présents avec la terre : la nuit de la tombe enveloppe tout le reste, et mon ame n'existe plus que dans ses souvenirs. Hâtez-vous donc de me donner des nouvelles de nos amis; du brave et irréprochable La Fayette, de notre cher d'Argenson, de Dupont, de Constant, de Manuel, et de tant d'autres Français, l'honneur et l'espoir de leur pays!

M. DE BROGLIE. — Mais.... il y a déja quelque temps que nous ne nous sommes rencontrés.

M{{me}} DE STAEL. — Eh! depuis quand l'amitié confie-t-elle au hasard l'accomplissement de ses devoirs, ou le soin de ses jouissances?

M. DE BROGLIE. — Que voulez-vous?... La vie d'un homme public que tourmente une noble ambition est si occupée!... Nous avons eu des élections, des changements de ministres; et maintenant il s'agit d'un changement de système politique.

M{{me}} DE STAEL. — Pourquoi donc en changer? Lorsque j'eus la douleur de vous quitter, celui que la sagesse et la justice, moins encore que l'opinion et la volonté de la France, avaient établi, conciliait merveilleusement des intérêts long-temps hostiles. La Charte, sans être parfaite, était, relativement, la meilleure possible, et j'en veux à nos amis (car tel est, je le vois bien, le motif qui vous éloigne d'eux en ce moment) de ne pas se contenter du bien qui existe, et de vouloir courir après une liberté plus étendue, au risque d'une révolution nouvelle.

M. DE BROGLIE. — Ce n'est là, je vous l'assure, ni leur intention ni la mienne ; il ne s'agit que de modifier en cent trois articles une certaine loi des élections...

Mme DE STAEL. — Comment ! ils veulent faire changer cette loi si sage, si constitutionnelle ? Je n'en doute plus, nos amis ont déserté la cause de la patrie et de la liberté. A qui donc se fier maintenant ? Mon fils, vous avez sagement fait de rompre avec eux ; il est des sacrifices que l'amour du bien public commande à l'amitié même.

M. DE BROGLIE. — Vous ne m'entendez pas ; ce ne sont pas vos amis qui provoquent ces innovations.

Mme DE STAEL. — Dans ce cas, elles ne sont pas à craindre. Qu'importent les vœux impuissants de la vieille aristocratie ? on connaît ses projets, et l'on rit de ses débiles efforts.

M. DE BROGLIE. — Aussi n'est-ce pas elle qui propose aujourd'hui des améliorations qu'elle seconde néanmoins dans l'espoir d'en recueillir les fruits : cette grande pensée, dont l'exécution nous occupe, est l'œuvre des cinq plus fortes têtes de l'Europe.

Mme DE STAEL. — Et vous êtes une de ces têtes-là ?

M. DE BROGLIE. — Votre fils nous aide de son mieux : Auguste en est à sa troisième brochure contre la loi des élections.

Mme DE STAEL. — Mon fils aussi !...

M. DE BROGLIE. — Tous deux réunis avec MM. de

Barante et Guizot, sous les ordres de M. de Serre, dont le silence est une calamité publique, nous formons un quinquevirat doctrinaire sur lequel reposent aujourd'hui les destinées de la France.

Mme DE STAEL. — Ce que je vois de plus clair dans ce que vous me dites, monsieur le duc, c'est qu'avec des intentions dont je ne soupçonne pas la pureté, moi qui crois vous connaître, vous avez cédé aux conseils d'une ambition précoce ; que vous avez été la dupe des suggestions d'un orgueil dont votre cœur et votre raison n'ont point eu la force d'étouffer le germe, et que vous êtes devenu, sans le vouloir, l'instrument d'un parti, lorsque vous pouviez aspirer à devenir un jour un des hommes de la nation.

M. DE BROGLIE. — Mon erreur, si j'en ai commis une, viendrait alors, permettez-moi de vous le dire, de m'être écarté de mes principes pour me rapprocher des vôtres. Dans la pondération des pouvoirs constitutionnels, je pensais qu'on ne pouvait trop affaiblir l'aristocratie, où je ne voyais qu'un poids nécessaire pour rétablir au besoin l'équilibre rompu entre la démocratie et la royauté; telle était sur ce point la force de ma conviction, que je ne voulais pas même d'une pairie héréditaire, où je croyais voir se réfugier tous les préjugés, toutes les prétentions, tous les priviléges de la noblesse. La lecture plus attentive de vos ouvrages, la connaissance de vos sentiments, puisée à leur véritable source, ont rectifié mes idées à quelques égards : j'ai reporté mes yeux sur cette Angleterre pour laquelle, entre nous, vous avez toujours été un peu partiale; j'ai vu que le gouvernement s'y trouvait, de fait, entre les mains de quatre ou cinq familles, et je me suis réconcilié avec la pensée d'une oligarchie constitutionnelle, où je devais naturellement trouver ma place.

Mme DE STAEL. — Monsieur le duc, je commence à vous entendre, et dès-lors je suis certaine que vous m'avez mal entendue si vous avez cru trouver dans mes écrits quelques inductions favorables à vos doctrines politiques.

M. DE BROGLIE. — Quoi qu'il en soit, des inquiétudes *vagues et réelles*[1] se manifestaient au sein d'une prospérité et d'un calme toujours croissant; l'ordre régnait par-tout, mais il était à la veille d'être troublé. Vous l'avez dit vous-même : dans un gouvernement représentatif il ne doit y avoir d'autres assemblées délibérantes, d'autres associations politiques, que celles dont la loi reconnaît l'existence.

Mme DE STAEL. — Vous me faites frémir. Eh quoi ! ces affreux comités secrets qu'on a vus dans le midi de la France organiser l'incendie et diriger les assassinats; ces clubs d'*honnêtes gens*, qui, sous le nom de sociétés royales, s'occupaient, sous d'autres couleurs,

---

[1] Expressions d'un discours de la couronne.

à rétablir en 1815 la sanglante inquisition de 93 ; ces associations criminelles auraient de nouveau manifesté parmi vous leur funeste existence ? Vous avez bien fait, mon fils, de vous opposer au retour de ce fléau ; mais, sans employer un moyen aussi violent, aussi dangereux que celui d'attenter à la Charte et de changer la loi des élections, n'était-il pas plus simple, plus constitutionnel, d'opposer à des assemblées secrètes et illégales cette société des amis de la liberté de la presse, dont vous avez été l'un des fondateurs ?

M. DE BROGLIE. — Vous me reprochez un tort que j'ai confessé moi-même : l'article 291 du Code pénal défend toute espèce d'association.

Mme DE STAEL. — Par conséquent les tribunaux ont poursuivi et condamné les membres des comités secrets et des associations ci-devant royales ?

M. DE BROGLIE. — Mais non, madame, ces sociétés n'ont donné lieu à aucune poursuite ; ce sont les amis de la liberté de la presse que l'on a poursuivis et condamnés.

Mme DE STAEL. — Vous avez été condamné ?

M. DE BROGLIE. — Non pas moi ; j'avais cessé depuis quelque temps d'assister à ces réunions.

Mme DE STAEL. — Je devine votre excuse : cette société d'amis avait perdu sans doute le caractère de simple réunion qu'elle avait à son origine ; elle tenait des séances régulières, à jour fixe, dans un

local spécialement destiné à son usage; elle avait
des présidents, des secrétaires, des bureaux, tout ce
qui constitue une association délibérante; elle avait
des correspondants, des affiliations, des rapports,
des projets, des délibérations, des procès-verbaux,
enfin tout ce qui constitue des associations agissantes : telles que les sociétés royales de 1815 et les
clubs des jacobins de 93. Je suis fâchée que la détermination que vous avez prise vous ait éloigné de
vos amis; mais vous avez raison contre eux s'ils ont
pu croire que la liberté dût sortir des limites que la
loi à tracées autour d'elle.

M. DE BROGLIE. — Ce n'est pas précisément la loi;
c'est le gouvernement qui a cru devoir dissoudre cette
réunion, et il en avait le droit : je l'ai pensé du moins.
D'ailleurs lorsqu'on se sent appelé par sa naissance
et par ses talents à occuper un jour un des premiers
rangs dans l'état, il n'est pas inutile de se ménager
avec le pouvoir quelques accommodements.

Mme DE STAEL. — Monsieur le duc, ce langage
paraît nouveau dans votre bouche, et il m'afflige
d'autant plus qu'il m'en apprend davantage que vous
n'avez l'intention de m'en dire. Vous ne tarderez
pas à être convaincu, si vous ne l'êtes déjà, que l'autorité a des susceptibilités bien grandes, et qu'on ne
s'accommode avec elle, pour parler comme vous,
qu'en se condamnant à des complaisances bien souples, à des ménagements bien pénibles pour un ami

de la liberté. Voyez où vous a conduit un premier pas dans le labyrinthe où vous vous êtes si imprudemment engagé. Élève des d'Argenson, des La Fayette, vous aviez paru sur la scène politique entouré de tous les vœux, de toutes les espérances des vrais Français; vous aviez dignement signalé votre entrée à la chambre des pairs par l'opinion courageuse que vous avez émise dans un procès douloureusement célèbre; la France vous assignait déja un rang parmi le très petit nombre de ces hommes jadis privilégiés par leur naissance, qui ont en quelque sorte retrempé leur noblesse, et rendu à la patrie des noms qui n'appartenaient qu'à l'histoire. Peut-être, en devenant mon fils, aviez-vous acquis de nouveaux droits à cette estime publique, à cette illustration des hautes vertus et des grands talents qui s'attachent à ma mémoire. Je vous ai laissé dans les premiers rangs des défenseurs de la Charte et de la liberté, je vous retrouve parmi les courtisans du pouvoir, sous les ordres d'un ministre, faisant partie d'une oligarchie doctrinaire, où vous prenez place immédiatement après MM. Guizot et Barante. Si c'est là le terme de votre ambition, on doit convenir qu'elle est modeste; mais quelle louange, ou plutôt quelle excuse puis-je donner à votre conduite dans le procès intenté aux amis de la liberté de la presse? ils étaient aussi innocents que vous, ou vous étiez aussi coupable qu'eux...

M. DE BROGLIE. — Aussi ai-je réclamé, par la voie des journaux, ma part de solidarité. « Bien que de-
« puis les dernières lois sur la presse j'eusse consi-
« déré le but que la société se proposait comme
« atteint, et que j'eusse cessé de la recevoir, j'ai
« déclaré que je ne me regardais pas moins comme
« tenu de faire réparation à la loi. »

Mme DE STAEL. — Ne vous en déplaise, monsieur, il n'y a dans un pareil aveu, rendu public, ni convenance ni générosité. A quoi bon, je vous prie, cette manifestation de votre opinion particulière sur la prétendue culpabilité de vos amis ? Il fallait, en pareil cas, ou vous taire, ou, plus honorablement, déclarer que vous ne pouviez séparer votre cause de ceux à qui vous aviez donné l'exemple de ce qu'il vous plaît aujourd'hui d'appeler une contravention. Mais, sans insister davantage sur une fausse démarche dont je crains pour vous les conséquences, examinons ensemble les principes nouveaux qui vous y ont entraîné.

M. DE BROGLIE. — Avec la loi des élections telle qu'elle existe la liberté est sans garantie, parcequ'aucune stabilité, ni dans le gouvernement, ni dans les institutions, ni dans les fortunes, n'est conciliable avec ce système de représentation dont la conséquence forcée est une révolution annuelle.

Mme DE STAEL. — J'ai vu le temps où vous ne trouviez rien de plus sage, rien de plus modéré, que la manière dont s'exerçait en France le droit d'élire.

M. DE BROGLIE. — M. Guizot ne m'avait pas encore fait apercevoir que ce système déplace à chaque session la majorité; que les ministres, uniquement occupés du soin de leur conservation, ne songent qu'à faire tête à l'orage, et qu'ils n'ont ni le temps ni la tranquillité nécessaires pour s'occuper des intérêts publics.

Mme DE STAEL. — D'où vous vient cette sollicitude ministérielle? Mais j'entends : après avoir mis quelqu'un pour garder votre place, vous travaillez, je le vois, à la rendre commode.

M. DE BROGLIE. — Le triomphe des doctrines est de faire le bien général dans des vues personnelles. Nous craignons que les renouvellements trop fréquents ne dégoûtent de la liberté cette grande masse de citoyens pour qui le calme et la durée sont les premiers besoins politiques.

Mme DE STAEL. — Et vous proposez pour éviter cet inconvénient?..

M. DE BROGLIE. — Le renouvellement intégral tous les cinq ans. Mais comme il est à-peu-près certain que nos ministres adopteront l'usage de dissoudre la Chambre avant qu'elle meure de mort naturelle, soit pour ne pas laisser tomber en désuétude la plus importante des prérogatives royales, soit afin de choisir le moment le plus favorable à l'intérêt des ministres, la durée des Chambres se prolongera rarement au-delà de la quatrième année, terme suffisant d'ailleurs pour donner, d'une part, aux ministres, le temps de concevoir, de mûrir et d'exécuter un plan; et, de l'autre, à l'opinion publique, le temps de subir des modifications assez fortes pour qu'une élection nouvelle devienne nécessaire.

Mme DE STAEL. — Est-il donc besoin d'accorder aux ministres des années entières pour élaborer leurs projets? S'ils sont favorables à la liberté et à l'ordre constitutionnel, les Chambres viendront à leur secours; s'il veulent encore, ce qu'ils veulent toujours, étendre les limites du pouvoir, reposez-vous sur le conseil d'état, sur les directeurs-généraux, sur les courtisans, et sur les quatre cinquièmes des nobles pairs, pour seconder les empiétements de la couronne. Quoi qu'il en soit, opérer le renouvellement intégral tous les quatre ans, pour ne pas rebuter les électeurs, me semble un bien singulier calcul. Observez, je vous prie, monsieur le duc, et faites observer à vos frères de la doctrine que, dans le système actuel, les électeurs ne sont appelés qu'une fois tous les cinq ans à exercer leurs droits; et que, lorsqu'on substitue le calcul au raisonnement, il faudrait au moins savoir compter jusqu'à cinq.

M. DE BROGLIE. — Vous conviendrez que la chambre des députés n'est pas assez nombreuse.

Mme DE STAEL. — Oui, il faudra l'augmenter, sans

doute; la Charte ne s'y oppose pas. Mais ce n'est pas sous le feu du canon qu'on ouvre soi-même une brèche dans un des bastions de la place que l'on défend; l'ennemi ne manquerait pas de s'y loger.

M. DE BROGLIE. — Combien de fois ne m'avez-vous pas dit que les chambres doivent être les écoles normales des hommes d'état, des administrateurs, et qu'il était nécessaire que l'énergie de la jeunesse vînt y recevoir et souvent y réchauffer les leçons de l'expérience!

Mme DE STAEL. — C'est aussi l'avis des doctrinaires.

M. DE BROGLIE. — M. Guizot n'a que trente-sept ans.

Mme DE STAEL. — Comment M. Guizot n'a que trente-sept ans! et il en faut quarante, pour être député: vraiment cette Charte n'a rien prévu; changez-la mon cher duc, il y va du salut de la France.

M. DE BROGLIE — Permettez-moi, madame, de ne répondre à cette ironie que par l'exposé succinct de notre doctrine sur la Charte. Nous la divisons en trois parties, le *contrat*, les *droits* et les *règlements* : le contrat est un traité entre les forces existantes, sur lequel repose la paix publique; ce traité n'est signé que par le notaire; mais comme il est en même temps partie, sa signature engage également la partie contractante qui n'a pas signé le contrat immuable.

Les articles qui consacrent dans toutes nos constitutions les *droits* dont elles dérivent ne sont pas moins immuables que le contrat, bien qu'ils n'aient pas les mêmes garanties.

Quant aux *règlements* destinés à faciliter et à diriger l'exercice de ces droits, leur nature est d'être modifiés sans cesse d'après les lumières de l'expérience; tous les changements qu'ils éprouvent doivent être considérés comme un retour aux principes de la constitution primitive, laquelle est censée jouir de toutes les perfections imaginables : fiction légale qui rend hommage à l'ancienneté de la raison.

Mme DE STAEL. — C'est là ce que vous appelez de la doctrine?.... Êtes-vous bien sûr que l'on peut vous entendre? êtes vous bien sûr de vous entendre vous-même?

M. DE BROGLIE. — Je ne connais point de profondeur sans un peu d'obscurité; mais il en est des questions politiques bien disposées, comme des questions algébriques; on procède par des formules occultes pour arriver à une solution incontestable : voici la nôtre sur la nécessité d'un changement à la loi des élections.

Il est de l'essence du gouvernement représentatif de créer une opposition; il est dans la nature de toute opposition de renverser le gouvernement aussitôt qu'elle est la plus forte : cette opposition existe; et si la loi des élections est maintenue, l'opposition plus forte que le gouvernement doit en amener la chute.

Mme DE STAEL. — Substituez au mot *gouvernement*, qui fait encore équivoque, celui de *ministère*, que tout le monde entend de la même manière, et nous voilà du même avis. Maintenant, messieurs les ministériels, car il faut appeler vos doctrinaires par leur nom, répondez-moi, je vous prie. Si les ministres, ceux mêmes que vous avez le bonheur de posséder, proposaient, sur l'organisation des administrations municipales, une loi qui laissât au peuple le choix de ses magistrats; une loi sur la garde nationale, qui ne remît les armes et les emplois d'officiers, dans cette troupe civique, qu'à des amis de la Charte et de la royauté constitutionnelle; une loi sur la liberté individuelle, qui rendît l'asile du citoyen inviolable, et mît sa personne à l'abri des outrages de la police et des caprices des magistrats; une loi sur le jury, exempte de toute influence de l'autorité; pensez-vous que la majorité démocratique, telle qu'elle doit se former, selon vous, par la loi actuelle des élections, repousserait, par esprit d'indépendance, ces lois que la nation entière réclame avec tant d'ardeur?

M. DE BROGLIE. — Je ne le pense pas.

Mme DE STAEL. — Pourquoi donc vous dissimuler et chercher à dissimuler aux autres la cause de cette opposition qui vous paraît si redoutable? elle est toute dans la défiance et dans les craintes qu'inspire une conduite menaçante, en opposition avec des paroles captieuses. On crie à la calomnie quand des journalistes annoncent le rétablissement des dîmes, mais on souffre que des prédicateurs en parlent, et que des évêques rappellent, dans leurs catéchismes, qu'elle est d'institution divine. On cite l'article de la Charte qui consacre l'égalité des droits, et les partisans du régime féodal prouvent à leur manière qu'il ne peut exister de noblesse sans priviléges, et que la Charte a consacré ces priviléges en rétablissant la noblesse.

Tous les grades de l'armée sont de droit accessibles à tous les Français ; et de fait, sur cent colonels, on compte quatre-vingt-dix marquis, comtes ou vicomtes : sur cinq cents officiers de gendarmerie, on en compte tout au plus cent qui ne soient pas émigrés, vendéens ou chouans.

On l'a dit souvent, et j'aime à le répéter, la plus grande duperie est de croire que la France est dupe : dans le hameau le plus éloigné, le pâtre le plus ignorant est éclairé sur ses intérêts et sur ses droits ; il ne juge pas vos excellences sur les discours, mais sur les faits : des paroles de paix ne l'aveuglent pas sur des actions hostiles. Le jour ne tardera pas à reparaître, et le sommeil de la mort me presse : laissez-moi donc, mon fils, achever mon entretien en me citant moi-même, et en vous rappelant un passage de mes ouvrages où j'ai consigné ma doctrine politique; je la crois meilleure que la vôtre, et je vous engage à y revenir.

« Quand les privilégiés servaient de limites à l'au-
« torité des rois, ils étaient contre le pouvoir arbi-
« traire de la couronne; mais depuis que la nation
« a su se mettre à la place des privilégiés, ils se sont
« ralliés à la prérogative royale, et veulent faire
« considérer toute opposition constitutionnelle et
« toute liberté politique comme une rébellion.

« Ils fondent la puissance des rois sur le droit di-
« vin : absurde doctrine qui a perdu les Stuarts, et
« que, dès-lors même, leurs adhérents les plus
« éclairés repoussaient en leur nom, craignant de
« leur fermer à jamais l'entrée de l'Angleterre.

« Ils veulent un roi absolu, une religion exclu-
« sive et des prêtres intolérants, une noblesse de
« cour fondée sur la généalogie, un tiers-état af-
« franchi de temps en temps par des lettres de no-
« blesse, un peuple ignorant et sans aucun droit,
« une armée purement machine, des ministres sans
« responsabilité, point de liberté de la presse, point
« de jurés, point de liberté civile; mais des espions
« de police, et des journalistes à gages pour vanter
« cette œuvre de ténèbres. Ils veulent un roi dont
« l'autorité soit sans bornes, pour qu'il puisse leur
« rendre tous les privilèges qu'ils ont perdus, et que
« jamais les députés de la nation, quels qu'ils soient,
« ne consentiraient à leur restituer. Ils veulent que

« la religion catholique soit la seule permise dans l'é-
« tat; les uns, parcequ'ils se flattent de recouvrer
« ainsi les biens de l'Église; les autres, parcequ'ils
« espèrent trouver dans certains ordres religieux des
« auxiliaires zélés du despotisme. Le clergé a lutté
« jadis contre les rois de France, pour soutenir l'au-
« torité de Rome; mais maintenant tous les privilé-
« giés font ligue entre eux : il n'y a que la nation qui
« n'a d'autre appui qu'elle-même. Ils veulent un tiers-
« état qui ne puisse occuper aucun emploi élevé,
« pour que ces emplois soient tous réservés aux no-
« bles. Ils veulent que le peuple ne reçoive point
« d'instruction, pour en faire un troupeau d'autant
« plus facile à conduire. Ils veulent une armée dont
« les officiers fusillent, arrêtent et dénoncent, et
« soient plus ennemis de leurs concitoyens que des
« étrangers; car, pour refaire l'ancien régime en
« France, moins la gloire d'une part et ce qu'il y
« avait de liberté de l'autre, moins l'habitude du
« passé, qui est rompue et en opposition avec l'at-
« tachement invincible au nouvel ordre de choses,
« il faut une force étrangère à la nation pour la com-
« primer sans cesse. Ils ne veulent point de jurés,
« parcequ'ils souhaitent le rétablissement des an-
« ciens parlements du royaume. Mais, outre que ces
« parlements n'ont pu prévenir jadis, malgré leurs
« honorables efforts, ni les jugements arbitraires,
« ni les lettres de cachet, ni les impôts établis en

« dépit de leurs remontrances, ils seraient dans le
« cas des autres privilégiés, ils n'auraient plus leur
« ancien esprit de résistance aux empiétements des
« ministres. Étant établis contre le vœu de la na-
« tion, et seulement par la volonté du trône, com-
« ment s'opposeraient-ils aux rois, qui pourraient
« leur dire : Si nous cessons de vous soutenir, la na-
« tion, qui ne veut plus de vous, vous renversera?
« Enfin, pour maintenir le système qui a le vœu
« public contre lui, il faut pouvoir arrêter qui l'on
« veut, et accorder aux ministres la faculté d'em-
« prisonner sans jugement, et d'empêcher qu'on
« imprime une ligne pour se plaindre. L'ordre so-
« cial ainsi conçu serait le fléau du grand nombre
« et la proie de quelques uns. Henri IV en serait
« aussi révolté que Franklin; et il n'est aucun temps
« de l'histoire de France assez reculé pour y trouver
« rien de semblable à cette barbarie. Faut-il qu'à
« une époque où l'Europe semble marcher vers une
« amélioration graduelle on prétende se servir de la
« juste horreur qu'inspirent quelques années de la
« révolution pour constituer l'oppression et l'avilis-
« sement chez une nation naguère invincible! Le
« succès d'une pareille entreprise est désormais im-
« possible. Mais songez, il en est temps encore, que
« la haine de la France et le mépris de la postérité
« attendent ceux mêmes dont la seule imprudence
« y aurait indirectement concouru. »

SEPTIÈME DIALOGUE.

ÉTIENNE PASQUIER
ET SON EXCELLENCE DENIS PASQUIER.

Étienne. — Venez-çà, mon arrière, mon très arrière-petit-neveu ; car vous êtes de la famille, n'est-il pas vrai ?

Denis. — Je n'en saurais douter sans insulter à mes aïeules.

Étienne. — C'est fort bien fait à vous de respecter la vertu des femmes ; personne ne leur rend plus de justice que moi qui en ai épousé trois, comme vous savez : la première, *propter opus*, la seconde, *propter opes*, et la troisième, *propter opem* ; mais il y a Pasquier et Pasquier, comme il y a fagots et fagots ; je le disais déjà, de mon temps, à un certain Pasquier-Broët, ignorant jésuite qui voulait à toute force être mon parent.

Denis. — J'ai l'amour-propre de me croire digne de porter un nom que vous avez rendu célèbre ; si vous fûtes, en votre temps, avocat-général, dans le le mien j'ai été garde des sceaux.

Étienne. — Pourquoi ne l'êtes-vous plus ? et quel rapport y a-t-il entre ce métier-là et celui que vous faites maintenant ?

Denis. — Du droit civil au droit public, je ne vois pas qu'il y ait si loin.

Étienne. — Il y a toute la distance qui sépare la justice de la politique ; d'ailleurs par quels degrés l'avez-vous franchie ? Successivement conseiller au parlement, maître des requêtes, procureur-général du sceau des titres, préfet de police, conseiller d'état, directeur des ponts et chaussées, ministre de la justice, puis enfin ministre des affaires étrangères, quelle idée voulez-vous que j'aie de la profondeur de vos vues, de la stabilité de vos idées, de la fermeté de vos principes ?

Denis. — Mon grand-oncle, il me semble du moins que vous ne sauriez mettre en doute la capacité de celui qui a su remplir des emplois si différents.

Étienne. — Mon petit-neveu, j'en allais tirer une conclusion contraire : en général, qui se croit propre à tout n'est habile à rien, et l'esprit se porte de côté et d'autre quand le talent ou le génie ne l'emporte nulle part. Je ne connais point d'emploi qui ne soit accessible à l'intrigue et à la protection ; mais en avouant qu'il faut au moins de l'habileté pour s'y maintenir, je remarque que vous n'êtes jamais resté long-temps au même poste.

Denis. — C'est que je me suis montré digne d'en occuper un plus élevé.

Étienne. — Dans votre préfecture de police, par

exemple, où le général Mallet vous joua un si bon tour ?

Denis. — On le lui a bien rendu dans la plaine de Grenelle.

Étienne. — C'est une justice qu'on vous doit, on ne lui a pas fait attendre la mort.

Denis. — Napoléon revenait, je lui avais prêté serment; d'ailleurs ce maudit homme...

Étienne. — Vous faisait trembler, n'est-il pas vrai ?

Denis. — Il en a fait trembler bien d'autres : demandez à tous les rois de l'Europe; ils ne sont pas encore bien revenus de la peur qu'il leur a faite.

Étienne. — La peur! la peur! je n'entends que ce mot dans le pays de la gloire; mais cette excuse n'est qu'un prétexte, et je n'y vois qu'un abri derrière lequel se retranchent la servitude et l'adulation : qui peuvent-ils tromper, vos gentilshommes d'antichambre, en nous disant : « J'ai porté l'habit rouge, et la clef de chambellan de l'usurpateur; j'ai porté la queue des princesses ses sœurs; j'ai été nourri à l'office chez sa mère : pouvais-je faire autrement, il y allait de la vie; j'avais peur? » Non, non, messieurs les hommes à livrées, personne n'est votre dupe : l'ambition, l'avarice, la soif des honneurs, l'instinct de la servilité, l'imprévoyance de l'avenir, voilà quel a été votre mobile à tous.

Denis. — De plusieurs, je le crois; mais il en est,

soyez-en sûr, qui servaient pour desservir, qui prêtaient serment pour mieux tromper, et qui ne s'approchaient de l'idole que pour être plus à portée de l'abattre. Les maximes jésuitiques ne sont pas perdues, et la tradition s'en est fidèlement conservée.

Étienne. — A propos de jésuites, monsieur mon neveu, ne m'a-t-on pas dit que vous travailliez à ramener cette peste au milieu de la France? si cela est, je vous renie; vous n'êtes qu'un Pasquier-Broët.

Denis. — Je n'ai, je vous jure, aucune part à l'évocation de ces odieux fantômes.

Étienne. — N'étiez-vous pas ministre de la justice lorsque ces papelards ont reparu? n'avaient-ils pas été chassés du royaume par arrêt du parlement de Paris? et n'était-ce pas à vous, Denis Pasquier, ministre de la justice en France, d'y maintenir l'exécution de cet arrêt?

Denis. — Eh quoi! mon très arrière-grand-oncle, êtes vous dans l'autre monde si peu au fait des affaires de celui-ci, que vous parliez encore du parlement?...

Étienne. — Je sais qu'il n'a point été épargné dans la grande catastrophe (et soit dit en passant, voilà le véritable crime [1] de votre révolution); mais

[1] Étienne Pasquier était le plus zélé des parlementaires à cette époque.

je sais aussi que loin d'avoir cassé l'arrêt qui chassait les jésuites, on en a étendu l'application à toute cette race monacale dont la France était couverte, et dont mes vœux appelaient la destruction, comme vous avez pu le voir dans mon *Catéchisme des jésuites* que vous auriez dû apprendre par cœur : mais peut-être manquez-vous de lois positives ?...

Denis. — Au contraire, nous possédons trois ou quatre législations différentes, auxquelles nous ne manquons pas d'avoir recours selon le temps et la circonstance. Par exemple, il est loisible aux maires, que nous avons choisis pour la plupart parmi les seigneurs châtelains d'autrefois, et qui ne connaissent guère que le droit féodal, de s'autoriser des ordonnances de votre temps pour la police des communes, le cérémonial d'église et les priviléges de chasse : nous autres ministres et grands fonctionnaires, nous nous sommes réservé, sous un régime constitutionnel, le droit infiniment commode d'invoquer au besoin, en notre faveur ou contre les citoyens, les sénatus-consultes et les lois impériales ; c'est ainsi que nul fonctionnaire public ne peut, en vertu de la constitution de l'an 8, être poursuivi devant les tribunaux si le conseil d'état ne le permet, et bien que l'article 1er de la Charte garantisse à tous les Français *l'égalité devant la loi, quels que soient d'ailleurs leurs titres et leurs rangs.*

C'est en vertu d'un décret impérial que des villes, des départements entiers ont été et peuvent être déclarés en état de siège. Avant, durant et depuis le règne des lois appelées *lois d'exception*, on a eu recours, selon les temps, les lieux et les personnes, à des décrets de la Convention, pour condamner certaines gens dont on ne pouvait se débarrasser en vertu des lois d'aucune autre époque.

Étienne. — Savez-vous bien, monsieur Denis Pasquier, que vous m'apprenez là d'abominables choses, et qu'on ne voyait rien de pareil au temps barbare où je vivais?

Denis. — C'est peut-être qu'il ne s'agissait pas alors, comme il s'agit aujourd'hui, de concilier ensemble la justice et le pouvoir, ce qui ne peut se faire qu'en capitulant avec les intérêts et les consciences.

Étienne. — Morale de jésuite, morbleu! morale de François-Xavier, de Machiavel, de Manès!

Denis. — Mon vénérable aïeul, je le vois, la mort et le temps n'ont rien fait perdre de son acrimonie à votre défunte bile; mais je ne reconnais plus dans vos discours ce zèle pour l'autorité royale, qui ne laissa jamais échapper l'occasion de la défendre.

Étienne. — La justice d'abord, le pouvoir ensuite, et les jésuites jamais; telle a toujours été la maxime des gens de ma famille : celui qui pense différemment peut descendre des Pasquier d'Évreux, des Pasquier-Broët, à lui permis; mais qu'il ne se réclame pas d'Étienne Pasquier, l'ami de la justice, le fidèle conseiller des rois, et l'irréconciliable ennemi des perfides enfants de Loyola.

Denis. — Vous en revenez toujours à vos moutons.

Étienne. — A mes loups, à mes renards, dites donc.

Denis. — Tout comme il vous plaira ; mais enfin où sont-ils, ces jésuites dont vous faites autant de bruit que nos libéraux ?

Étienne. — Est-ce de bonne foi que vous me faites cette question ? et ces *pères de la foi* qui se multiplient en France comme les sauterelles en Égypte, *et ces frères du sacré cœur*, institués depuis deux ans par une bulle que je vous défie de rendre publique ; qu'est-ce autre chose que des jésuites sous des noms différents, mais soumis à la même règle, mais armés de la même doctrine infernale que j'ai vouée à l'exécration du monde ? N'ont-ils pas des colléges ?

Denis. — Ils en ont.

Étienne. — Ne prêchent-ils pas ?

Denis. — Ils prêchent.

Étienne. — Ne confessent-ils pas ?

Denis. — Ils confessent.

Étienne. — Eh quoi ! de pareils hommes élèvent la jeunesse, haranguent le peuple du haut des chaires, se font juges des pensées et des actions au tribunal de la pénitence, et vous dormez tranquilles, et vous oubliez qu'il y a trois cents ans la ville, l'université, les hôpitaux, les curés, le gouverneur, l'évêque, le parlement, l'abbé de Saint-Denis, le procureur-général Noël Bruslart, l'avocat du roi, Dumesnil et moi, nous vous prédîmes tous les maux que cette société parricide verserait sur la France. L'expérience a vérifié notre prédiction; êtes-vous assez pervers ou assez ineptes pour ramener au sein de votre patrie une race d'hommes également odieuse à la religion et à l'état, également funeste aux rois et aux peuples?

Denis. — Les temps ne sont plus les mêmes : les jésuites étaient riches, les pères de la foi sont pauvres.

Étienne. — Loyola et ses neuf confrères n'avaient pas dix pistoles en commençant leur apostolat; un demi-siècle après ils possédaient des royaumes.

Denis. — Dans un demi-siècle il y a de la place pour tant de rois et tant de ministres! C'est du présent qu'il s'agit; et sans nous inquiéter du mal que les jésuites pourront faire dans cinquante ans, ne suffit-il pas, pour les tolérer, qu'ils puissent être utiles au pouvoir actuel?

Étienne. — De mon temps quelques dévots, de bonne foi du moins, le croyaient ainsi; mais vous autres hommes d'état, dans un siècle de lumières, pouvez vous croire qu'une société qui ne reconnaît point le chef de l'état, qui obéit à un souverain étranger, qui exécute aveuglément contre tout homme, roi ou pâtre, les ordres, quels qu'ils soient, du vieux des sept montagnes ; pouvez-vous croire, dis-je, qu'une pareille association, dans la position où vous êtes, ne devienne pas immédiatement une source de calamités et de crimes semblables à ceux qui ont signalé sa naissance? Faut-il vous rappeler que le coup d'essai des jésuites fut un attentat à la vie de Jean de Mutelau, chancelier du roi d'Écosse, que le révérend père *Criethon* voulut faire assassiner par Robert Bruce, gentilhomme écossais, à qui sa révérence promettait l'absolution de tous péchés, pour prix du crime qu'elle l'invitait à commettre? Passant tout-à-coup des ministres à ceux qui ont des ministres, l'Anglais Guillaume Parré ne fut-il pas encouragé au meurtre de la reine Élisabeth par le père *Benedetto Palmo,* de Venise, par les jésuites de Lyon et par ceux de Paris, qui lui donnèrent la communion avant qu'il allât se faire pendre à Londres? Édouard Squippe, que le jésuite *Richard Walpol* fit mettre dans les cachots de l'inquisition d'Espagne, pour le convertir à la religion catholique, ne fut-il pas ensuite député par lui en Angleterre, pour y empoisonner cette même reine et son favori, le comte d'Essex, que sa royale amante envoya depuis à l'échafaud?

Quatre moines, parmi lesquels se trouvait *un jésuite*, ne déterminèrent-ils pas Pierre Barrière à assassiner Henri-le-Grand? abominable parricide, que le curé de la paroisse de Saint-André-des-Arcs qualifia d'action très chrétienne, et à laquelle le recteur des jésuites, *Varade*, et le prédicateur jésuite *Commolet* excitèrent le fanatique Barrière!

Jean Châtel, qui tenta de commettre le même parricide, n'avait-il pas étudié sous les *jésuites?* des prédicateurs, la plupart *jésuites,* qui enseignaient publiquement qu'il était permis de tuer ceux qui mettaient en danger la religion catholique, n'ont-ils pas mis le poignard à la main de l'exécrable Ravaillac?

Les jésuites n'ont-ils pas allumé et soufflé le feu de la ligue? n'ont-ils pas rempli l'Angleterre et l'Écosse de troubles et de malheurs? n'ont-ils pas été cause, en partie du moins, de la fin tragique de l'infortunée Marie Stuart? n'ont-ils pas prêché la doctrine ultramontaine, que le pape a le droit d'ôter et de donner les couronnes?

DENIS. — Je vous le répète, ces temps sont heureusement loin de nous: maintenant il faut les armées, les canons et les peuples de toute l'Europe pour détrôner un roi, et il ne faut qu'une constitution pour le défendre.

ÉTIENNE. — Il n'y a point de constitution possible avec des missionnaires et des jésuites; dans tous les cas, il me semble que vous vous chargez vous-mêmes de détruire la vôtre: ne parle-t-on pas de changements, d'acte additionnel?

DENIS. — Mon dieu non; il ne s'agit que de

simples modifications dans l'intérêt de la couronne, qui n'a pas fait sa part assez bonne dans un contrat qu'elle a dressé elle-même : faut-il tout vous dire? si le roi et la nation se trouvent bien des progrès des idées libérales, les hommes ultra-monarchiques s'en trouvent très mal ; les étrangers s'en plaignent, et la politique fait une loi au gouvernement français de mettre nos institutions, autant qu'il est possible, en harmonie avec les leurs.

ÉTIENNE. — Sont-ce là les maximes que vous vous proposez de suivre dans vos relations avec l'étranger?

DENIS. — Je n'ai point encore d'idée arrêtée sur ce point.

ÉTIENNE. — Votre prédécesseur, de mémoire vraiment française, s'était fait un tout autre plan de conduite : s'interdire d'entrer dans les querelles et dans les débats des gouvernements voisins, afin de leur refuser honnêtement toute participation à vos propres affaires, me semblait chose sage et bonne ; l'exemple était donné, pourquoi ne pas le suivre ?

DENIS. — Un ministre doit-il faire ce que faisait son prédécesseur ?

ÉTIENNE. — Pourquoi non, s'il est prouvé que ce qu'il faisait tournait au profit de la nation et à l'honneur de la couronne?

DENIS. — Il a été changé, donc son administration ne convenait pas à tout le monde.

Étienne. — L'étranger ne s'en plaignait pas, la nation s'en trouvait bien, le monarque en était satisfait...

Denis. — Sans doute; mais le clergé et la noblesse?...

Étienne. — Le cardinal de Richelieu et la révolution ont mis les rois et les peuples hors de page ; croyez-moi, on ne leur prouvera jamais qu'il est de leur intérêt d'y rentrer.

Denis. — Certaines gens l'espèrent : l'alliance des nobles et des prêtres contre les rois et les peuples se renouvelle en Europe, et cette coalition politique, qui a chez nous de puissants auxiliaires, pourrait bien être aussi funeste à la liberté de notre patrie que la coalition des armées européennes l'a été à son indépendance.

Étienne. — Dans le poste que vous occupez, vous tenez un des fils de la trame; si vous êtes de mon sang, si vous n'êtes pas un Pasquier-Broët, vous en préserverez la France.

Denis. — Ce n'est pas à moi que cet honneur est réservé : le portefeuille des affaires étrangères, que l'on m'a confié, est un dépôt si sacré pour moi, que je ne l'ai pas encore ouvert; votre nom, dont je m'honore, me rappelle à la justice, et c'est en simarre que j'espère recevoir votre première visite.

Étienne. — Adieu. Vous ne me reverrez que lorsque vous aurez chassé les jésuites.

MALESHERBES
ET M. BOISSY-D'ANGLAS[1].

Quelle nation ne serait fière de pouvoir dire : L'homme le plus vertueux qui ait honoré l'espèce humaine est né dans mon sein? On a pu faire honneur à la république d'Athènes d'un pareil avantage jusqu'au jour où mourut M. de Malesherbes; alors la France put disputer à la Grèce l'honneur d'avoir donné le jour au plus sage des hommes. Je ne m'arrêterai pas au parallèle si facile à établir entre deux grands citoyens qui ont su couronner une vie irréprochable par une mort sublime : c'est du compte même que je me suis rendu de l'ouvrage de M. Boissy-d'Anglas[1] que ressortira la glorieuse prééminence à laquelle la mémoire de Malesherbes me semble avoir d'incontestables droits.

Un seul rapprochement frappe en ce moment mon esprit : Socrate et Malesherbes étaient philosophes; c'est au sein de cette philosophie si indignement outragée, si bassement calomniée de nos jours, qu'ils ont puisé cette vertu plus qu'humaine dont

[1] Essai sur la vie, les écrits, et les opinions de M. de Malesherbes.

ils nous ont laissé l'exemple : ne craignons pas de le dire, et d'appeler l'histoire tout entière à l'appui de cette vérité, c'est à cette source pure qu'il faut toujours remonter, pour y trouver le principe de cette philanthropie subordonnée au véritable patriotisme, de ce courageux amour du bien, de cette passion pour le bonheur des hommes, en un mot de ces vertus publiques qui, même dans un degré inférieur, ne furent le partage que de quelques ames privilégiées.

La vie de M. de Malesherbes fut pleine et entière : c'est de lui qu'on peut dire qu'il ne perdit pas un jour; chacune de ses paroles fut une pensée honorable, chacun de ses mouvements fut une bonne action. A quelle autre époque pouvait-il être plus utile d'offrir à l'admiration reconnaissante des Français l'intrépide défenseur des droits de la nation, méconnus depuis si long-temps, celui dont l'existence entière fut dévouée à la patrie, qui s'éleva si courageusement contre les préjugés politiques, contre les erreurs héréditaires, et qui le premier osa dire dans le cabinet des rois « qu'il faut admettre tout ce qui est utile au peuple; que les besoins d'un siècle ne sont pas ceux d'un autre, que des usages ne sont pas des principes, et que ce n'est pas une raison de plus pour faire le mal, parcequ'il se fait depuis des siècles? » Mais il importait à la gloire nationale que cet hommage à la mémoire d'un vertueux citoyen lui fût rendu par un homme jugé digne de cette honorable mission : l'éloge de la vertu n'appartient qu'à la vertu même. Quel autre avait plus de droits que M. Boissy-d'Anglas de parler de M. de Malesherbes? à qui pouvait-il mieux convenir de peindre l'ami de la liberté, l'apôtre de la tolérance, la victime du plus héroïque dévouement, qu'à celui qui défendit la même cause au milieu des mêmes dangers, qui délibéra froidement sous les poignards, qui demanda le premier à la Convention la restitution des biens confisqués en exécution des jugements révolutionnaires, et qui, toujours calme au milieu des tempêtes politiques, ne désespéra pas un moment de la patrie et de la liberté?

M. Boissy-d'Anglas n'avait d'abord destiné son livre qu'à l'instruction de ses enfants; mais un semblable modéle appartient à la société tout entière, et c'eût été méconnaître ses droits que de restreindre à l'usage d'une seule famille la publication d'un livre d'une utilité si générale.

L'auteur de ces Essais en consacre le premier volume à l'examen des écrits et des opinions de M. de Malesherbes; dans le second il le suit dans le cours de sa carrière civile et politique : je suivrai la même marche dans cette courte analise.

En lisant les écrits de M. de Malesherbes on se le représente comme Thomas semble l'avoir peint: « La patrie à ses côtés, la justice et l'humanité devant lui, les fantômes des malheureux l'environnent, la pitié l'agite, et les larmes coulent de ses yeux. » Mais elles ne coulent pas en vain, ses idées se précipitent en foule, et son ame se répand au-dehors.

La première injustice qui souleva son ame, les premiers maux publics qu'il entreprit de soulager, furent ceux dont gémissaient les protestants, en faveur desquels il publia divers mémoires : *C'est le moins que je puisse faire*, disait-il, *pour réparer envers eux tout le mal que leur a fait en Languedoc M. de Bâville, mon oncle*[1].

Je ne saisirai pas l'occasion, qui m'est si naturellement offerte, de réveiller d'affreux souvenirs, d'appeler l'indignation publique sur les édits barbares sous l'empire desquels les protestants ont vécu en France depuis la révocation de l'édit de Nantes jusqu'à la promulgation de la loi du mois de septembre 1787, qui leur rendit la jouissance des droits sacrés de la nature, qu'on leur avait indignement ravis : les protestants n'ont plus besoin de défenseurs ; l'illustre Malesherbes, l'éloquent Rulhières, et en dernier lieu M. Aignan[2], dans son ou-

---

[1] On est forcé de croire que des égards de position au-dessus desquels M. Boissy-d'Anglas aurait peut-être dû s'élever ont dicté la note dans laquelle il cherche à affaiblir l'horreur qui s'attache à la mémoire de ce Bâville, dont chaque jour passé dans son intendance fut marqué par des supplices.

[2] Étienne Aignan, traducteur d'Homère, membre de l'académie française, mort en 1824.

vrage sur l'*état des protestants en France,* ont gagné contre le fanatisme et l'intolérance la cause de la raison, de la justice, et j'oserai dire de la religion même. Si les protestants pouvaient être en butte à de nouvelles persécutions, s'ils réclamaient long-temps encore l'égalité politique et la liberté religieuse que la loi de l'état leur garantit, ce n'est plus le pouvoir absolu, ce n'est plus le fanatisme des prêtres et du peuple, qu'il faudrait accuser, mais la faiblesse de l'autorité et les vices de l'administration.

En cherchant à éloigner de mes yeux et de ceux du lecteur le tableau de tant de crimes, de tant d'infortunes, ma pensée s'arrête malgré moi sur une scène déplorable que M. Boissy-d'Anglas a retracée dans une des notes de son ouvrage; on ne la lira pas sans un vif intérêt :

« Je suivais M. de Beauvau, dit M. de Boufflers[1],
« dans une reconnaissance qu'il faisait sur les côtes
« du Languedoc : nous arrivons à Aigues-Mortes, au
« pied de la tour de Constance; nous trouvons à
« l'entrée un concierge empressé qui, après nous
« avoir conduits par des escaliers obscurs et tor-
« tueux, nous ouvre à grand bruit une effroyable
« porte sur laquelle on croyait lire l'inscription du
« Dante.... Les couleurs me manquent pour peindre

[1] Éloge de ce maréchal, prononcé à l'académie française.

« l'horreur d'un aspect auquel nos regards étaient si
« peu accoutumés, le tableau hideux et touchant
« tout à-la-fois où le dégoût ajoutait encore à l'in-
« térêt! Nous voyons une grande salle ronde privée
« d'air et de jour; quatorze femmes y languissaient
« dans la misère et dans les larmes : le commandant
« eut peine à contenir son émotion; et, pour la pre-
« mière fois sans doute, ces infortunées aperçurent
« la compassion sur un visage humain. Je les vois
« encore, à cette apparition subite, tomber toutes à-
« la-fois à ses pieds, les inonder de pleurs, essayer
« des paroles, ne trouver que des sanglots, puis,
« enhardies par nos consolations, raconter toutes
« ensemble leurs communes douleurs! Hélas! tout
« leur crime était d'avoir été élevées dans la même
« religion que Henri IV. La plus jeune de ces mar-
« tyres était âgée de plus de cinquante ans : elle en
« avait huit lorsqu'on l'avait arrêtée allant au prê-
« che avec sa mère, et la punition durait encore! »

« J'ai vu aussi cette tour de Constance, continue
M. Boissy-d'Anglas en s'adressant à ses enfans; elle
ne peut que vous inspirer un double intérêt, puisque la bisaïeule de votre mère y ayant été renfer-
mée étant grosse, comme accusée d'avoir été au
prêche, y donna le jour à une fille de laquelle vous
descendez. J'avoue que je n'ai rien vu d'aussi propre à inspirer de longs souvenirs: c'était vers 1763,
cinq ou six ans avant le fait rapporté par M. de

Boufflers, et si glorieux à M. de Beauvau: je n'avais pas encore sept ans; ma mère m'avait amené chez un de nos parents, qui demeurait à une lieue d'Aigues-Mortes : elle voulut aller visiter les malheureuses victimes d'une religion qui était la nôtre, et elle m'y conduisit avec elle. Il y avait alors plus de vingt-cinq prisonnières, et ce que dit M. de Boufflers, de la position où elles étaient, n'est malheureusement que trop exact; seulement, au lieu d'être sous la garde d'un simple concierge, elles étaient sous l'autorité d'un lieutenant de roi, qui seul permettait d'ouvrir la tour, et conséquemment d'y entrer. La prison était composée de deux grandes salles rondes qui en occupaient la totalité, et qui étaient l'une au-dessus de l'autre; celle d'en-bas recevait le jour de celle d'en-haut par un trou rond d'environ six pieds de diamètre, lequel servait aussi à y faire monter la fumée, et celle d'en-haut, d'un trou pareil fait à la terrasse qui en formait le toit.... Beaucoup de lits étaient placés à la circonférence des deux pièces, et c'étaient ceux des prisonnières; le feu se faisait au centre: la fumée ne pouvait s'échapper que par les mêmes ouvertures qui servaient à faire entrer l'air, la lumière, et malheureusement la pluie et le vent. J'ai vu cette prisonnière enfermée depuis l'âge de huit ans; il y en avait trente-deux qu'elle y était lorsque je la vis: elle y en avait resté trente-huit lorsqu'elle en sortit. Sa mère y était morte dans ses bras, au bout de quelques années de captivité : elle se nommait mademoiselle Durand. »

Voilà le temps que l'on vante, et le régime qu'on voudrait nous rendre !

M. de Malesherbes, à-peu-près seul entre tous les hommes d'état, a eu la gloire de voir associer à son nom un titre et une qualité qui s'accordent trop rarement : on l'a surnommé le *ministre patriote*. L'amour de la liberté, de la patrie et de la justice, était en effet le principe et la source de ses vertus et de ses talents ; tous les travaux de sa vie ont eu pour objet ces quatre grandes questions politiques : la *liberté de la presse*, l'*indépendance des tribunaux*, la *liberté individuelle* et la *répartition de l'impôt* ; questions dont le résultat positif résout le problème du gouvernement constitutionnel.

Dans le dernier mémoire que M. de Malesherbes a publié sur la *liberté de la presse*, en 1788, cette matière est traitée avec une supériorité de vues, avec une profondeur et une bonne foi de discussion, qui semblent ne plus laisser de place à la controverse : la liberté de la presse y est considérée comme le fondement de la liberté des nations, et comme un des premiers besoins politiques de la nôtre.

L'auteur, à l'époque où il écrivait, l'envisageait déjà comme la garantie de toutes les autres libertés publiques, et comme la sauvegarde de l'autorité royale ; il y voyait des avantages que rien ne peut compenser, et des inconvénients qu'une loi sage parviendrait à faire disparaître. J'ose assurer qu'il n'est pas un homme de bonne foi aux yeux de qui ces vérités ne soient palpables après avoir lu ce mémoire d'un homme dont la vie ne semble avoir tant honoré l'espèce humaine que pour lui faire pardonner le crime épouvantable de sa mort.

« Il ne reste, disais-je dans l'Avertissement que j'ai mis en tête de la nouvelle édition de ce mémoire, publié en 1814[1] par une femme d'un caractère et d'un esprit très distingués, il ne reste qu'une preuve à ajouter à toutes celles qu'apporte M. de Malesherbes en faveur de la liberté de la presse : si nous en eussions joui à une époque trop voisine de celle où il écrivit ce mémoire, nous n'aurions point à gémir aujourd'hui sur sa perte et sur celle de l'auguste victime au souvenir et à l'immortalité de laquelle il s'est si glorieusement associé. »

M. Boissy-d'Anglas, après avoir rendu compte des cinq mémoires que M. de Malesherbes a publiés sur cette matière, examine lui-même la question dans ses rapports avec l'institution du jury ; il était impossible qu'avec un sens aussi droit et un esprit aussi juste le noble pair n'adoptât pas le moyen

---

[1] Madame Aimée de Coigny, morte à quarante-deux ans, en 1817.

que présentent nos institutions judiciaires, de soustraire les auteurs aux caprices des censeurs et aux interprétations des juges.

« Je ne conçois pas, dit-il, ce qu'on pourrait objecter de plausible à la demande d'une loi qui attribuerait exclusivement à un jury bien organisé la connaissance de tous les délits, sans exception, que la presse peut faire commettre, ni comment le gouvernement pourrait hésiter à en adopter la proposition. Une discussion aussi brillante que solennelle a eu lieu sur ce sujet, l'année dernière, dans les deux chambres législatives, particulièrement dans celle des députés; j'y ai bien entendu de fortes raisons pour faire accueillir l'affirmative, mais j'avoue que dans tout ce qui a été dit pour défendre l'opinion contraire je n'ai rien entendu qui m'ait paru avoir la moindre solidité, et je ne pense pas qu'on ait réfuté le moins du monde ni M. Martin de Gray, ni MM. Royer-Collard et Camille-Jordan. »

M. de Malesherbes ne se servit que des armes du raisonnement pour défendre la liberté de la presse; mais s'agit-il de la liberté personnelle, s'agit-il d'un citoyen obscur, du colporteur Monnerat, qui gémit dans les cachots infects de Bicêtre, victime d'un acte arbitraire; la voix éloquente et sacrée du vertueux magistrat de la cour des aides se fait entendre d'un bout de la France à l'autre, et, pour la première fois, les voûtes du palais de Versailles ont retenti de la plainte de l'infortune et des mâles accents de la vérité.

« Sire (disait au roi M. de Malesherbes au nom de la cour des aides qu'il présidait), il existe dans le château de Bicêtre des cachots souterrains creusés autrefois pour y renfermer quelques fameux criminels qui, après avoir été condamnés au dernier supplice, n'avaient obtenu leur grace qu'en dénonçant leurs complices, et il semble qu'on s'étudiât à ne leur laisser qu'un genre de vie qui leur fît regretter la mort. On voulut qu'une obscurité entière régnât dans cet horrible séjour. Il fallait cependant y laisser entrer l'air, absolument nécessaire pour la vie : on imagina de construire sous terre des piliers percés obliquement dans leur longueur, et répondant à des tuyaux qui descendaient dans le souterrain. C'est par ce moyen qu'on a établi quelques communications avec l'air extérieur sans laisser aucun accès à la lumière.

« Les malheureux qu'on enferme dans ces lieux infects sont attachés à la muraille par une longue chaîne, et on leur donne de la paille, de l'eau et du pain.

« Votre majesté pourra-t-elle croire qu'on ait eu la barbarie de tenir plus d'un mois dans ce séjour d'horreur un malheureux qu'on *soupçonnait* de fraude? »

Après avoir fait rendre Monnerat à la liberté, M. de Malesherbes voulut sévir contre ses oppresseurs; mais un arrêt du conseil évoqua l'instance, sous prétexte que les affaires d'administration (le supplice d'un innocent une affaire d'administration!) n'étaient pas du ressort des tribunaux. Pourquoi suis-je obligé d'ajouter que ce principe révoltant d'un gouvernement absolu reçoit encore aujourd'hui son application sous un régime constitutionnel! « Pour demander justice, continue-t-il, de quelque outrage commis par un adjoint-maire, par un receveur des droits réunis, dans l'exercice de leurs fonctions, même par un garde-champêtre, il faut l'autorisation du conseil d'état. Calculez le nombre des municipalités du royaume, le nombre de ses fonctionnaires dans chacune d'elles, et dites si vous n'êtes pas effrayé de cette immensité de priviléges modernes. »

Dans ses éloquents plaidoyers en faveur de la liberté individuelle M. de Malesherbes, à qui n'échappait aucune vérité importante, n'a pu que laisser entrevoir son opinion sur la confiscation des biens des condamnés.

En attaquant cette loi cruelle il était loin de soupçonner l'abominable application qu'elle devait recevoir cinq ans après; il était loin de penser qu'elle pût un jour l'atteindre : son ombre patriotique planait sur la tribune où M. Boissy-d'Anglas réclama le premier en faveur de tant de familles en deuil l'héritage déplorable de leurs parents assassinés par un tribunal inique.

Le discours plein de chaleur et d'éloquence que prononça sur ce sujet M. Boissy-d'Anglas n'obtint pas d'abord tout le succès qu'il avait droit d'en attendre. Ce ne fut qu'au bout de quelques mois que cette restitution fut ordonnée à la suite d'une discussion solennelle qu'il provoqua de nouveau, et qui fut remarquable, ajoute-t-il, par des discours pleins d'éloquence et de logique. Il cite, entre autres, celui de M. de Pontécoulant, son ancien collègue à la convention nationale, au conseil des cinq cents, au sénat et à la chambre des pairs, en déclarant qu'il contribua puissamment, dans cette mémorable circonstance, à la justice qui fut rendue à tant d'infortunées victimes de la tyrannie de 1793.

Il était réservé à l'époque où nous vivons d'entendre des Français contester publiquement les faits qui honorent le plus leur patrie, et de voir des enfants désavouer l'éloge que l'on fait de leur père!

En élevant à la gloire de M. de Malesherbes un monument que sa mémoire attend encore de la reconnaissance nationale, M. Boissy-d'Anglas pouvait-il présumer qu'un petit-fils de ce grand homme réclamerait, au nom de sa famille et au sien, contre l'hommage touchant et pur qu'un des plus dignes appréciateurs du génie et de la vertu s'est empressé de leur rendre dans la personne de M. de Malesherbes?

Ce serait cependant se méprendre avec intention sur le but et l'objet de la lettre que M. de Rosambo a fait insérer dans certaines feuilles publiques, que de la croire spécialement dirigée contre le noble pair auteur de l'ouvrage dont je m'occupe. Il est impossible de supposer que l'amertume des reproches qu'adresse M. de Rosambo aux écrivains coupables d'avoir loué son aïeul s'étende à son honorable collègue, et qu'il ne sépare pas, dans son étrange colère, M. Boissy-d'Anglas des insolents panégyristes dont il repousse les louanges avec tant d'indignation.

Pour moi, j'avoue, avec trop d'orgueil peut-être, qu'après avoir lu le préambule qui précédait la lettre de M. de Rosambo je me suis dit à moi-même, dans les termes de l'Avare : « Cette affaire vous regarde, maître Anselme; et c'est à vous à faire à vos dépens les poursuites dont il s'agit. »

Je dois reconnaître, en effet, que j'ai tous les torts dont on accuse les plus passionnés admirateurs de M. de Malesherbes : je vois en lui le modèle des philosophes, l'ami de la liberté, le plus courageux défenseur des droits du peuple, et le plus ferme soutien du trône; je vois en lui l'ennemi déclaré de cette double aristocratie nobiliaire et sacerdotale dont le système politique fut une conspiration permanente contre l'indépendance nationale et contre l'autorité monarchique ; je vois enfin dans M. de Malesherbes le premier Français qui ait senti ou du moins qui ait osé dire que les progrès des lumières et le salut de la monarchie exigeaient un nouveau pacte social, où le peuple trouvât la mesure de ses devoirs, et le prince les limites de ses droits.

Cette idée que je m'étais faite de M. de Malesherbes sur le bruit de son nom, l'ouvrage de M. Boissy-d'Anglas l'a pleinement confirmée: peut-être est-il permis à ceux qui ont cru voir dans cette doctrine politique une des causes de la révolution dont ils ont eu plus particulièrement à souffrir, de se persuader à eux-mêmes, et de chercher à persuader aux autres que M. de Malesherbes, sur la fin de sa vie, avait abjuré ses principes et renié ses opinions, avant même qu'une funeste expérience l'eût averti de l'abus coupable que l'on pouvait en faire. Tel est du moins l'objet de la lettre de M. de Rosambo ; il affirme qu'on a tiré une conséquence forcée de quelques idées de réforme que son aïeul avait entrevues, et dont il avait reconnu l'erreur. M. de Malesherbes s'était chargé lui-même de repousser d'avance l'attaque qui devait être dirigée contre ses principes et contre son caractère : pour connaître le fond de son ame et de sa pensée, il suffit de jeter les yeux sur la lettre qu'il écrivit le

22 novembre 1791 à M. Boissy-d'Anglas, et dont ce dernier fait mention dans ses Essais [1].

Dans cette lettre M. de Malesherbes expose, dans toute leur franchise, ses opinions contre la double aristocratie de la noblesse et du clergé, ses efforts pour empêcher que les nobles et les prêtres ne fussent admis comme *ordres* aux états généraux : *Ce qui*, disait-il, *devait causer la perte de l'état.* Et il ajoute : « Après le compte que je viens de vous rendre de ma vie passée, *il ne me reste qu'à être le même tant que je vivrai.* »

Jusqu'à ce moment on ne niera pas du moins que M. de Malesherbes n'eût une pleine confiance dans des principes à la profession desquels il attachait la gloire de sa vie passée et l'espérance des jours qui lui restaient à vivre. Maintenant dira-t-on que les symptômes de la révolution l'éclairèrent sur ce qu'on ne craint pas d'appeler ses erreurs ? Je répondrai que les états généraux étaient assemblés depuis dix mois lorsque cette lettre fut écrite, et que dès-lors la révolution était assez avancée pour qu'un esprit aussi juste et aussi étendu que celui de M. de Malesherbes y pût faire la part de la justice et celle des factions ; pour qu'il pût voir, en gémissant, à quels excès déplorables pouvaient être poussées les passions populaires, et de quels crimes la

---

[1] Seconde partie, page 118.

licence pouvait se rendre coupable sous le nom et sous le masque de la liberté. Mais le sentiment des maux dont il était témoin, et de ceux qu'il prévoyait, contrista son ame généreuse, sans altérer en rien sa religion politique, fondée sur des bases inébranlables, l'amour de la patrie, les besoins du peuple, et l'intérêt du monarque.

Si l'on veut entendre par ce mot *révolution* ce qu'il signifie en effet, un changement dans l'ordre de choses établi, il est également certain que M. de Malesherbes a voulu la révolution, et qu'il n'a jamais cessé de la vouloir.

« L'édifice gothique de la monarchie s'écroule, disait-il au roi, avant l'ouverture des états-généraux ; ne le prenez que pour une ruine... Que reste-t-il en France ? Une nation et un monarque qui peuvent traiter ensemble, car ils ont un intérêt, une affection commune. Qu'un roi placé à la fin du dix-huitième siècle ne convoque pas les états-généraux du quatorzième ; qu'il propose à une assemblée véritablement nationale une constitution appropriée à l'état des lumières, à l'esprit du siècle, aux droits et aux besoins mutuels du prince et des sujets : concevez-la, cette constitution ; prenez-y votre place : c'est ainsi que vous maîtriserez un grand événement, en l'accomplissant vous-même... »

Sans doute la révolution tout entière est dans ce peu de mots ; et ce peu de mots, si remarquables, se trouvaient dans un mémoire de M. de Malesherbes, cité par M. Lacretelle aîné, dans ses *Fragments politiques et littéraires* [1]. « J'ai lu plusieurs fois cet « écrit ; je l'ai vu composer, dit-il, et j'accompa- « gnais M. de Malesherbes de Verneuil à Versailles « le jour où il alla remettre ce mémoire au roi : je « ne connais plus, ajoute notre honorable collègue, « que M. de La Luzerne, évêque de Langres, et ne- « veu de l'auteur du mémoire, qui puisse en avoir « eu connaissance. »

Ceux qui apprécient le caractère et l'irréprochable sincérité de M. Lacretelle [2], ne révoqueront pas en doute l'existence d'un écrit qui n'offrirait, d'ailleurs, à ceux qui ont lu l'*Essai* de M. Boissy-d'Anglas qu'une preuve surabondante de l'inaltérable attachement de M. de Malesherbes aux principes d'une sage liberté. Il a constamment défendu sa cause, il a proclamé son triomphe au milieu des cours et des factions ; et, comme Socrate, en buvant la ciguë, il a rendu hommage aux grandes vérités dont il mourait martyr. Voilà ce qu'il importe de savoir, ce qu'il importe de dire, sur-tout dans un temps où, sous le faux prétexte de l'intérêt du monarque, une faction insolente s'efforce de rétablir cette gothique aristocratie que M. de Malesherbes

[1] *Fragments historiques et littéraires*, par Lacretelle aîné.

[2] Cet académicien vénérable, dernier débri du grand siècle de Voltaire, est mort l'année dernière, 1824.

n'a jamais cessé de combattre, parcequ'il voyait en elle l'ennemi du trône et le fléau du peuple.

Cette digression, où il s'agissait de venger la mémoire de M. de Malesherbes d'une attaque domestique, ne m'a point éloigné de mon sujet : j'y rentre, en continuant l'examen de l'excellent ouvrage de M. Boissy-d'Anglas. C'est un morceau de littérature achevé que celui où le noble pair rend compte de la réception de M. de Malesherbes à l'académie française au commencement de 1775. « Ce fut, dit-il, un véritable triomphe national décerné tout à-la-fois au vrai talent, au vrai courage et à la plus haute vertu civique... Pour la première fois peut-être le choix de l'Académie ne trouva point de contradicteurs, et fut approuvé par la France entière, avec un assentiment unanime et un enthousiasme universel. » Quand on sut que M. de Malesherbes se mettait sur les rangs, tous les autres candidats se retirèrent; il fut élu sans compétiteurs, et recueillit tous les suffrages. Cette déférence unanime honore presque autant les hommes de lettres qui en donnèrent l'exemple que celui qui en fut l'objet.

M. Boissy-d'Anglas fait beaucoup d'honneur à l'époque où nous vivons, lorsqu'il suppose qu'on ne serait pas moins juste aujourd'hui. Lorsque l'académie française appela dans son sein l'illustre Malesherbes, elle comptait au milieu d'elle des Voltaire, des Buffon, des Thomas, des Condillac, des Saint-

Lambert, etc.; elle prenait conseil de l'opinion publique, et non pas d'un ministre, sur le choix qu'elle devait faire : au nombre des membres dont elle se composait, les deux tiers n'étaient point étrangers à toute espèce d'illustration littéraire : fière de sa noble indépendance, l'Académie ne voyait siéger au milieu d'elle que ceux à qui ses libres suffrages avaient conféré cet honneur; elle ne connaissait point d'académicien par ordonnance; et le petit nombre d'hommes de cour qui jouissaient de cette distinction, s'en étaient rendus dignes par l'honorable patronage qu'ils exerçaient envers les gens de lettres qui les associaient à leur gloire.

Certes, l'auteur de l'*Essai sur la vie de M. de Malesherbes* a de véritables droits au fauteuil académique : émule par les vertus et les talents du grand homme dont il fut l'élève, il a pris un rang distingué entre les orateurs qui ont fait revivre parmi nous cette éloquence politique des temps anciens. Les discours que M. Boissy-d'Anglas a prononcés depuis vingt ans à la tribune nationale ne sont pas seulement de bonnes ou de grandes actions, ce sont aussi de véritables titres littéraires : je n'aurais cependant pas engagé M. Boissy-d'Anglas à se mettre sur les rangs pour entrer à l'Académie avant qu'il ne fût rentré à la chambre des pairs.

M. de Malesherbes n'était point encore ministre, lorsqu'il fut *couronné de la palme académique avec une sorte d'acclamation*, comme il le dit lui-même, et son triomphe acquit un nouveau degré de splendeur du temps où il l'obtint, des hommes qui le lui décernèrent.

Dans son discours de réception, où il célèbre l'accord des sciences et de la philosophie, M. de Malesherbes parlait ainsi de son plus illustre confrère, du chantre de Henri, que la sottise et le fanatisme tenaient exilé sur le mont Jura.

« Songeons, disait-il, que le plus beau génie de
« notre siècle aurait cru sa gloire imparfaite, s'il
« n'eût employé à secourir les malheureux l'ascen-
« dant qu'il a pris sur le public... Je sais que ce
« n'est pas à moi à louer le talent de cet homme
« universel, en présence de ce même public accou-
« tumé à lui prodiguer ses acclamations, et devant
« vous, messieurs, à qui seuls il appartient de dé-
« cerner les palmes du génie ; mais il m'est permis
« de remercier, au nom de l'humanité, ce généreux
« défenseur de plusieurs familles infortunées, celui
« qui, du fond de sa retraite, sait mettre les inno-
« cents sous la protection de la nation entière ; et je
« dois observer, à la gloire de mon siècle, que les
« poëtes immortels qui ont illustré la cour d'Au-
« guste et celle de Louis XIV n'ont pas eu cette
« gloire, de joindre aux titres littéraires le titre
« sacré de protecteur des opprimés. » Cet éloge de Voltaire, dans la bouche de M. de Malesherbes,

ne compense-t-il pas, avec quelque avantage, les satires, les injures, que d'obscurs blasphémateurs prodiguent depuis dix ans à l'homme prodigieux qui a reculé les bornes de l'esprit humain?

Le plus sage des magistrats succéda au plus décrié des courtisans dans la place de ministre de la maison du roi et des provinces; il n'y resta que le temps nécessaire pour préparer le bien qu'il avait médité, de concert avec M. Turgot, son digne collègue.

Ces deux grands ministres furent renversés par le Nestor des hommes de cour. Des caractères de cette trempe ne pouvaient convenir à M. de Maurepas, à ce vieillard frivole, sans principes et sans vertus, qui n'eut d'autre talent que celui de se maintenir en faveur à la cour d'un roi honnête homme, auprès duquel le recommandaient sa vieillesse et l'ancienneté de ses services.

M. Boissy-d'Anglas, après nous avoir peint M. de Malesherbes dans la retraite, où pendant douze ans il oublia au sein de l'étude les chagrins du ministre et le cérémonial des cours, le ramène sur ce brillant théâtre à l'époque où commençait à gronder dans le lointain l'orage qui devait bientôt éclater sur la France. « Le parlement avait refusé d'enregistrer les divers édits bursaux approuvés par les notables; un lit de justice, tenu à Versailles, força l'enregistrement qu'on refusait: M. de Malesherbes s'éleva fortement au conseil du roi contre cette mesure, et ne craignit pas de s'exprimer en ces termes, dans un des mémoires les plus importants qu'il ait publiés.

« Les dépenses occasionées par la bonté du roi « étant payées du produit des impôts levés sur le « peuple, la nation est en droit de demander au « roi de mettre des bornes à sa bienfaisance. »

Pendant son dernier ministère M. de Malesherbes ne tarda pas à se convaincre de l'inutilité de ses efforts pour arracher la France et le roi à des maux que le gouvernement semblait prendre à tâche de rendre chaque jour plus inévitables : il sollicita vivement et finit par obtenir la faveur de se retirer et de mettre un terme à sa carrière ministérielle; mais il avait encore du bien à faire, puisqu'il lui restait quelques jours à vivre : « Le dernier soupir d'un pareil homme, ajoute son noble historien, pouvait-il s'exhaler vers le ciel, sans ajouter encore à son illustration ? »

C'est à M. Boissy-d'Anglas qu'il appartient de peindre, avec toute l'éloquence de l'esprit et du cœur, le dévouement héroïque dont M. de Malesherbes a laissé l'immortel exemple; dans ce tableau touchant et sublime, le peintre est digne du modèle... Le vénérable défenseur de Louis XVI, en consommant un généreux sacrifice, a légué sa mémoire à sa véritable famille, la patrie et la postérité.

Elles ont accepté ce grand héritage, dont l'ouvrage de M. Boissy-d'Anglas nous a fait connaître toute la valeur.

Après avoir lu cet essai sur la vie et les écrits de M. de Malesherbes, on s'étonne qu'un aussi grand citoyen n'ait encore reçu aucun témoignage public de la reconnaissance nationale ; on se demande pour qui l'Académie réserve ses éloges, de quelle renommée le gouvernement prétend conserver le souvenir, quelles images doivent décorer nos places publiques. Ne craignons pas de le dire, la France méritera le reproche d'ingratitude aussi long-temps que la statue de M. de Malesherbes ne s'élèvera pas sur la place du palais où siégent les députés de la nation ; ce projet de monument est un vœu national.

SUR UNE NOUVELLE ÉDITION

DES OEUVRES COMPLÈTES DE VOLTAIRE.

On devrait croire, si l'on n'avait chaque jour sous les yeux la preuve du contraire, que l'erreur, la sottise et la mauvaise foi s'épuisent, et qu'il vient, à la fin, un temps où l'on doit adopter certaines vérités trop généralement reconnues pour qu'on puisse les contredire sans s'exposer au ridicule et au mépris des honnêtes gens. Près d'un demi-siècle a déjà passé sur la cendre de Voltaire; et le monde, en se partageant l'immense héritage de son génie, l'a proclamé la lumière des âges et le bienfaiteur de l'humanité : il n'est pas un coin du globe où son nom n'ait retenti, où ses écrits ne soient parvenus, et n'aient achevé d'acquérir à la France cette supériorité littéraire qui n'a rien à craindre de l'abus de la force et des revers de la fortune.

Que chez des nations rivales il s'élevât encore des détracteurs de ce grand homme; que ce concert de louanges importunât des oreilles étrangères, et qu'il fût interrompu par des cris envieux partis de l'autre côté du Rhin ou de la Tamise, il n'y aurait en cela rien qui dût nous surprendre : l'admiration est aussi un tribut; on ne l'acquitte, comme les autres, qu'à la dernière extrémité : mais la gloire de Voltaire est celle de sa patrie ; il n'est pas un Français qui ne doive en être fier, qui ne soit personnellement intéressé à la défendre : et c'est parmi nous, à l'époque où la fortune, trahissant nos armes si long-temps victorieuses, ne nous a laissé que les paisibles conquêtes du génie, qu'il se trouve des hommes assez étrangers à l'honneur national et aux progrès de l'esprit humain pour insulter à la nation entière, en prodiguant l'outrage à la mémoire du prince des philosophes et des écrivains français ! Je sais que l'on pourrait se contenter de rire

> De voir des nains mesurant un atlas,
> Burlesquement roidir leurs petits bras
> Pour étouffer si haute renommée.

Mais il est des circonstances où le ressentiment de l'injure se mesure moins sur la faiblesse que sur l'intention ; où le mal que l'on dit acquiert toute l'importance et toute la gravité du mal que l'on veut faire. C'est dans ce sens que j'examine sérieusement quel peut être le but de ces nouvelles attaques dirigées contre Voltaire.

La nature, qui semblait s'être épuisée à produire cette foule d'hommes supérieurs qui décorent le beau siècle de Louis XIV, voulut, en réunissant dans un seul écrivain tous les dons du génie, assigner elle-même des bornes à sa puissance. Je n'essayerai de prouver ni à ceux qui sont dès longtemps convaincus de cette vérité ni à quelques ennemis aveuglés par la haine que Voltaire a conquis par des chefs-d'œuvre dans tous les genres ce titre d'*homme prodigieux* qui lui fut décerné par le grand Frédéric; je n'établirai point de parallèle entre cet illustre écrivain et quelques autres phénomènes littéraires semés çà et là dans l'espace des lieux et des temps, pour avoir le droit d'en tirer cette conclusion irréfragable que la France a la goire d'avoir donné le jour à l'homme du génie le plus *excentrique*, de l'esprit le plus universel dont s'honore l'espèce humaine. Ce n'est point de la mesure du talent de Voltaire qu'il est question dans ce moment; la sottise et la méchanceté elles-mêmes font à cet égard des concessions plus généreuses qu'on ne devait s'y attendre : ce sont les principes de cet écrivain que l'on attaque. Pour toute réponse à ses détracteurs, il suffit de les énoncer.

Ce n'est point sur quelques brillants écarts d'une imagination trop ardente, sur quelques saillies d'un esprit qui se joue de sa propre pensée, qu'il doit être permis de juger un pareil écrivain; c'est sur l'ensemble de sa doctrine et de ses œuvres. Or je demande à tous ceux qui, nourris de la lecture de Voltaire, peuvent se rendre compte de l'influence morale qu'il exerce sur eux avec le plus d'empire quels sont les traits sous lesquels il se présente à leur esprit, quels sont les souvenirs qu'il a gravés le plus profondément dans leur mémoire? Tous me répondent que les écrits de ce grand homme attestent le véritable philosophe, ennemi de la superstition, du fanatisme, mais adorant Dieu en sage, mais pénétré d'une religion pure dont *tout bon esprit sent la force et chérit les consolations;* l'apôtre infatigable de la raison et de la vérité, le défenseur courageux de l'innocence, l'ami sincère d'une liberté sage, dont *il ne trouvait de garant assuré que dans une monarchie limitée par des lois.* En effet quel moraliste traça jamais les devoirs de l'homme social avec plus d'éloquence et de sentiment que l'auteur des *Discours philosophiques?* quel historien éleva plus haut la gloire de sa patrie que l'auteur du *Siècle de Louis XIV?* quel poëte consacra par de plus beaux vers la mémoire d'un roi, l'amour des peuples, et l'honneur du trône, que le chantre de la *Henriade?* quel autre écrivain, en marquant sa carrière par de si nombreux et de si nobles travaux, mérita comme lui l'honneur de donner son nom à son siècle?

Quand la postérité a commencé pour cet homme immortel, quand les générations nouvelles, dont il est le bienfaiteur, ont renouvelé son apothéose, d'où peuvent naître ces cris d'impuissance et de rage, ce déchaînement dont il est de nouveau l'objet? De l'espérance que quelques insensés ont un moment conçue de ranimer les discordes civiles, de réveiller le fanatisme et d'étouffer la liberté publique : ce sont les amis de la gloire nationale, de l'humanité, de la tolérance, ce sont les défenseurs de cette Charte constitutionnelle autour de laquelle se rallient tous les vrais Français, que ces ennemis de la France attaquent sous le nom de Voltaire.

S'ils se bornaient à condamner ces emportements passagers qu'excitèrent quelquefois en lui le sentiment de l'injustice, ces saillies d'imagination que l'esprit et la grace ne justifient pas toujours aux yeux de la pudeur, je me contenterais de blâmer avec eux dans Voltaire ce que je blâme dans le sage Horace, dans le bon La Fontaine ; mais quand ils exagèrent la rigueur, je puis, à mon tour, exagérer l'indulgence, et rejeter sur les persécutions, sur les calomnies auxquelles le premier fut en butte dans tout le cours de sa vie, le blâme de quelques pages de ses écrits où l'*humeur* et plus souvent l'indignation l'emporte au-delà des bornes.

Qu'on se mette un moment, par la pensée, à la place de ce grand homme, forcé, avant trente ans, après avoir produit la *Henriade* et plusieurs chefs-d'œuvre tragiques, de se bannir de son pays pour échapper à la ligue du fanatisme et de l'envie ; qu'on se trouve comme lui armé, dans cet honorable exil, de toute la force du génie, de l'amitié des deux plus grands souverains de l'Europe, du ressentiment des plus cruelles injures, et qu'on réponde ensuite de mesurer toujours juste l'expression de son mépris ou de sa haine pour d'ignobles persécuteurs. Je ne balance point à le dire, si Voltaire eût continué à vivre à Paris, honoré comme il devait l'être, nous aurions de lui trois volumes de moins, qui n'ajoutent rien à sa gloire, mais probablement aussi l'Arioste n'aurait pas eu de rival.

Si l'observation de Bacon est juste, et que, pour avoir la mesure exacte de l'estime que l'on doit à un grand homme, il suffise de connaître la liste de ses amis et de ses ennemis, l'éloge de Voltaire est compris dans ce peu de mots : Il eut pour admirateurs Frédéric-le-Grand, Catherine-la-Grande, le vertueux Stanislas, le chef de l'Église, Benoît XIV, et, sans exception, tous les hommes supérieurs de son temps. Il eut pour détracteurs *Desfontaines*, *Fréron*, *Sabatier*, *La Beaumelle*, *Nonotte* et quelques écrivailleurs de même espèce. Je ne serais pas éloigné de croire que l'application de cette même règle ne lui fût aujourd'hui plus favorable encore.

Pour enchérir sur les fausses accusations intentées à Voltaire pendant sa vie, ses ennemis actuels n'ont pas craint de se montrer absurdes, en signalant comme un professeur de *démagogie* et d'*athéisme* celui dans les œuvres duquel on serait peut-être embarrassé de trouver une seule page où ne se manifeste pas une aversion, quelquefois même irréfléchie, pour le gouvernement populaire, et, par-dessus tout, un respect si profond pour la Divinité, une conviction si intime de l'existence de Dieu, qu'il voit dans l'opinion contraire la preuve infaillible d'un cerveau malade. Il est vrai qu'il répète, en plusieurs endroits, qu'il *vaudrait mieux ne pas reconnaître de Dieu que d'en adorer un barbare auquel on sacrifierait des hommes.* Sincère adorateur d'un Dieu maître et conservateur du monde, zélé défenseur des droits du trône et de la liberté des peuples, Voltaire, il faut bien en convenir, avait le malheur de ne pas aimer les moines, de ne pas sentir toute l'utilité des couvents, de penser que l'éducation publique pouvait être confiée à des mains plus pûres que celles des jésuites, et de rire quelquefois des décisions de la Sorbonne. Voilà ses torts. Je ne prétends pas nier l'influence qu'ils peuvent avoir eue sur la destinée de ces mêmes objets que Rabelais, Boccace et La Fontaine ont néanmoins traités avec plus d'irrévérence encore; mais je pense qu'il est juste de faire entrer, en compensation de ces griefs, le peu de bien qu'il a fait, et qu'il appelait *son meilleur ouvrage.*

Ferney, qu'il fonda dans son exil, où plus de cent familles, nourries, logées, entretenues par ses soins, bénissent encore aujourd'hui la mémoire de leur bienfaiteur; l'affranchissement des serfs du mont

Jura; la mémoire de Calas réhabilitée; Sirven arraché à l'échafaud; la nièce du grand Corneille recueillie dans sa maison, et dotée des fruits de son génie; l'assassinat judiciaire du jeune et infortuné La Barre et la sentence inique du général Lalli dénoncés à l'opinion publique; tant d'innocents vengés, d'infortunés secourus, de gens de lettres protégés; tant de traits de courage, de générosité, dont un seul suffirait à la gloire d'un autre homme, ne sauraient-ils racheter l'erreur, quelque grave qu'elle puisse être, d'avoir pu croire qu'un état pouvait exister sans monastères, et que la France et la religion n'ont rien gagné à la révocation de l'édit de Nantes?

Un pareil préambule, pour arriver à la simple annonce d'une nouvelle édition des OEuvres complètes de Voltaire, ne paraîtra surabondant qu'à ceux qui pourraient ignorer le ridicule scandale dont cette annonce a été l'occasion dans la dix-septième année du dix-neuvième siècle. Quand on réfléchit qu'il n'y a pas une bourgade, même à demi policée, sur la surface du globe, où ne se trouvent les OEuvres de Voltaire; qu'elles sont traduites dans toutes les langues, même en arabe et en shamscrit[1]; « qu'elles sont désormais, comme l'a dit un écrivain

[1] J'ai connu à Chinsura, dans le Bengale, un savant brame, auteur de la traduction des OEuvres choisies de Voltaire dans la langue sacrée des Indous.

philosophe, la *propriété commune des hommes éclairés, qui les ont placées sous la sauvegarde de l'esprit humain,* » on se demande quel peut être le but et l'objet du déchaînement auquel la réimpression de ces OEuvres a pu donner lieu. A-t-on cru qu'en réduisant des sept huitièmes le nombre des volumes, et de moitié le prix de l'ouvrage, on courrait le risque de le mettre dans un plus grand nombre de mains? On s'est trompé; celui qui peut mettre cent vingt francs à l'achat des douze volumes de l'édition nouvelle appartient par l'état de sa fortune à la même classe de la société que celui qui a pu mettre deux cent quarante francs à l'aquisition des quatre-vingt-douze volumes in-12 de l'édition de Beaumarchais. Craint-on de voir se multiplier quelques vers licencieux, quelques maximes hardies, noyés en quelque sorte dans un ouvrage immense? Je vois au contraire dans cette nouvelle entreprise une sorte de garantie contre la réimpression de ces brochures *à huit sous* où l'on expose, sur les quais, à l'avidité des dernières classes du peuple, et sous le nom d'un auteur célèbre, les fragments défigurés de ses ouvrages.

Je suis donc d'avis, et ce nonobstant clameur de haro, que le libraire Desoer, en réimprimant les OEuvres de Voltaire en douze volumes, a fait, en même temps, une bonne spéculation et une utile entreprise; qu'à une époque où la bibliothèque du moindre particulier occupe la plus grande pièce de son logement, c'est un véritable service à rendre à tout ami des lettres que de lui donner le moyen d'augmenter ses livres en diminuant ses volumes, et qu'il est à souhaiter que la même réduction s'opère sur les plus volumineux des classiques dans toutes les langues.

PORTRAIT DE VOLTAIRE

PAR GOETHE.

On a tout dit sur ce grand homme; seulement n'a-t-on peut-être pas assez fait remarquer la prépondérance qu'il a, plus que tout autre écrivain, donnée à la langue et à la littérature françaises en Europe, autant par la nature des sujets qu'il a traités que par le charme de pureté, d'élégance, de bon sens, de simplicité sur-tout, dont il les a embellis. Les écrits de Voltaire ont plus contribué que les conquêtes mêmes qui nous ont rendus un moment maîtres du monde, à familiariser les peuples étrangers avec l'idiome français. C'est de lui que date l'adoption de cet idiome dans le langage diplomatique et dans celui des cours. C'est à Voltaire principalement que nous devons de pouvoir parcourir aujourd'hui les diverses contrées de l'Europe avec l'ignorance la plus absolue des langues qu'on y parle. Peut-être aussi est-ce à cette facilité, fâcheuse à quelques égards, qu'il faut attribuer l'omission presque complète de l'étude des langues étrangères dans les divers systèmes d'instruction qui se sont succédé depuis vingt-cinq ans. Quoi qu'il en soit, tout l'honneur de la suprématie littéraire que nous exerçons aujourd'hui doit être rapporté au seul auteur de Candide, de l'Ingénu, de la Princesse de Babylone, et de Zadig. C'est à dessein que je cite ici ces opuscules de Voltaire avant ses compositions poétiques les plus distinguées, parceque mon expérience et mes observations personnelles m'ont appris que les romans ingénieux dont je viens de rappeler les titres sont de tous les chefs-d'œuvre de ce grand homme ceux qui, en Allemagne surtout, comptent le plus de lecteurs, et qui ont le plus concouru à généraliser l'usage de la langue dans laquelle ils sont écrits.

Le célèbre Goëthe, que tant d'ouvrages recommandent à l'estime de l'Europe, s'est placé à la tête des admirateurs de Voltaire; l'hommage de cette admiration, déposé dans tous ses écrits, respire plus vivement encore dans celui qui vient de m'être communiqué, et dont M. de Saur va publier la traduction. C'est de cette traduction, manuscrite encore, que j'extrais le fragment qu'on va lire:

« Lorsqu'une famille s'est fait remarquer durant quelques générations par des mérites et des succès divers, elle finit souvent par produire, dans le nombre de ses rejetons, un individu qui réunit les défauts et les qualités de tous ses ancêtres, en sorte qu'il représente à lui seul sa famille entière.

« Il en est de même des peuples célèbres; la plupart ont vu naître dans leur sein des hommes profondément empreints de la physionomie nationale, comme si la nature les eût destinés à en offrir le modèle.

« Enfin, dans les diverses classes, et même dans les rangs les plus élevés de l'ordre social, des hommes avaient rassemblé tous les traits caractéristiques, au point d'identifier leur nom avec l'idée abstraite de ces rangs et de ces classes, et d'en paraître comme la réalité vivante.

« On a vu en France deux mémorables exemples de ce genre de phénomène moral.

« La nature créa, à l'étonnement du monde, Louis XIV, l'homme souverain, le type des monarques, le roi le plus vraiment roi qui ait jamais porté la couronne.

« Elle produisit dans Voltaire l'homme le plus-éminemment doué de toutes les qualités qui caractérisent et honorent sa nation, et le chargea de représenter la France à l'univers.

« Après avoir fait naître ces deux hommes extraordinaires, les types, l'un de la majesté royale, l'autre du génie français, la nature se reposa comme pour mieux les faire apprécier, et comme épuisée par deux prodiges.

« Il faut qu'un homme possède bien des avantages pour que l'opinion reconnaisse en lui le caractère d'une supériorité incontestable. C'est sur-tout en

France qu'un public difficile et dédaigneux n'arrête ses regards que sur l'extraordinaire. Ce n'est pas trop, pour conquérir ses suffrages, d'une multitude de talents, d'un esprit étendu, universel, de la réunion des qualités les plus opposées, qui semblent le plus se combattre et s'exclure. A moins de merveilles, le Français n'admire point. Mais la nature lui créa des merveilles, pour le condamner à l'admiration. Je ne sais si nous sommes plus sensibles aux beautés littéraires que les Français, mais nous sommes certainement moins avares de louanges. Il suffit que le talent nous donne quelque plaisir, pour être l'objet de nos hommages. Même ce qu'il admire, le Français ne l'aime point, tandis que parmi nous on admire tout ce qu'on aime.

« Profondeur, génie, imagination, goût, raison, sensibilité, philosophie, élévation, originalité, naturel, esprit, bel esprit, bon esprit, facilité, flexibilité, justesse, finesse, abondance, variété, fécondité, chaleur, magie, charme, grace, force, coup d'œil d'aigle, vaste entendement, riche instruction, excellent ton, urbanité, vivacité, délicatesse, correction, pureté, clarté, élégance, harmonie, éclat, rapidité, gaieté, pathétique, sublimité, universalité, perfection enfin... voilà VOLTAIRE !

. . . .

« Voltaire sera toujours regardé comme le plus grand homme en littérature des temps modernes et peut-être même de tous les siècles ; comme la création la plus étonnante de l'Auteur de la nature, création où il s'est plu à rassembler une seule fois, dans la frêle et périlleuse organisation humaine, toutes les variétés du talent, toutes les gloires du génie, toutes les puissances de la pensée. »

SHAKESPEARE,

VOLTAIRE, RACINE.

On peut se lasser d'observer ce monde sublunaire: les mêmes vices, les mêmes sottises, les mêmes erreurs se représentent si souvent! les mêmes causes y produisent si constamment les mêmes effets! Sous des habits un peu plus longs ou un peu plus courts, ce sont toujours, comme dit Marmontel, des sots qui forment la broussaille, des innocents qui gémissent, des maladroits qui succombent, et des habiles qui profitent. *Barbarie, préjugés, abus de la force, corruption,* voilà l'histoire : l'*adresse* mettant à profit le hasard, voilà la société.

A force de compter et d'examiner tant de caractères, tant de physionomies, qui tous diffèrent et tous se ressemblent comme les feuilles de la forêt, la fatigue et le dégoût me prennent quelquefois; je me jette hors de notre ridicule et misérable planète, et je vais faire un tour dans l'autre monde : c'est ce qui m'arrive aujourd'hui : ceux qui ont envie de me suivre feront bien de consulter Bekker; son *Mundus infernalis* leur indiquera différents moyens de transport: ils sont maîtres de faire rôtir *une queue de mouton* noir comme l'enseigne Goldsmith; de se mettre *à cheval sur un balai,* comme cela se pratique en Écosse; en faisant *bouillir et mitonner un enfant de quatre à cinq mois dans un chaudron,* comme Apulée en accuse calomnieusement les premiers chrétiens; en faisant ce que faisait Gargantua, pour inonder les villes de Pichrocole, sur les entrailles d'une brebis noire, suivant les avis du scoliaste d'Horace; en tournant autour d'une *pierre brute,* à la manière des sorciers flamands; en *montant à cru sur un bouc,* le visage tourné vers la queue, comme le prescrit Albert *in Secretis;* enfin en se plaçant à une fenêtre *le dos positivement nu,* et de manière à recevoir dans cette position les derniers rayons du soleil, comme en agissait le fameux Cardan, lequel en convient dans son livre *de Vitâ propriâ.*

Voilà bien des manières de voyager outre-monde; toutes ne sont pas également promptes, également commodes; mais on peut choisir, et ceux qui ne m'accompagneront pas y mettront certainement de la mauvaise volonté.

Quoi qu'il en soit, me voilà descendu aux enfers par un procédé qui m'appartient, et pour lequel j'ai pris un brevet d'invention.

La première personne que je rencontre, c'est un homme sec, au poil roux et dur, à l'œil enflammé, qui portait sous le bras une liasse de manuscrits. Je le reconnus pour un commissionnaire des Champs-Élysées, et je le suivis par un chemin de traverse.

Je m'arrêtai sous un bosquet de chèvrefeuille, à l'entrée d'une grotte que, sur terre, j'aurais prise pour celle de Calypso ; deux hommes d'une beauté remarquable, quoique très différente, causaient avec une chaleur tempérée par une aménité parfaite.

L'un portait des canons, un chapeau à plumes, et un justaucorps couvert de rubans de toutes couleurs ; le vêtement de l'autre, beaucoup moins orné, était coupé à la française, et taillé à l'espagnole : il empruntait toutes les formes, et dans sa bizarre sévérité ne manquait pas d'une sorte de grace : une fraise immense ornait le cou de ce personnage, dont la figure était froide, la taille haute, l'œil vif et le front dégarni de cheveux. C'était Shakespeare. J'avais eu beaucoup moins de peine à reconnaître son interlocuteur, le beau, le grand Racine. Je prêtai une oreille attentive à la conversation de ces deux immortels.

Cet homme (disait l'auteur d'*Athalie*, en montrant du doigt à Shakespeare une ombre assez ignoble qui griffonnait à quelque distance sur l'écorce d'un papyrus au pied duquel il était assis), cet homme est un de ceux dont vous disiez *qu'ils se gorgent de* science comme les pigeons mangent le grain, non pour le digérer, mais pour le rendre dans l'état où ils l'ont pris. Il s'est fait mon panégyriste pendant qu'il a vécu, et, chose étonnante, ma réputation n'en a pas souffert. Il continue ici le métier qu'il a fait là-bas. C'est un critique journaliste, ou, si vous aimez mieux, journalier.

SHAKESPEARE. — Présent le plus funeste
    Que fasse aux bons auteurs la colère céleste.

J'en sais quelque chose : ne m'a-t-il pas traité de *barbare!* ne m'a-t-il pas placé au dessous de *Jodelle,* un peu au-dessus de *Turlupin!*

RACINE. — Pardonnez à ce pauvre homme; il n'entendait pas votre langue, et votre génie n'était pas à sa portée.

SHAKESPEARE. — A nous juger tous deux comme poètes, je vois aussi bien que lui l'intervalle immense qui nous sépare : vous êtes l'Orphée des bords de la Seine, et, sous ce rapport, je ne suis pas digne de baiser le bout de votre plume divine; mais, pour être tout-à-fait juste envers moi, peut-être faudrait-il se souvenir que j'écrivais un demi-siècle avant votre Corneille.

RACINE. — Pour être juste envers vous comme envers le père de notre tragédie, il faut dire que l'un et l'autre vous avez créé votre art, et, pour ainsi dire, votre langue; que vous avez dessiné, colorié d'admirables caractères, et que l'un et l'autre vous

vous etes quelquefois élevés à des hauteurs où personne n'a pu vous atteindre. Vous avez été tour-à-tour dans l'abyme ou dans les cieux.

SHAKESPEARE.—Génie charmant, vous aviez le vol de la colombe; vous avez exprimé dans un langage enchanteur des sentiments délicats que je n'ai pas même soupçonnés : vous avez ému par des traits vifs, simples et naturels, sans jamais tourmenter votre cerveau, pour y chercher, comme moi, le vain fracas des situations.

RACINE.— Vous seul pouvez oublier cette scène d'*Hubert*, où ce pauvre enfant, à qui l'on va crever les yeux, dit à son bourreau en vers si doux et si touchants : « Hubert! Hubert! créveras-tu mes pauvres yeux? qu'est-ce qu'ils t'ont fait?... Ah! mon Dieu!... Eh bien! ne me liez pas les bras; je me laisserai faire. »

SHAKESPEARE. — Cela est bien, je l'avoue; presque aussi bien que la scène délicieuse de *Joas et d'Athalie*. Mais cela ne m'est pas arrivé souvent, et cela vous arrive toujours. On peut dire de moi que j'ai bâti sans ordre, sans proportions, quelques palais où j'ai mêlé sans choix l'or et les pierreries aux plus vils matériaux; vous avez élevé des temples d'architecture grecque, où tout est bien, où tout est à sa place, et forme un ensemble délicieux.

RACINE. — Hors de France et d'Angleterre on peut balancer entre ma perfection et votre magnifique désordre. Mais je vois venir à nous l'homme prodigieux qui nous départage: aussi hardi que vous, aussi sublime que Corneille, moins pur, moins travaillé que moi, mais aussi élégant, aussi harmonieux, il nous est supérieur à tous par la majesté de ses plans, la hauteur et la profondeur de ses vues, et par la grande pensée philosophique qui domine dans tous ses ouvrages. La tragédie de Voltaire (car déja vous l'avez reconnu) n'est pas seulement la peinture des passions et des malheurs de quelques princes de la terre; la plupart de ses pièces de théâtre sont des apologues dramatiques où il se propose d'établir une vérité utile aux hommes, et dont le dénouement est une véritable affabulation.

Combien de volumes, qui ne seraient pas lus, faudrait-il écrire pour démontrer que la tolérance et le pardon des injures sont les premières vertus chrétiennes! Voltaire fait représenter *Alzire*, et tous les amis de l'humanité répètent avec Gusman:

> Des dieux que nous servons connais la différence:
> Les tiens t'ont commandé le meurtre et la vengeance,
> Et le mien, quand ton bras vient de m'assassiner,
> M'ordonne de te plaindre et de te pardonner.

Le fanatisme est le plus horrible des fléaux auxquels une nation puisse être en proie. Vous en doutez encore, allez voir *Mahomet* faisant égorger le vertueux Zopire de la main de son propre fils...

Voltaire s'était approché : Eh, vite! eh, vite!

dit-il à Racine en riant; courez dans ce bosquet de lilas, je viens d'y voir la tendre Champmêlé avec certain duc... Je ne crains plus le *Tonnerre,* répondit l'Euripide français. Vous avez raison, reprit Voltaire en lui serrant affectueusement la main; son amour est comme le nôtre, plus *enraciné* que jamais.

LE MORCEAU DE FER
ET LE LINGOT D'OR.

Instrumenta regni.
TACITE
Les deux mobiles de la puissance

LE MORCEAU DE FER. — Je bénis le tremblement de terre qui vient de s'opérer, et à qui je dois l'avantage de me retrouver auprès de vous, sous les décombres de ce palais en ruines; nous sommes l'un et l'autre bien déchus de nos grandeurs passées; mais qu'une nouvelle commotion nous pousse à la surface du sol et nous rejette sous le marteau de l'artisan, nous retrouverons notre empire, et nous serons encore les deux grands leviers du monde.

LE LINGOT D'OR. — Je conçois que tu t'applaudisses d'une catastrophe qui nous est commune, et qui établit entre nous pour quelques instants une sorte d'égalité dont tu abuses avec plus de vanité que de bienséance.

LE MORCEAU DE FER. — Puisque vous paraissez attacher tant d'importance à vos souvenirs, permettez-moi de vous rappeler que si vous avez brillé sous la forme d'un diadème au front de Bajazet, je n'ai peut-être pas jeté moins d'éclat entre les mains de Nadirsha, sous la forme de ce glaive formidable dont vous avez si cruellement éprouvé la trempe.

LE LINGOT D'OR. — Vante-toi bien d'avoir servi les fureurs d'un brigand; mais apprends de moi, misérable instrument de guerre et de travail, que la valeur intrinsèque est seule impérissable : tandis que la rouille achèvera de te dévorer, et de rendre à la terre les viles molécules qui te composent, je redeviendrai le signe de l'autorité souveraine, ou, façonné en coupe brillante, j'ornerai la table des festins; mes moindres parties, divisées et empreintes de l'image des rois, circuleront de main en main, et seront par-tout reçues avec empressement comme signe d'échange pour tous les besoins et pour tous les plaisirs.

LE MORCEAU DE FER. — Un peu moins d'orgueil, mon très cher confrère en minérai, et daignez vous souvenir que nous sommes également le résultat d'une agrégation fortuite de parties similaires, et que nous ne différons que par nos propriétés. Êtes-vous plus que moi utile aux hommes? leur rendez-vous plus de services? vous doivent-ils plus de reconnaissance? c'est là ce qu'il s'agit d'examiner. Faites-moi votre histoire, je vous conterai la mienne.

LE LINGOT D'OR. — J'y consens. Personne ne nous écoute; je puis, sans déroger, m'entretenir avec toi. Le Pérou fut mon berceau.

LE MORCEAU DE FER. — C'est assez dire qu'il fut arrosé du sang des hommes : ainsi votre naissance est votre premier crime.

LE LINGOT D'OR. — Le prêtre Valverde l'expia en me transformant en un superbe candélabre dont Charles-Quint enrichit Saint-Pierre de Rome.

LE MORCEAU DE FER. — Le saint apôtre, premier serviteur des serviteurs du Dieu des pauvres, n'aurait point accueilli ce don fastueux : celui qui plaça une croix de bois sur l'autel aurait craint de profaner le temple en y plaçant un candélabre d'or.

LE LINGOT D'OR. — Dix ans après, une de mes branches fut détachée et vendue à des bijoutiers de Rome, qui la convertirent en chapelets précieux que l'on vit, avec édification, se mêler aux cheveux noirs ou serpenter au cou d'albâtre des maîtresses de quelques aimables cardinaux.

LE MORCEAU DE FER. — Luxe, vanité, débauche, arrogance et tyrannie, voilà leur histoire et la vôtre.

LE LINGOT D'OR. — Je cesse de parler si tu continues à m'interrompre par les réflexions de ta philosophie bourgeoise. Après avoir figuré pendant près d'un siècle au pied des colonnes de bronze qui soutiennent le dais pontifical, sa sainteté, qui avait besoin d'argent pour soutenir la guerre contre sa fille bien-aimée la république de Venise, me vendit à des juifs : ceux-ci firent encore passer au creuset deux de mes branches; et au moyen de trois cinquièmes d'alliage, qu'ils mêlèrent à ma substance native, ils en composèrent des bijoux, des amulettes, et des pièces de monnaies marquées au titre de vingt-quatre carats, et sur lesquels ces honnêtes Israélites gagnèrent environ soixante-quinze pour cent.

L'un d'eux s'était aperçu qu'à toutes les perfections dont la nature m'a pourvu il fallait ajouter une si prodigieuse facilité de s'étendre, qu'il parvint à réduire une de mes feuilles, d'une once pesant, en seize cents feuilles de trois pouces carrés, lesquelles couvraient une surface plus de cent cinquante mille fois plus grande que celle que j'occupais sous ma première forme. Au moyen de cette découverte il parvint à donner aux matières les plus viles l'éclat et l'apparence qui n'appartiennent en propre qu'à moi seul.

LE MORCEAU DE FER. — J'entends, vous avez la propriété de parer les défauts, de masquer les vices, et d'attirer une sorte de considération sur les objets les plus méprisables.

LE LINGOT D'OR. — Silence! ainsi mutilé, j'arrivai en Perse, où je fus déposé dans le trésor du sophi; bientôt après l'orfévre de la couronne eut ordre de détacher ma dernière branche, et d'en fabriquer un sceptre digne du très puissant, très invincible empereur de la mer, fils du soleil et de la lune, oncle des planètes, cousin des étoiles, roi de Perse et des Indes, etc. Sous cette forme nouvelle je fis gémir et trembler l'Orient : à ma vue les grands se prosternaient, les peuples rentraient sous terre; d'un seul mouvement je faisais tomber autour de moi dix mille têtes d'esclaves, ou j'en envoyais trois cent mille au combat. Ma partie inférieure, où se trouvait gravé le sceau impérial, était l'unique arbitre des destinées de cent millions d'hommes. Hélas! une irruption de Tartares m'arracha des mains du sophi, et suspendit le cours glorieux de mes propérités.

LE MORCEAU DE FER. — Il n'était pas besoin pour cela des Mamelucks et des Usbecks : le despotisme se détruit lui-même; c'est ainsi que Persépolis, où le feu était adoré, fut dévorée par le feu.

LE LINGOT D'OR. — Le conquérant tartare, devenu possesseur du sceptre de l'invincible fils du soleil, en fit hommage au grand lama, c'est-à-dire au collége des bonzes, qui gouvernent au nom de *son éternité:* ceux-ci me rendirent à mon état de lingot, après avoir rogné ma base pour composer avec mes parcelles les sachets odorants dont le grand lama fait présent à ses plus zélés adorateurs.

J'étais enfermé précieusement depuis plusieurs années dans le sanctuaire impénétrable où les bonzes entassaient leurs richesses, lorsqu'un tremblement de terre ébranla le Thibet, et engloutit à-la-fois le temple, l'idole, les prêtres et leur trésor. Il ne fallait rien moins, tu l'avoueras, qu'une de ces épouvantables catastrophes qui bouleversent le monde, pour nous avoir jetés pêle-mêle sous les mêmes débris; mais depuis quelques semaines un bruit sourd se fait entendre au-dessus de notre tête: on me cherche; et, bientôt rendu à la lumière, je verrai se rouvrir pour moi la carrière de gloire et de puissance où m'appellent invinciblement la nature et les hommes.

LE MORCEAU DE FER. — Me pardonnerez-vous de répéter, en commençant mon histoire, que nous avons une même origine, et que la mine dont on m'a tiré n'était ni plus obscure ni plus grossière que celle où vous avez pris naissance? je dirais même (si j'étais métal à tirer vanité de circonstances purement fortuites) que j'étais connu bien avant vous sur la terre. Mais laissons le droit d'ancienneté, qui n'est après tout qu'un acte de générosité du temps; et, sans chercher depuis quand nous vivons, voyons comment nous avons vécu.

Vous êtes né au Pérou, et moi dans les forêts de la Germanie; vous avez coûté la vie aux hommes qui vous ont arraché avec effort des profondes entrailles de la terre, et moi j'ai récompensé par des bienfaits les travaux plus faciles de ceux qui m'ont trouvé à quelques pieds au-dessous de sa surface.

La masse énorme qui me composait dans le principe, divisée par le feu en plusieurs fragments, n'a reçu au sortir de la forge que de bienfaisantes, d'utiles ou de nobles destinations ; je me suis vu transformer en instruments de labourage, en ancres, en tuyaux de conduite pour les eaux, et en machines de guerre.

LE LINGOT D'OR. — Pourquoi ne dis-tu pas tout de suite en instrument de meurtre et de carnage ?

LE MORCEAU DE FER. — Il est vrai qu'Alexandre, César, Gengis, Napoléon, portaient une épée qui valait bien le sceptre de votre sophi de Perse ; mais c'est de la nature et du mérite intrinsèque du fer que je suis responsable, et non de l'abus que les conquérants et les assassins peuvent en faire. J'ai été donné à l'homme pour le nourrir et pour le défendre ; si je deviens quelquefois entre ses mains un instrument de dommage, c'est encore à vous, à l'or, nourricier de tous les vices, père de tous les crimes, qu'il faut s'en prendre. L'or commande les forfaits, le fer les exécute et les châtie.

LE LINGOT D'OR. — Tes reproches sont encore la preuve de ma puissance.

LE MORCEAU DE FER. — Je ne puis vous céder même cet avantage. Vous avez corrompu le monde, mais c'est le fer qui l'a conquis. Avec mon secours vous faites des esclaves, et, sans vous, je fais des hommes libres. On reconnaît à sa stérilité le sol où vous prenez naissance, et la terre, desséchée sur votre passage, m'appelle à son aide pour lui rendre la fécondité et la vie. Mon seul crime, et celui-là même atteste ma supériorité sur vous, c'est d'avoir fait votre conquête, et d'avoir versé sur le vieux monde ce poison brillant et solide, que la nature bienfaisante avait caché dans un autre hémisphère. Réduit à vous-même, vous n'avez qu'une valeur d'opinion, et vous n'avez de force qu'en devenant un moyen d'échange. Les armées chargées d'or ont toujours succombé, et l'orgueil du sceptre d'or s'est toujours brisé contre la cuirasse de fer.

LE LINGOT D'OR. — Laisse là de vaines déclamations ; je ne veux pas savoir ce que tu penses de ta race, mais ce que tu as fait par toi-même.

LE MORCEAU DE FER.

« J'ai fait un peu de bien, c'est mon meilleur ouvrage. »

Devenu ancre au sortir de la forge, je fus embarqué sur un vaisseau de transport où se trouvaient huit ou neuf cents hommes; après une traversée de plusieurs mois, et presque en vue du port, nous fûmes assaillis par une horrible tempête : la lame et les vents nous jetaient sur les rochers de la côte. Il fallut mouiller : trois ancres, jetées successivement, s'étaient brisées sous l'effort d'une mer en furie.... *Adieu-va....* On laisse tomber l'ancre de miséricorde... dernière espérance de salut : c'était moi : de ma résistance dépendait la vie d'un millier de créatures humaines; les flots redoublent de rage;

je laboure un moment le sol où je m'enfonce, mais je tiens bon. Les vents s'apaisent, le calme renaît, et, grace à moi seule, le navire est sauvé. On veut me lever pour entrer dans le port, mais je m'étais engagée sous une roche, et j'y laissai une de mes pattes.

Dans cet état je devins la propriété d'un taillandier qui me convertit en charrue de fer d'une nouvelle invention. Sous cette forme, où je demeurai pendant un demi-siècle, j'ai défriché une partie de la Sologne, j'ai enrichi successivement deux de mes propriétaires, et j'ai fait vivre dans l'aisance plusieurs familles qui sans moi se seroient probablement éteintes dans la misère.

La mer, en se retirant, avait laissé à découvert la roche sous laquelle s'était brisée une de mes pattes; des pêcheurs vinrent à bout de dégager cette partie de moi-même, qu'ils vendirent à un serrurier sous le marteau duquel ce morceau de fer divisé, subdivisé, courbé, aminci en cent façons, fournit à tous les genres de besoin, à toutes les espèces d'industrie des ustensiles et des instruments que la pauvreté même pouvait acquérir. Je vous ai déja demandé grace pour cette lame de sabre qui vous a joué un si mauvais tour.

Je me hâte donc de terminer mon histoire principale, en vous disant que la charrue de fer, usée par le travail, fut mise à la fonte, et qu'on en forma une de ces masses de fer dont on se sert comme de lest dans les vaisseaux. Arrivé au Thibet, après une suite d'aventures sans intérêt pour vous, je fus étendu en barre de fer, et je servais à fermer le trésor où l'avarice des bonzes vous gardait si soigneusement lors de la catastrophe qui nous engloutit l'un et l'autre.

LE LINGOT D'OR. —J'en sortirai plus brillant que jamais, tandis que la rouille achèvera de te dévorer.

Le lingot parlait encore lorsque des travailleurs pénétrèrent sous les décombres où il était enseveli, et s'emparèrent, avec une joie inexprimable, de la barre de fer qu'ils reconnurent à la rouille même dont elle était couverte. « Que faites-vous? leur crie le lingot, vous vous trompez ; elle n'est que de fer, et je suis d'or. — Que nous importe? répondit un des travailleurs, en chargeant la barre de fer sur son épaule; notre terre est fertile, notre peuple est industrieux, et l'ennemi s'approche : c'est de fer que nous avons besoin. »

DUEL ET SUICIDE.

M. Morin est un philosophe d'une espèce particulière : l'ordre est à ses yeux la seule vertu publique, et le devoir qui en résulte pour chacun la seule vertu privée. Son système n'est qu'une application continuelle de la science des nombres à la philosophie éthique. Il pose une question de morale comme une équation d'algèbre, et la résout également par l'analise. M. Morin n'est homme de bien (comme il le dit lui-même, ou plutôt comme il le répète après un grand moraliste) que parcequ'il croit le mal un faux calcul.

Je l'avouerai, cette philosophie des nombres ne me satisfait pas; et je ne croirai jamais que le principe et la règle de toute vertu se trouvent dans la table de Pythagore.

Plusieurs événements malheureux dont Paris s'est dernièrement occupé pendant quelques heures, et dont M. Morin me racontait les tristes détails avec son sang-froid ordinaire, firent tomber l'entretien sur cette fureur endémique des duels et des suicides.

« Je tiens registre de tout, me dit-il, et je puis vous apprendre que dans le cours de l'année dernière, à Paris seulement, neuf cent vingt-huit individus ont fait ou obtenu réparation d'une injure personnelle les armes à la main, et que onze cents personnes se sont volontairement donné la mort.

—Au lieu de s'occuper à dresser ces tables sanglantes, répondis-je avec un peu d'humeur, ne vaudrait-il pas mieux employer son temps et sa plume à détruire le préjugé barbare ou l'erreur cruelle qui force un homme à en tuer un autre ou à se tuer lui-même?

—Voilà ce que c'est, continua-t-il, que de confondre sans cesse le sentiment et la raison, de sauter à la conséquence sans avoir posé le principe! Bornons-nous pour le moment à la question du duel: dans l'état de nos mœurs, est-il un préjugé? Parvint-on à prouver l'affirmative, ce préjugé n'est-il pas tellement inhérent à nos mœurs, que la destruction de l'un ne puisse jamais être que le résultat de la réforme des autres? voilà ce qu'il s'agit d'examiner...

—Je vois bien comment on avance un semblable paradoxe, mais je suis curieux de savoir comment on le soutient.

—Par des faits qui valent encore mieux que des raisonnements: ce sont les chiffres de la morale: dans la société, telle qu'elle existe, le duel n'est pas toujours un mal, puisqu'il est quelquefois un devoir; je ne suis embarrassé que du choix des preuves.

Je ne présenterai pas celles qui palpitent encore

d'une douleur récente; je veux, sans affliger personne, dire la vérité tout entière : c'est au sein de ma famille que je prendrai mon exemple.

Mon frère, en sa qualité de disciple de J. J. Rousseau, affichait le mépris de tout préjugé social qu'il croyait en opposition avec les saintes lois de la nature. Sa morale avait l'humanité pour objet, sa conscience pour règle, et son cœur pour juge. Son fils unique, dont l'éducation avait été l'occupation de sa vie entière, avait atteint sa vingtième année, et s'annonçait dans le monde par des talents et des qualités qui permettaient de fonder sur lui des espérances qui depuis se sont réalisées.

Il assistait avec son père, il y a de cela dix ou douze ans, à cette fête des maréchaux où la pompe des beaux-arts s'unissait à tous les enchantements de la gloire pour célébrer des triomphes inouis dans l'histoire des nations modernes.

Trop ami de la liberté pour aimer beaucoup la gloire militaire, mon frère, en cherchant à modérer l'enthousiasme de son fils, s'exprimait sur le chef de l'état et de l'armée avec une franchise philosophique à laquelle mon neveu pouvait du moins répondre avec Plutarque : *Vous tenez bien mal-à-propos de fort bons propos.*

Cette conversation à voix basse fut entendue par un de ces hommes à oreille fine *qui depuis... mais alors il était chambellan...* Ce monsieur, sans trop s'embarrasser du rôle qu'il jouait et du nom qu'on pouvait lui donner, voulut s'autoriser de quelques mots qu'il avait entendus pour forcer mon frère à sortir de la salle; mon neveu n'était pas homme à supporter l'insulte faite à son père : dans la querelle qui s'engagea, et qui eut un grand nombre de témoins, le courtisan porta le courage de l'insolence jusqu'à lever la main sur un vieillard. L'honneur exigeait une sanglante réparation, elle fut demandée et promise pour le lendemain matin.

Je fus appelé pendant la nuit à un petit conseil de famille où mon frère, après avoir épuisé les lieux communs de la philosophie primitive, voulut employer son autorité pour empêcher son fils de se battre. Mon neveu l'écoutai avec l'impatience respectueuse d'un homme qui avait pris son parti.

— C'était à mon tour à parler : « Si vous connaissez, lui dis-je, un tribunal qui vous fasse prompte et bonne justice de l'offense que vous avez reçue, si vous pouvez me prouver que dans la société, telle qu'elle est, telle qu'il faut conséquemment la prendre, l'honneur et l'opinion ne soient pas sur ce point les véritables juges, je suis prêt à joindre mes efforts aux vôtres pour prévenir les suites de cette malheureuse affaire; mais puisque vous mettez en question ce qui est en fait; puisque vous opposez le sentiment au devoir, et la nature qui réclame à la raison sociale qui prescrit, je suis obligé de convenir que la conduite de mon neveu est dictée par la première des lois françaises, par l'honneur: vous avez été gravement offensé, votre âge ne vous permet pas d'en tirer vengeance, c'est à votre fils de réparer un outrage dont la honte retomberait sur lui seul; je l'approuve et je lui sers de témoin. »

Passons sur les détails; mon frère, après avoir très éloquemment déclamé contre la fureur du duel, finit par se soumettre à un préjugé plus fort que la loi: le lendemain, à six heures, nous étions sur le terrain; à six heures cinq minutes l'honneur et la justice étaient vengés: mon neveu avait passé son épée à travers le corps de son adversaire.

Nous avons soldé notre compte du duel, me dit M. Morin, venons au suicide : je n'y vois le plus souvent, je commence par vous en prévenir, que la solution de cette difficulté de vivre, qui n'est appréciable que par celui qui l'éprouve ; c'est toujours un acte de courage, c'est quelquefois le sublime de la vertu.

— Dispensez-vous, lui dis-je en l'interrompant, de me citer l'éternel mais non pas l'immortel exemple de Caton; d'avance je le récuse: ce n'est point à Utique, c'est à Munda que le vertueux ennemi de César devait mourir...

— Aussi n'irai-je pas si loin chercher mes preuves, c'est dans l'histoire contemporaine, et presque sous nos yeux, que je choisirai un exemple de ces suicides qu'Horace appelle *nobile lethum*.

Un jeune homme sans famille, avec qui j'avais fait mes études à Sainte-Barbe, et que l'on citait parmi nous comme un modèle de talent et de vertus, tomba dans l'indigence à la mort d'un protecteur que la loi ne lui permettait pas d'appeler son père; il fut recueilli dans le château de M. d'Esp..., vieux gentilhomme breton, qui lui confia l'éducation de sa fille, sur la recommandation la plus puissante du principal du collège où le jeune instituteur avait été élevé.

Celui-ci eut le malheur d'inspirer à son aimable écolière une passion funeste qu'il ne tarda pas à partager. La reconnaissance, le devoir, la probité, luttèrent pendant un an avec succès contre un penchant invincible; mais il employa vainement toutes les forces de son ame à combattre une passion dont on ne triomphe qu'en fuyant, comme dit Fénélon, et bientôt il n'eut plus ni la volonté ni le courage de prendre le seul parti qui lui restât.

Une nuit ce malheureux jeune homme sortait de sa chambre pour s'introduire dans celle de la jeune personne qui lui avait elle-même donné ce premier rendez-vous; il rencontre sur l'escalier M. d'Esp..., qu'il croyait endormi : le vieillard, sans aucune défiance, l'embrasse tendrement, lui remet une lettre et va se coucher. Inquiet, impatient de savoir ce que ce papier contenait, il s'approche d'une lampe, qui brûlait dans le corridor, et trouve, avec le contrat d'une pension de douze cents francs de rente, le brevet d'une charge honorable qui venait de lui être accordée à la sollicitation de celui dont il allait déshonorer la fille.

La lecture de cet écrit réveille pour un moment dans son cœur le sentiment de l'honneur et du devoir; il découvre toute l'étendue de son crime; mais enivré d'amour, il hésite, et le peu de raison qu'il conserve l'avertit que dans un moment il n'hésitera plus : également incapable de supporter l'idée de la honte éternelle dont il va se couvrir, et de renoncer au bonheur qu'il attend, il jette un coup d'œil de désespoir sur la porte qu'il voit s'entr'ouvrir, s'enfuit dans sa chambre, saisit un pistolet, et se fait sauter la cervelle.

Le théologien Abélard, et même le philosophe Saint-Preux, dans une alternative tout-à-fait semblable, se sont conduits bien différemment : ceux-ci ont vécu pour se repentir, celui-là est mort pour ne point faillir : quel est le plus vertueux des trois?

— J'aime assez, repris-je à mon tour, les raisonnements qui s'appuient sur des faits; mais, dans l'exemple que vous venez de citer, comme dans celui au moyen duquel vous avez essayé de justifier l'usage du duel, je ne vois encore qu'une rare exception, et qui prouve ce que tout le monde sait, ce dont tous les moralistes conviennent, qu'il est permis, qu'il est glorieux même, de sortir volontairement de la vie quand on n'y peut rester sans opprobre.

En thèse générale, et considéré dans l'intérêt social, le suicide est une action blâmable, ou du moins la conséquence d'un faux raisonnement, quand ce n'est pas un acte de folie complète : je suis mal aujourd'hui, je ne saurais être mieux demain, donc je dois cesser d'être : cette logique du désespoir n'est pas celle de la raison.

—Je conviens avec vous que la société peut y trouver quelque chose à redire ; mais que dois-je à la société quand je consens à n'en plus faire partie ?

Comme le remarquent fort bien Voltaire et Montesquieu en termes différents, tout ce qu'on peut dire pour ou contre le suicide se réduit à ce peu de mots :

« Vous appartenez à la république, il ne vous est pas permis de quitter votre poste.

« La république se passait de moi avant ma naissance, elle s'en passera de même après ma mort. »

—Si vous convenez avec moi que c'est la plupart du temps un accès de démence qui porte un homme à attenter à ses jours, je ne nierai point à mon tour que ce soit là un de ces maux qui attestent la vigueur du corps social où ils se manifestent, et dont il est plus prudent d'arrêter les progrès que d'entreprendre la guérison.

Le suicide a sa source dans une disposition pléthorique du corps social ; éloignez-en les causes en perfectionnant les institutions de manière à y laisser le moins de place possible au découragement et à la misère ; en supprimant les loteries et les maisons de jeu, où le fléau du suicide trouve un perpétuel aliment; c'est tout ce que peut faire une législation sage : quant à ceux qui se tuent parcequ'ils s'ennuient, enterrez-les sans rien dire, de peur d'enseigner aux autres le secret d'un pareil passe-temps.

LA VANITÉ D'UN TOMBEAU.

Vanitas vanitatum!
SALOMON.

Il y a bien des genres de vanités, mais tous se réduisent à deux espèces, la vanité des gens d'esprit et celle des sots. Rousseau, qui n'admet qu'avec peine cette distinction, la définit une envie d'occuper les hommes de soi, et prétend qu'elle ne respire qu'exclusions et préférences. S'il est vrai que la vanité d'un sot et celle d'un homme d'esprit consistent également à desirer l'éclat et la distinction, il y a cependant cette différence, que la vanité d'un sot se borne à des choses frivoles, et que celle d'un homme d'esprit (comme l'observe fort bien l'abbé Trublet, qui ne *compilait* pas toujours, quoi qu'en dise *le pauvre Diable*) a pour objet cet éclat, cette distinction, qui résultent des choses vraiment estimables. L'homme d'esprit veut en avoir la réputation ; il ambitionne de passer pour plus habile, plus brave, plus instruit, plus généreux qu'il ne l'est en effet : le sot veut passer pour riche, pour avoir la meilleure table, la plus belle maison, le plus bel équipage.

Il y a une sorte de vanité bien noble, et qui ne

peut encore être le partage que d'un homme d'esprit, c'est de se distinguer, comme autrefois Bussi d'Amboise, par le faste de la simplicité. C'est, je crois, madame de Sévigné qui raconte que, dans un jour de cérémonie à la cour, il y parut dans l'habit le plus simple, tandis que ses valets, vêtus de la plus riche livrée, égalaient en magnificence tous les courtisans, et avaient l'air d'appartenir au même maître.

Jusqu'ici, quelques observations que j'aie faites sur ce défaut du cœur humain, je n'ai pas remarqué que l'homme vaniteux cherchât des jouissances hors de ce monde, et qu'il attachât aucun prix, de son vivant, à faire savoir à la postérité qu'il a vécu en lui apprenant qu'il est mort.

« C'est donc une découverte qu'il vous reste à faire, me dit un ami avec lequel je rentrais à Paris par la barrière des Gobelins, et pour cela vous n'avez qu'à me suivre jusqu'à l'endroit où je vais. »

J'acceptai. Nous continuâmes à deviser, en marchant, sur la maxime de l'Ecclésiaste, et ce ne fut qu'à l'aspect d'une grande porte surmontée d'une petite croix de bois noir que je m'aperçus qu'il me conduisait au cimetière du Père Lachaise. Je voyais bien le rapport qu'un pareil lieu pouvait avoir avec la question générale de la vanité humaine, mais je ne le trouvais pas applicable au cas particulier d'une vanité personnelle qui ne se trahirait qu'après la mort.

« Voyons, me dit mon guide, si nous n'en trouverons pas ici la preuve. » Après avoir erré quelque temps au milieu des tombeaux et des fleurs, nous arrivâmes au haut de la colline et nous arrêtâmes non loin des mausolées superbes que décorent les noms de *Lefèvre,* et de *Masséna,* sur un vaste terrain où travaillaient un grand nombre d'ouvriers. A l'étendue, à la disposition des fondements, je pouvais déjà juger de l'importance de l'édifice, et je me demandais à quel grand personnage récemment décédé il pouvait appartenir.

« Vous vous feriez une idée plus exacte de la magnificence de ce monument, me dit mon ami, en jetant les yeux sur le plan que consulte en ce moment l'entrepreneur. » Nous nous approchâmes; je ne revenais pas de ma surprise, à la vue de ce palais mortuaire, où toutes les richesses de l'architecture étaient prodiguées. Voilà, m'écriai-je, des héritiers bien généreux! car on ne peut guère estimer moins de deux cent mille francs le mausolée qu'ils élèvent à l'illustre défunt. A cette évaluation de deux cent mille francs, l'entrepreneur tourna sur moi les yeux, et me dit en haussant les épaules : Je ne m'en serais pas chargé pour six cent mille. Six cent mille francs pour un lit de pierre! Quelle fortune a dû laisser celui auquel on prépare une couche aussi fastueuse!... Je récapitulais dans ma tête les pertes récentes que nous avions faites, et bien convaincu que MM. O. et R. étaient encore en vie, je ne trouvais aucun mort digne d'une pareille sépulture. « Aussi le défunt est-il vivant, interrompit en riant mon compagnon ; et comme nous pourrions parler long-temps sur ce ton sans nous entendre, je vous dirai que le futur habitant de ce sépulcre fastueux est un honnête artisan qui jouit modestement sur la terre, dont il habite encore la surface, de la fortune immense qu'il s'est acquise en meublant les appartements des autres, et qui veut, à toute force, se défendre après sa mort de l'oubli dans lequel il a consenti à vivre. Bien convaincu que ses héritiers n'auraient pas fait pour lui la dépense d'un cercueil de plomb, il a voulu s'enterrer lui-même, et assurer à son nom modeste toute la durée du monument de marbre qu'il s'érige. — Croyez-vous qu'en fondant un hôpital, en dotant une école d'enseignement mutuel, il ne fût pas arrivé plus honorablement au même but? — Sans doute ; mais ne m'avez-vous pas dit qu'il y avait deux espèces de vanités? reste à savoir à laquelle appartient l'homme qui se bâtit un tombeau de six cent mille francs. »

LES MISSIONNAIRES EN FRANCE.

> Pour soutenir tes droits, que le ciel autorise,
> Abyme tout plutôt, c'est l'esprit de l'Église.
> BOILEAU, *Lutr.*
>
> *Et mentita est iniquitas sibi.*
> Psal. 26.
> L'iniquité s'est mentie à elle-même.

Je suis persuadé qu'à cette dernière époque de notre révolution les missionnaires qui parcourent les départements ont fait presque autant de mal à la France que les armées étrangères qui l'ont envahie; je suis persuadé qu'ils y sèment journellement des germes indestructibles de haine et de discorde; je suis persuadé enfin que la mission que s'arrogent ces apôtres de l'intolérance est incompatible avec l'établissement d'un gouvernement constitutionnel.

En ma qualité de philosophe, mais de philosophe pratique, qui ne cherche et n'admet que les vérités utiles au bonheur des hommes, et qui donne par conséquent la religion pour base à la morale, j'ai été long-temps en méfiance sur ma propre opinion: je craignais qu'à mon insu l'esprit de parti n'entrât pour quelque chose dans l'espèce d'aversion que j'éprouvais pour des hommes revêtus d'un caractère sacré; mais je me suis réconcilié avec un sentiment dont j'ai trouvé la source dans le cœur le plus pur et dans l'ame la plus chrétienne.

Je m'entretenais, il y a quelques jours, avec un pieux et sage ecclésiastique dont s'honore encore aujourd'hui l'Église romaine; et, pour connaître son opinion sur les missionnaires, j'affectais de les représenter devant lui comme exempts des reproches que l'histoire adresse à leurs prédécesseurs. « Ceux-là, lui disais-je, étaient les ennemis du trône, dont ceux-ci se montrent les défenseurs: dans les uns je vois d'éternels artisans de félonie, de ligues, de complots contre les rois; dans les autres, des apôtres tout prêts à devenir des martyrs de la fidélité. Le saint concile de Trente *déteste*, comme vous le savez, *la faiblesse des ecclésiastiques qui se soumettent à l'autorité civile* [1]; nos missionnaires ne prêchent que soumission et même servitude envers la puissance temporelle.

—Si je ne supposais pas un peu d'ironie dans vos paroles, me dit le bon prêtre, je ne prendrais pas la peine de vous répondre. Dans quel temps avez-vous vu les ministres d'une religion de paix et d'amour souffler plus audacieusement la guerre et la haine, réclamer avec plus de violence l'initiative des mesures et des maximes hardies que tant d'excès

---

[1] Session 25, chap. 17.

ont décriées? Ce n'est point contre la révolution, c'est contre ceux au profit de qui elle a été faite que ces missionnaires déclament avec tant de fureur. La religion n'est pour eux qu'un prétexte, et la légitimité qu'une sauvegarde; ils s'en prévalent aujourd'hui comme leurs prédécesseurs s'en prévalaient jadis: pour agir directement contre le roi, ils ne vous demandent que le temps de séparer les intérêts de l'Église de ceux du trône; c'est à la Charte qu'ils en veulent aujourd'hui, parceque la Charte émancipe le monarque dont ils veulent être les tuteurs : mais aujourd'hui, comme autrefois, ils fomentent les haines et poussent les peuples à la révolte.

—Il est plus aisé de le croire que de le prouver, répondis-je; on ne produirait pas contre nos missionnaires actuels un manifeste semblable à celui qui se trouve sous le numéro 543 des manuscrits de Dupuy, signé de trente-deux évêques et de tout le clergé. On voit dans un autre écrit, pages 10 et 12[1], que les prédicateurs ambulants de ce temps-là recommandaient, non pas l'insurrection, mais la guerre civile, comme le plus saint des devoirs; qu'ils mettaient hors de l'Église les sujets restés fidèles au roi; qu'ils traitaient de *chiens de profana-*

---

[1] Réponse de M***, conseiller au parlement, à la lettre de M. l'archevêque de ***.

teurs ceux qui refusaient de signer l'acte de rébellion. De nos jours, au contraire, la légitimité n'a pas de plus ardents défenseurs que les hommes d'Église. Sous Louis XIV, parlant à lui-même, et du haut de la chaire évangélique, l'évêque de Nîmes annonçait « qu'un trône légitime ne pouvait être fondé que sur la catholicité; » d'où il suit nécessairement qu'à l'exception de quatre ou cinq tous les rois de la terre sont des usurpateurs, et ce qui explique dans quel sens Henri IV disait que Paris valait bien une messe. Convenez aussi que les nouveaux apôtres qui ont à lutter contre l'esprit du siècle, contre les progrès de la raison, et contre l'autorité qui les menace sans cesse, ont bien plus de gloire à recueillir de leur mission que leurs prédécesseurs, prêchant non seulement à des convertis, mais à des fanatiques, et parlant au nom d'une puissances mystérieuse qui commandait aux rois et s'arrogeait le droit divin de disposer des royaumes.

— Les prétentions de l'Église ont toujours été les mêmes; et si à d'autres époques elle les affichait plus ouvertement, c'était du moins avec plus de danger. On se figure communément que dans les siècles de dévotion les *prêcheurs*, comme on les appelait alors, jouissaient d'une liberté indéfinie; c'est une erreur : leurs démêlés avec les parlements étaient continuels, et la fermeté de ceux-ci a laissé des exemples dont vos magistrats actuels n'ont pas même eu le courage de profiter. Ouvrez le Recueil des libertés de l'Église gallicane, vous y trouverez, entre beaucoup d'autres défenses et condamnations, un extrait des registres du parlement, pour le *samedi 16 décembre 1559*, par lequel « il est ordonné « que les curés seront tenus, avec les marguilliers « ensemblement, présenter celui qu'ils voudront « prendre pour prêcheur, pour soit enquérir au vrai « de la doctrine du personnage, et, ce fait, lui bailler « licence de prêcher, et défense a fait à tout autre « de monter en chaire sans ladite permission. »

Rien de semblable se fait-il aujourd'hui? Sans doute la raison et la Charte interdisent à l'autorité de s'enquérir des principes, de la doctrine de ces missionnaires qui parcourent nos départements ; mais le Code pénal lui fait un devoir de réprimer et de punir les tentatives qui ont pour but évident de renverser les institutions, de saper les fondements des lois nouvelles, et de rétablir par tous les moyens l'empire de l'intolérance et de la superstition. En viendrait-on à nous faire regretter le temps où Charles IX lui-même interdisait aux prêcheurs, *sous peine de la hart, d'user en leurs sermons et ailleurs de paroles scandaleuses, ou tendantes à exciter le peuple à émotion* [1]; enjoignait au parlement d'instruire contre ceux *qui sont chargés d'avoir procédé*

---

[1] Ordonnance de Charles IX, du 1ᵉʳ. décembre 1561.

en leurs sermons par convices, injures, et paroles licencieuses, etc.?

Dans nos jours de philosophie et de lumière, des magistrats, des agents de l'autorité, ne se contentent pas de protéger secrètement ces dangereux apôtres; ils les autorisent et les encouragent, en suivant leurs exercices, en assistant à leurs sermons, en présidant, un cierge à la main, à des processions, à des cérémonies turbulentes et fanatiques.

Vous entendez tous les jours ces bons missionnaires invoquer le nom du magnanime Henri IV, dont ils cherchent à se faire un appui; mais vous ne savez peut-être pas que ce prince si bon, si clément, fut contraint de s'armer contre leurs devanciers d'une sage rigueur: ouvrez, encore une fois, le Recueil des libertés de l'Église gallicane, à la page que j'ai marquée, et dites-moi si l'édit sous la date de l'année 1575 n'est pas la satire la plus vive et la plus piquante de la conduite des autorités actuelles à l'égard de ces fougueux prédicateurs.

Je ne puis me dispenser de transcrire ici cette pièce singulière, dont l'extrême sévérité appartient à des temps regrettés par les missionnaires, mais qui n'en offre pas moins à l'autorité un grave sujet de méditation[1].

---

[1] « La plupart des prêcheurs, au lieu de suivre et observer ce
« qui est de leur profession, de vivre avec la modestie, simplicité

C'est, grace au ciel, en toute sécurité que nos prêcheurs ambulants du dix-neuvième siècle déclament en chaire contre le gouvernement de leur pays, portent le trouble dans les familles, refusent aux vivants les secours de la religion et la sépulture aux morts; en un mot, ces jésuites pseudonymes, vainqueurs, dans le midi de la France, de la raison, de la philosophie et du gouvernement, n'ont plus à triompher que de leurs divisions intestines.

Un schisme nouveau, sous le nom de *grande* et de *petite Église*, s'est introduit dans la maison de Dieu; les curés se déclarent ouvertement contre les

« et religion qui sont requis, ont au contraire ouvert le chemin à
« toutes les erreurs et les libertés effrénées, comme il s'est trop ex-
« périmenté par les vœux et scandales qui sont advenus; n'ayant,
« entre plusieurs abus par eux notoirement et manifestement com-
« mis, fait conscience et difficulté de faire servir et appliquer la
« parole de Dieu à leurs propres passions et démesurées cupidités
« de gain, pour lequel ils ont fait prédications ordinaires contre
« le repos et tranquillité publiques et l'autorité tant du défunt
« roi que de nous, advisant et induisant, par leurs artifices, le
« simple peuple, sous prétexte de piété et de religion, et les pro-
« voquant par leurs blasphèmes à une révolte et sédition; chose
« fort éloignée de la sincérité avec laquelle ils devraient annoncer
« la parole et vacquer à son saint service pour le salut et édifica-
« tion de tout le peuple, et réduire les dévoyés en la droite voye
« qu'ils doivent suivre par bonnes voies et admonitions. Et com-
« bien que depuis ayant reconnu leur faute, toutefois nous avons
« été avertis que ailleurs, devenant obstinés et aveuglés par les
« présents et corruptions qui leur sont faites de la part de ceux qui

missionnaires, et l'un d'eux n'a pas craint récemment de dénoncer ces derniers aux fidèles comme des imposteurs; mais comme vous pourriez ne m'en pas croire sur parole, lisons ensemble *la Réponse*, imprimée au Mans l'année dernière, *de M. Mériel-Bucy à M. Baruel.*

Il est bon de rappeler que ce n'est point de la plume libérale d'un philosophe, mais de la bouche d'un prêtre qui a long-temps souffert pour la foi, que sortent les terribles aveux que l'on va entendre.

« Les missionnaires (s'écrie-t-il, page 9 de l'écrit

« les ont jusqu'ici entretenus et stipendiés, continuent encore à
« user licencieusement, en leurs prédications, de toutes blessures,
« injures et paroles dépravées et diffamatoires contre notre auto-
« rité et celle des magistrats, tendantes à sédition et émotion, au
« lieu de ramener et de contenir chacun en la connaissance et
« crainte de Dieu, et de ceux qu'il a constitués pour commander.
« A quoi étant nécessaire de pourvoir et empêcher tels monopoles
« et insolences qui sont directement contre l'honneur et service de
« Dieu et de son Église, et au grand scandale et mépris de la reli-
« gion; nous défendons expressément à ces prêcheurs qui se sont
« passionnés et entremis de ce qui concerne notre autorité, les
« affaires, administration et police de notre royaume, et qui ont
« voulu et veulent induire et provoquer nos sujets à la révolte et
« sédition, par leurs calomnies et faux donnés entendre, soit en
« leurs dites judications, confessions auriculaires, ou autrement,
« de se mettre en chaire sous peine d'avoir la langue percée, sans
« grace ni rémission, et d'être bannis de notre royaume à per-
« pétuité. »

que je viens de citer), les missionnaires sont des fourbes qui ne feront jamais dupes les gens instruits et de bonne foi; ils ne peuvent faire impression que sur des ignorants et des fanatiques. »

Il les représente (page 23) comme « uniquement appliqués à éblouir le peuple par l'effronterie de leurs discours mystiques, à frapper l'imagination d'un sexe naturellement faible et susceptible d'exaltation. »

Il divulgue ce qu'il appelle leurs jongleries, et prétend « qu'à l'aide d'un extérieur d'austérité surnaturelle, et des compères qui les suivent, ils opèrent de petits miracles avec beaucoup de dextérité.

« Écoutez-les (continue-t-il à la page déja citée), ils n'aiment par l'argent!... Mais n'ont-ils pas mis en ferme le paradis et l'enfer? n'ont-ils pas imaginé le trafic des chapelets, des cantiques, des indulgences? n'ont-ils pas tarifé tous les crimes? »

Dans un autre endroit le prêtre du Mans assimile les missionnaires aux comédiens; je cite ses propres termes.

« A leur arrivée au Mans, ces messieurs demandèrent que l'on congédiât les comédiens; on le leur accorda; mais pendant deux mois n'ont-ils pas donné dans cette ville un spectacle beaucoup plus dangereux pour les mœurs que les représentations du théâtre? L'ensemble de tout ce qu'on voit, de tout ce qu'on entend sur la scène a toujours quelque

chose qui dégoûte, qui alarme la pudeur; mais dans un spectacle où le piége est caché sous un voile religieux, on est bien moins en garde, et l'esprit tentateur a bien plus beau jeu. Que n'avait point à craindre une vertu novice dans ces assemblées nocturnes où l'art se concertait avec ce qu'il y a de plus attrayant dans la nature, pour attirer autour des comédiens de la mission un si grand concours de spectateurs! un sexe ne se trouvait là que pour admirer l'autre, pour y entendre ce que la voix humaine a de plus harmonieux, pour y voir tout ce que l'œil peut apercevoir de plus enchanteur; les charmes naissants et timides d'une vive jeunesse dont les graces. »
Ici l'indignation suggère au bon prêtre manceau des traits si vifs, que ma plume plus chaste que la sienne se refuse de les transcrire.

« Vous renvoyez les comédiens continue-t-il en s'adressant aux missionnaires, et vous faites construire un immense théâtre où vous exposez aux yeux du public une foule de jeunes et belles personnes parées avec élégance ! Les spectateurs avaient-ils *les yeux dans leurs poches,* je vous le demande? qui les empêchait de se rassasier...... » Cette réticence, qui appartient à mon auteur, est suivie, (page 23), d'un commentaire non moins naïf de ces mots imprimés dans *le livre de la mission: Tous les regards étaient fixés sur les jeunes vierges.*

Mais c'est sur-tout à propos des *plantations de croix* que l'anti-missionnaire redouble l'amertume de ses censures : « Multipliez vos croix, s'écrie-t-il, employez des arbres entiers à leur construction, vous serez encore la plus pesante de toutes celles qui affligent l'Église!.... Vos croix ne sont que des croix de fanatisme, et des rendez-vous de débauches.... — Où allez-vous, ma fille? — Grand'maman, je vais à la croix. — Fort bien, mon enfant; soyez toujours bien pure et bien pieuse. Mais Dieu sait ce qu'elle y cherche, ce qu'elle y rencontre, etc., etc. »

Voici comment le vénérable ecclésiastique résume, à la page 29 de sa lettre, ses idées sur le danger des missions. « A quoi donc ont abouti tous ces efforts, tout cet étalage, toute cette pompe mondaine que le zèle le plus infatigable a suggérés à nos pieux missionnaires pour divertir le public? A des extravagances révoltantes, à des lamentations prolongées pendant plusieurs semaines, à des assemblées de convulsionnaires où, lorsqu'il a été question de se séparer des adorables directeurs, des femmes échevelées comme des bacchantes, ne sachant plus ni ce qu'elles disaient ni ce qu'elles faisaient, se sont livrées à toutes les folies du désespoir. Combien d'attaques de nerfs au souvenir de ces charmants messieurs, dont on parlait, dont on rêvait sans cesse! combien de protestations de n'avoir jamais d'autres confesseurs, dût-on s'en passer le reste de ses jours! Les unes en pleine rue se jetaient à leurs pieds, les baignaient de leurs larmes, et les suppliaient, en sanglotant, de ne point les abandonner; d'autres se trouvaient mal entre leurs bras; et ces tendres pères, au moment d'une séparation fatale, étaient forcés d'abandonner leur mouchoir, leur tabatière, ou quelque partie de leur vêtement à leurs belles pénitentes, qui partageaient entre elles ces précieuses reliques. »

C'est un prêtre, vieilli dans l'exercice des vertus chrétiennes, qui m'a fourni les traits principaux de ce tableau des missions; quant aux missionnaires, je leur laisserai le soin de se peindre eux-mêmes dans l'analyse de quelques uns de leurs sermons.

Sermons des missionnaires.

Comment se fait-il que le fanatisme, qui suppose au moins de l'enthousiasme, s'annonce chez nos missionnaires actuels dénué de toute espèce d'imagination? Sans égard aux progrès des lumières et de la civilisation, ils se contentent de répéter ce qu'ont dit, de refaire ce qu'ont fait leurs prédécesseurs dans un temps où ceux-ci parlaient à des hommes qu'ils avaient élevés, sous la protection des lois qu'eux seuls avaient le privilége d'enfreindre.

J'ouvre le *Dictionnaire philosophique* à la lettre *J*, et dans un article intitulé *Jésuite* ou *Orgueil*, je lis le passage suivant:

« Ils (les jésuites) faisaient des missions dans les « villes comme s'ils avaient été chez les Indiens ou « les Japonais; ils se faisaient suivre dans les rues par « la magistrature entière; on portait une croix de- « vant eux; on la plantait dans la place publique; « ils dépossédaient le curé et devenaient les maîtres « de la ville. Un jésuite nommé *Aubert* fit une pa- « reille mission à Colmar, et obligea l'avocat-gé- « néral du conseil souverain de brûler à ses pieds « son *Bayle*, qui lui avait coûté cinquante écus. « Jugez comme l'orgueil de cet *Aubert* fut gonflé « de ce sacrifice! comme il s'en vanta le soir avec « ses confrères! comme il en écrivit à son général!

« O moines! ô moines! soyez modestes, je vous « l'ai déjà dit, soyez modestes si vous ne voulez pas « que malheur vous arrive. » Et malheur est arrivé.

Je courus chez l'abbé Sornet (c'est le nom du bon ecclésiastique dont j'ai parlé dans mon précédent chapitre), et je m'amusai à lui lire ce passage, en y changeant deux ou trois mots, comme extrait d'une lettre que je venais de recevoir d'un département du Midi. L'abbé sourit à cette lecture: « Je pense, me dit-il, que cette lettre est timbrée de Ferney; j'ai reconnu le style de votre correspondant; c'est du Voltaire tout pur. Il est vrai que ce qu'il disait des *Aubert* de son temps conviendrait merveilleusement à ceux du nôtre, et qu'on croirait entendre le récit fidèle de ce qui se passe depuis quatre ans en France. Cependant, continua-t-il, je réclame pour nos missionnaires contemporains, sinon le brevet d'invention, du moins celui du perfectionnement de la déraison et du scandale. J'ai promis de vous communiquer mon journal des missions, et je tiens parole. » En disant cela l'abbé tira de son secrétaire un énorme manuscrit dont il me permit d'extraire quelques pages : elles suffiront pour donner une idée des principes, des discours et des actions de ces apôtres perturbateurs, à qui il ne manque qu'un peu d'esprit, de prudence et de raison pour faire à la France des maux irréparables.

Je lis à l'article *Missionnaires à Bourges:* « Il faut convenir que la mission de Bourges a trouvé un bien digne historien dans le rédacteur du journal de cette ville; peut-être, cependant, y a-t-il un peu d'exagération dans le compte qu'il a rendu en 1817[1] de cette irruption apostolique :

« Les fastes de notre cité, dit-il, recueilleront et
« transmettront aux générations futures la mémoire
« de l'événement de la mission, etc., etc.

« Ce qu'il y a de certain, c'est qu'aucune autre n'a

---

[1] *Journal de Bourges*, 20 avril 1817.

fait une déclaration de principes plus franche et plus positive:

Les rois doivent obéir aux prêtres.

Le gouvernement constitutionnel est une absurdité.

La restitution des biens nationaux est un commandement de Dieu.

« Ces trois propositions semblent avoir servi de texte à toutes les conférences du chef de cette mission. Comme preuve irrécusable de la suprématie ecclésiastique, il cite l'exemple de l'évêque Martin, que l'Église a canonisé :

« Vous saurez, mes chers frères, que l'évêque
« Martin ayant été invité à dîner chez l'empereur
« Maxime, l'impératrice, pénétrée de respect pour
« son hôte, refusa de s'asseoir à table et resta der-
« rière lui pour le servir. Une seule coupe servait
« alors pour le festin; elle était présentée aux con-
« vives suivant leurs rangs et leurs dignités : l'empe-
« reur, *en conséquence,* l'offre à l'évêque, qui boit
« le premier; mais à qui, mes frères, croyez-vous
« que le saint homme présente ensuite la coupe? à
« l'empereur? *Point du tout;* il la passe à un *pauvre*
« *prêtre* qu'il aperçoit dans la salle. » Le missionnaire de Bourges laisse à son auditoire le soin de tirer de son récit la conséquence toute naturelle que, dans la hiérarchie du pouvoir, le moindre prêtre est au-dessus du plus grand des rois. C'est une prétention

comme une autre, et contre l'effet de laquelle nous avons d'assez fortes garanties pour n'en pas être alarmés. Mais voici qui est plus sérieux.

« Que signifie (disait sa majesté ecclésiastique, « dans une autre conférence) cette *doctrine perverse* « *de l'égalité politique?* Les montagnes sont-elles « égales en hauteur et contour? les fleuves ont-ils « tous la même profondeur? les arbres ont-ils les « mêmes proportions? L'égalité n'existe nulle part; « et l'on voudrait que Dieu l'eût établie parmi les « hommes! Non, le rang et la naissance ont une « *prééminence divine.* » Mais la Charte?... Un autre prêcheur se charge de nous répondre : « La Charte « est l'ouvrage des hommes, et ne saurait prévaloir « contre la parole de Dieu, dont les missionnaires « sont les organes. »

« Quant aux biens nationaux, dont la dîme est la partie la plus importante, trois conférences ont été employées par le chef des missionnaires de Bourges à prouver « qu'il fallait obéir à Dieu plutôt qu'aux « hommes, et que Dieu ordonnait de restituer des « biens *illégitimement* acquis : Entrez (a-t-il dit en « désignant de l'œil l'acquéreur d'un domaine ecclé- « siastique), entrez dans ce que vous appelez votre « champ, votre maison : rien ne vous dit-il que ce « champ, que cette maison, ont appartenu à un « autre? la terre, les pierres ne déposent-elles pas « contre votre injuste détention? ne voyez-vous pas

« les foudres du Dieu vengeur prêtes à vous écraser;
« restituez, restituez, mes frères...

« Un roi (son nom m'est échappé), sur les insi-
« nuations de sa femme, s'empara d'un bien ecclé-
« siastique; Dieu exerça sur lui et sur sa famille la
« plus terrible vengeance, il périt misérablement
« *ainsi que ses soixante enfants*, tout innocents qu'ils
« étaient du crime de leur père : restituez, restituez
« donc.... » L'exemple si bien choisi de cette royale famille n'a effrayé personne; chacun à Bourges a conservé son champ et sa maison, convaincu qu'il n'y a pas de bien mieux acquis que celui qu'on a payé.

Extraits des sermons du père E..., prêchés à Avignon dans le courant du mois de janvier 1819.

2 Janvier.

« Il y a de mauvais prêtres, vous dira-t-on: oui,
« mes frères, il y en a ; j'en ai connu; mais l'*exé-*
« *crable révolution* a fait disparaître ce qu'il y avait
« d'impur dans le troupeau : il n'est resté que les
« bons, que les purs. Au reste, qu'est-ce que cela
« signifie? parceque vous connaissez un mauvais
« prêtre, cela veut-il dire qu'ils soient tous mauvais?
« Je connais *une femme qui est une coquine* [1]: cela

[1] On conçoit que nous avons besoin d'une autorité aussi respectable pour hasarder de pareilles expressions.

« veut-il dire que toutes les femmes soient des co-
« quines? j'ai connu un avocat qui était un voleur :
« tous les avocats sont-ils des voleurs?... Mais quand
« il serait vrai que tous les prêtres fussent mauvais!
« oui, mes frères tous mauvais, curés, évêques, arche-
« vêques, cardinaux, le pape lui-même! leurs actes
« en seraient-ils moins valides? Non certes, car *ils ne*
« *tiennent leur autorité que de Dieu* (OMNIS POTESTAS
« A DEO). Donc ce caractère, cette autorité n'en serait
« pas moins sacrée, quand même celui qui s'en trou-
« verait investi en serait indigne. Ainsi la confession
« ou tout autre sacrement de la juridiction ecclésias-
« tique sera aussi valide administré *par un prêtre scé-*
« *lérat* que s'il était administré par *un saint;* bien
« plus, mes frères, *quand le démon* lui-même serait
« prêtre, plutôt que de me damner faute de confes-
« sion, je me *confesserais au démon,* et son absolu-
« tion vaudrait autant que celle du *plus grand saint*
« *du paradis.* » On voit que l'état ecclésiastique
n'impose aucune obligation, pas même celle d'une
vie exemplaire.

Les prêtres sont-ils mauvais, donc ils sont bons. Cet
argument répond à toutes les objections des incrédules, excepté pourtant celle-ci, que je me permets
d'adresser à sa révérence :

*Tous les prêtres sont bons, fussent les démons eux-
mêmes;* d'où vient donc, mon père, que, pendant
la révolution, les prêtres purs regardaient comme

damnés *in æternum* ceux qui recevaient quelque sacrement, ou seulement entendaient la messe d'un *prêtre constitutionnel?*

Dans ce même sermon, le père E... a voué aux flammes éternelles tout prêtre qui abusait du secret de la confession : quelques auditeurs, en se rappelant la conspiration de Lyon, n'en ont que plus vivement applaudi à la sainte indignation de l'orateur.

Peut-être le bon apôtre affectionne-t-il un peu trop les mots de *fornication* et de *fornicateurs :*

> Par de pareils propos les ames sont blessées,
> Et cela fait venir de coupables pensées.

Sans doute un missionnaire ne peut dire trop de mal de la philosophie, qui apprend aux hommes à être humains, tolérants, soumis aux lois, dévoués à la patrie. Mais Voltaire doit-il porter seul le poids de la haine sacerdotale? et dans l'intention très louable, sans doute, d'inspirer pour sa personne et pour ses écrits une sainte horreur, est-il permis de mentir effrontément dans la chaire de vérité? Le charitable père nous assure que Voltaire est damné sans rémission; qu'il partage le supplice éternel des Socrate, des Épictète, des Confucius, des Titus et des Marc-Aurèle: nous pouvons l'en croire sur parole: nous n'avons à lui opposer que la justice et la bonté infinie du Créateur; mais il nous affirme que cet *impie abominable mourut dans les convulsions les plus affreuses; qu'il éprouva en mourant un avant-goût du supplice de l'enfer où il était attendu; et que son délire et sa rage furent poussés au point...* (Ma plume se refuse encore une fois à retracer les dégoûtantes expressions de l'orateur.) Voilà de ces contes absurdes qu'on ne peut répéter sans craindre de s'entendre dire en latin de Scaliger : *Pater, mentiris impudentissimè.* En effet quel est l'élève des frères ignorantins qui ne sait pas que Voltaire, accablé de gloire et d'années, frappé d'un sommeil léthargique qu'il s'était procuré par un excès d'opium, mourut paisiblement à Paris, à la suite d'un triomphe sans exemple, où l'enthousiasme public le rendit témoin de sa propre apothéose?

Quelque respect que j'aie pour Voltaire, le repos de son ame m'inquiète cependant beaucoup moins que le repos de la moindre créature vivante; aussi ai-je été moins révolté des injures que sa révérence a prodiguées à la mémoire du philosophe de Ferney, dans son sermon du 2 janvier, que des épouvantables menaces adressées le jour suivant à une jeune femme qui faisait partie de l'auditoire (il était question du supplice des méchants, dans l'autre vie) :

« Et toi, femme impie et perverse, voilà les sup-
« plices qui te sont réservés; oui, c'est à toi que je
« m'adresse (continua-t-il en la *désignant* avec l'ex-

« pression de la fureur); à toi qui as osé te moquer
« de moi dans ta maison! *prostituée,* c'est pour ne
« pas rompre avec ton adultère que tu persistes
« dans ton horrible incrédulité; tu es *infidèle à ton*
« *mari*, et tu veux être également infidèle à ton Dieu.
« Eh bien! écoute ce que je te dis: *Avant que l'année*
« *se passe,* tu seras punie de ton infamie; *rappelle-*
« *toi le 4 janvier: avant le 4 janvier prochain ton corps*
« *sera dans le tombeau, et ton ame dans l'enfer.* » En
parlant ainsi, la figure du prédicateur était en feu;
sa voix, son geste convulsif, attirèrent tous les regards de l'assemblée sur la dame à laquelle s'adressait
son homicide anathème.

A ce passage, que je purge, en l'abrégeant des
plus odieuses personnalités qu'il renferme, l'abbé
Sornet avait joint la note suivante.

« A de pareils traits puis-je reconnaître l'interprète de ce livre sacré dont le divin auteur étend
sur la femme adultère sa douce miséricorde? et si
la jeune épouse qu'un prêtre fanatique n'a pas
craint d'outrager aussi publiquement, aussi injustement peut-être, venait à succomber à la honte dont
il l'a couverte, à l'effroi dont il a rempli son ame,
quel nom faudrait-il donner à ce prophète de mort? »

Dans son sermon *du 15 janvier, sur les mauvais
livres,* le père E..., renchérissant sur le zèle de
frère Aubert, excommunie de sa pleine autorité tous
ceux qui conserveraient dans leur bibliothèque *un*

volume des OEuvres de Voltaire (fût-ce même *la Henriade*), de *J. J. Rousseau*, de *Diderot*, de *Condorcet*, d'*Helvétius*, et les LETTRES PROVINCIALES. Vous êtes jésuite, père E...! « Dans une ville j'ai eu « la consolation de brûler une bibliothèque de cin- « quante mille francs... *Nous en avons eu pour huit* « *jours;* ah! comme cela a fait rire les anges et « pleurer les démons! »

Et en apostille, de la main de l'abbé Sornet : « Le fait est exact; le père E... a fait brûler à Grenoble une bibliothèque de dix mille volumes, qui avait été léguée à M. de L.-T.-V., homme très respectable, bien que très crédule, et qui fait beaucoup de bien aux pauvres. »

Si les discours de ce nouvel Omar n'ont pas eu à Avignon un succès aussi brillant qu'à Grenoble, du moins n'y ont-ils pas été sans résultat; en sortant du sermon, madame de C... B... s'empressa de jeter au feu à-peu-près tous les livres dont se composait la bibliothèque de son fils : le feu prit à la cheminée où l'exécution s'était faite; le jeune homme en rentrant chez lui trouva ses voisins occupés à éteindre les flammes : « Laissez brûler la maison, dit-il, ma mère a du goût pour les incendies. » Cette circonstance est devenue, entre le fils et la mère, tendrement unis jusque-là, un sujet de dissension dont le missionnaire pourra se glorifier aux yeux de M. l'évêque de Bayonne, dans le mandement duquel on lit en propres mots : *Ne cédez point à de « fausses alarmes sur les divisions domestiques qui « pourraient naître de vos pieux efforts...* »

On ne doit jamais, dit Chamfort, se servir de cette expression, *c'est le dernier des hommes*, par la raison, ajoute-t-il, qu'il ne faut décourager personne : je n'affirmerai donc pas que le père E... soit le dernier des missionnaires, je ne veux décourager ni M. l'abbé R..., ni M. l'abbé F..., ni M. l'abbé P...; mais il ne tiendrait qu'à moi de prouver, en continuant les citations, que jamais homme d'église n'a fait preuve, dans la chaire évangélique, d'autant de fureur, d'ignorance et de vanité.

Le dernier jour qu'il a prêché, il n'a entretenu son auditoire que de lui : « Savez-vous bien, s'est-il « écrié dans sa péroraison, que ce n'est pas pour de « l'argent que je prêche la parole de Dieu! appre- « nez, mes frères, que j'ai *cent mille écus* bien « comptés dans mes coffres : il n'est pas que vous « n'ayez entendu parler des frères E..., de Paris; « Eh bien! ces frères, ce sont les miens.... » Maintenant pourra-t-on croire que de pareils discours aient été proférés dans une ville dont l'évêque (M. Perrier) respire et pratique toutes les vertus de la primitive Église, et semble animé de l'ame de Fénélon?

Je quitte à regret le père E..., dont la folie serait assez divertissante si les résultats n'en étaient pas aussi déplorables, et je passe à la troupe des missionnaires qui ont donné quelques représentations à Toulouse dans le courant de février dernier. L'abbé Sornet n'en dit que quelques mots dans son journal :

« Les pères de la ruse ont fait d'excellentes affaires dans la cité palladienne, où ils ont eu un succès fou; logés somptueusement, traités, au compte des fidèles, à quinze francs par tête, ils allaient à l'église et revenaient en carrosse : tout cela n'est pas dans les principes de l'humilité chrétienne, et ne serait rien pourtant s'ils n'eussent là, comme ailleurs, porté le trouble dans les familles, semé la discorde entre les citoyens, et *travaillé* les consciences en provoquant en secret la restitution des biens nationaux, le retour de la dîme, et le mépris de la Charte, en prêchant ouvertement, sur le texte de M. l'abbé de La M..., *que l'État est dans l'Église, et non l'Église dans l'État.*

« Les comédiens ordinaires du fanatisme n'ont encore joué ici que des *mystères;* fassent le ciel et le gouvernement qu'on n'y permette pas la reprise de *la tragédie de Calas!* »

« La troupe de Bayonne, dirigée par l'abbé R..., avait eu le soin de s'y faire précéder par des émissaires apostoliques qui lui ont préparé *les voies et les moyens.* Arrivés à Bayonne dans les derniers jours de mars, les missionnaires ont pris possession de la plus belle maison de la ville, meublée à neuf par les tendres soins de quelques riches dévotes, qui n'ont pas oublié de mettre à leurs ordres une cuisinière excellente dont ces bons pères font un cas tout particulier.

« Nulle part le petit commerce des chapelets, des rosaires et des cantiques, ne s'est fait aussi avantageusement; le dépôt de ces recueils anacréontiques était établi du matin au soir à la porte de la cathédrale, dans de petites boutiques tenues par quatre jolies marchandes.

« Entre autres impertinences sacriléges dont ces recueils sont remplis, un de nos plus saints mystères s'y trouve chansonné sur l'air *Du haut en bas*.

« Mais ce qu'il est impossible de critiquer, c'est un *Examen de conscience, à l'usage des missions*[1], dont quelques passages offrent des images et suggèrent des pensées tellement obscènes, que je craindrais, en les citant, d'indigner les plus incrédules, et d'alarmer la pudeur publique.

« Cette brigade de missionnaires était composée de dix-sept ecclésiastiques, sous la direction de M. R..., autrefois chapelain de l'*homme des cent jours*, et maintenant la plus ferme colonne du fanatisme, après le chapelain du *Conservateur*.

« L'innovation que ces messieurs ont faite, de sé-

---

[1] *Examen de conscience*, à l'usage des missions, pages 35 et 42.

parer les deux sexes dans l'église, et d'exiger que les femmes et les hommes entrassent et sortissent par une porte différente, produit un grand scandale ; la sortie du sermon offre le spectacle d'une sortie de l'Opéra ; les jeunes gens s'y portent en foule pour passer en revue ces demoiselles, et le voile virginal dont elles sont couvertes est devenu pour quelques unes un sujet de plaisanterie assez désagréable. Des huées, des sifflets se sont fait entendre, et la garde est plus d'une fois intervenue dans ces querelles où figuraient, comme au douzième siècle, des champions en soutane.

« M. R... a donné le premier exemple de ces luttes scandaleuses. Un des négociants les plus respectables de cette ville attendait sa femme et ses filles à la porte de l'église ; le fougueux abbé le repousse brutalement, et, sur son refus de se retirer, il le saisit au collet, et l'apostrophe de la manière la plus indécente. La ville entière ressentit l'outrage fait à ce digne père de famille, et peu s'en fallut que la mission ne fût dès le lendemain chassée honteusement.

« Des scènes plus révoltantes encore ont eu lieu à *La Mothe-Saint-Héraye* (dans les Deux-Sèvres), où les *bons pères* ont été prêcher une espèce de croisade contre les hérétiques... »

En relisant en présence de l'abbé Sornet les fragments que j'avais extraits de son Journal des missions, j'avais de la peine à m'expliquer la conduite des administrations, et même du ministère, qui ne cherchent point à arrêter les progrès d'un mal dont on ne peut sans frémir envisager les suites.

« Je n'y vois qu'un remède, me dit-il : les apôtres du fanatisme contestent à l'autorité le droit de s'opposer constitutionnellement à leurs criminels efforts; la Charte, qu'ils travaillent à détruire, leur fournit elle-même l'arme dont ils se servent avec tant de perfidie : c'est en vertu de la liberté des cultes qu'ils prêchent contre la Charte, la tolérance et la philosophie. Eh bien! que la tolérance et la philosophie aient aussi leurs missionnaires; que les hommes véritablement religieux usent, dans l'intérêt de l'état et de la société, de ces mêmes droits que leurs adversaires invoquent pour renverser l'un et l'autre. Paris est plein d'associations pour l'encouragement des sciences, des lettres et des arts; il s'en forme une en ce moment qui se propose un plus noble but, celui de propager, d'affirmer les doctrines morales et religieuses, de les défendre contre les persécutions de l'ignorance et du fanatisme : cette assemblée de philosophes chrétiens ne se bornera pas à agir lentement par ses écrits; elle enverra des apôtres dans les départements : comme les missionnaires, elle aura ses tribunes, du haut desquelles ses orateurs s'adresseront au peuple des villes et des campagnes, et l'éclaireront sur les pièges tendus à sa crédulité... »

Vous oubliez, dis-je à ce vénérable ecclésiastique, en l'interrompant, que la vertu ne fait point d'enthousiastes, et qu'en France, plus que par-tout ailleurs, on ne fait rien des hommes, et sur-tout des femmes, qu'en parlant à leurs passions. Les missionnaires répondront à vos philosophes par des miracles, par des émeutes, peut-être même par des bûchers: dans le silence des lois, vous n'avez qu'une arme contre eux. — Laquelle? — Le ridicule.

P. S. La lettre suivante que je reçois se rattache par plus d'un point à la question des missionnaires.

Montpellier, le 23 février 1819.

Monsieur,

Une injustice atroce, dont on ne trouve d'exemple qu'à deux siècles de l'époque où nous vivons [1], a été exercée sur mes deux filles, ou plutôt sur moi-même. Né parmi ceux qui professent la loi de Moïse, paisible habitant de Lille (département de Vaucluse), en 1817 ma fille aînée, âgée de dix-huit ans, fut enlevée de la maison paternelle par quelques prêtres de cette ville, qui l'enfermèrent dans un hospice, où, malgré sa minorité, malgré mes réclamations, elle reçut le sacrement de bap-

---

[1] L'auteur de cette lettre se trompe; la réaction de 1815 a fourni vingt exemples du crime dont il se plaint. Voyez ci-après l'article *Fanatisme et cruauté.*

tême. Ce premier attentat au droit paternel et à la loi sociale a été suivi d'un second plus révoltant, plus cruel encore : ma fille puînée, qui n'a pas encore atteint l'âge de seize ans vient de m'être ravie par les mêmes hommes et par les mêmes moyens ; après avoir vainement invoqué, auprès des autorités administratives, les lois civiles et politiques qui devaient me protéger, je suis réduit à demander grace au monarque : c'est un père au désespoir, c'est une mère en pleurs, qui le supplient de leur conserver deux enfants en bas âge, et que menacent encore les familiers du plus odieux prosélytisme.

Je suis Français, je suis père de famille, je suis honnête homme, et cependant les délégués d'un gouvernement constitutionnel ont dédaigné mes réclamations, ont repoussé mes plaintes, ont permis que mes oppresseurs m'aient impunément menacé du sort de Calas, et qu'ils m'aient forcé de quitter la terre natale pour chercher un asile à Montpellier contre la plus odieuse persécution : c'est à vous, monsieur, organe de justice et de tolérance, d'intéresser la nation et le monarque au sort de tant de pères de famille, victimes ainsi que moi d'une *ligue* nouvelle qui s'essaie sur des victimes obscures à frapper de plus grands coups.

Moyse Carcassonne.

SERMON

D'UN PHILOSOPHE CHRÉTIEN

SUR LA DÉVOTION DES HOMMES MONARCHIQUES.

Tous les hommes se ressemblent, mes frères ; les actions seules les distinguent : ce n'est donc pas sur leurs paroles, mais sur leurs actions, qu'il faut juger les hommes. Donneriez-vous le nom de brave à un militaire qui aurait constamment pris la fuite à l'approche de l'ennemi ? croiriez-vous à la probité d'un négociant qui parlerait de sa délicatesse après avoir fait deux ou trois banqueroutes frauduleuses ? Non, mes frères ; et cependant vous souffrez que des assassins de la Glacière, ou du fort Saint-Jean, que des égorgeurs de protestants, que des *noyeurs* de mameloucks, que des brigands d'Avignon, de Nîmes et de Marseille, que les chefs de ces bandes infames vous parlent de leur dévotion ! Par quel étrange privilége ces dévots soutiens de l'autel et du trône imposeraient-ils à votre entendement l'obligation de les croire sincères ? Comparez ce que prescrit l'Évangile et ce qu'ils font, et vous verrez qu'ils sont religieux comme ils sont royalistes, seulement en paroles.

« Si quelqu'un veut venir à moi, s'écrie le divin
« auteur, qu'il renonce à soi-même. » Et les hommes
monarchiques ne pensent qu'à eux, ne parlent que
d'eux, et ne renoncent à rien.

« Celui qui veut plaider contre toi pour avoir
« ton habit, donne-lui aussi ton manteau. » Et les
hommes monarchiques non seulement ne donnent
ni leur habit ni leur manteau, mais ils veulent plaider contre le manufacturier qui a établi sa fabrique
dans le réfectoire des moines, et contre l'acquéreur
des biens nationaux qui veut rester possesseur de
la chose qu'il a payée et que l'état lui a vendue.

« Heureux les pauvres d'esprit! le royaume des
« cieux est à eux. »

Et cependant les hommes monarchiques, qui ont
tant de titres à cette glorieuse possession, les méconnaissent et les rejettent avec orgueil. Ils prétendent que l'esprit et le talent sont de leur côté;
donc le royaume des cieux n'est pas celui auquel
ils visent.

« Qui dira à son frère Racha sera digne d'être
« puni, et qui lui dira Fol mérite la peine du feu. »

La sentence est rigoureuse, j'en conviens, mes
frères, mais enfin elle est portée par le juste, ce qui
n'empêche pas que les hommes monarchiques n'appellent sans cesse leurs frères jacobins, relaps, fols,
et ne leur disent Racha; donc ces honnêtes gens ne
craignent pas les jugements de Dieu.

« Aimez vos ennemis, faites du bien à ceux qui
« vous haïssent, priez pour ceux qui vous calom-
« nient. »

Comme il faut être juste avant tout, mes frères, je conviendrai que les hommes monarchiques
obéissent à ce premier commandement, et qu'ils
aiment les ennemis; mais comment remplissent-ils
les deux autres? Ils haïssent ceux qui leur font du
bien, ils calomnient ceux qui prient pour eux.

« Si quelqu'un t'a frappé sur la joue droite, pré-
« sente aussitôt la joue gauche; » et, au lieu de cela,
les hommes monarchiques n'ont pas plus tôt un an
de salle, qu'ils sont les premiers à frapper : les abbés
missionnaires eux-mêmes se mettent sur la hanche,
enfoncent leur calotte, et menacent les philosophes
de leur épée.

Jésus dit en vain à ces méchants garçons qu'il ne
leur « remettra point leurs affaires, s'ils ne remettent
« les affaires dont ils se plaignent; que si leur œil ou
« leur main portent scandale, ils les doivent couper
« et jeter derrière. »

Cependant on les voit affamés de vengeance, et
jour et nuit occupés à déterrer sous des ruines des
sujets de plainte et de scandale.

L'Évangile leur dit encore : « Ne jugez point, ne
« condamnez point, si vous ne voulez pas être jugés
« et condamnés. »

Et ils veulent juger, et ils veulent condamner; et

il leur faut absolument des prevôts, des bourreaux et des victimes.

« Je veux user de miséricorde et non de sacri-
« fice, » a dit le Sauveur; « Nous voulons user de sa-
crifice et non de miséricorde, disent les hommes monarchiques. Nous voulons que des vieillards, dont nous avons mendié la protection aux jours de leur prospérité, meurent sans trouver une main amie qui leur ferme les yeux sur la terre d'exil où nous avons obtenu qu'on exilât leurs cendres. » Ils se lamentent du retour de quelques bannis; la grace accordée à l'innocence échappée à leurs échafauds leur cause des convulsions et des grincements de dents.

« Quand tu fais l'aumône, a dit Jésus-Christ, ne
« fais point sonner la trompette devant toi, ainsi
« que font les hypocrites; que ta main gauche ignore
« ce que donne ta main droite. » Ce n'est pas ainsi qu'en agissent nos aumôniers monarchiques; vous le savez, mes frères: les trompettes ne se feraient pas entendre assez loin; ils ont des journaux à leurs gages, pour apprendre à toute la France qu'ils se sont cotisés pour donner une layette à une femme en couche, ou pour doter une école de frères igno-rantins.

« Gardez-vous des faux prophètes, s'écrie saint
« Mathieu; ils viennent à vous en vêtements de bre-
« bis, mais au-dedans ce sont loups affamés. » Et les

hommes monarchiques vous ramènent LES JÉSUITES AFFAMÉS, sous la peau de mouton DES PÈRES DE LA FOI.

C'est en vain que l'Homme-Dieu leur offre son exemple : « Ce que je fais dans l'ombre, montrez-le « à la lumière; ce que je dis à l'oreille, répétez-le « sur les toits. » Ils se réunissent en secret, ils font des notes secrètes; le jour les importune, ils veulent éteindre la clarté, et couvrir toutes les lumières de leurs bonnets carrés, bien que l'Évangile ait dit : « N'allume point la chandelle pour la mettre sous « le boisseau. »

Maintenant, hommes de Dieu, qui ne faites rien de ce qu'il prescrit, qui transgressez chaque jour les préceptes de sa loi divine, apprenez-nous ce qui peut vous rassurer contre sa justice, et contre les supplices éternels dont vous menacez votre prochain; ou changez de langage, ou changez de conduite : observez l'Évangile, si vous croyez à l'Évangile; mais si votre foi n'est qu'en paroles, si vous n'êtes que des tartufes et des hypocrites, souffrez qu'hypocrites et tartufes on vous nomme.

FANATISME ET CRUAUTÉ.

Ce n'est point par de vaines déclamations, par des raisonnements dont on peut toujours attaquer les principes ou nier les conséquences, c'est par des faits bien avérés, bien incontestables, que je veux prouver aux Français amis des lois, de la patrie et de la liberté, que la réaction de 1815 n'a rien à envier à la terreur de 93, et que le 9 *thermidor* et le 5 *septembre* ont délivré la France des mêmes ennemis déguisés sous d'autres noms.

Embarrassé du choix des preuves, à l'exposé desquelles plusieurs volumes ne pourraient suffire, je m'arrête à deux exemples : le premier montrera le fanatisme religieux en révolte ouverte avec l'autorité qu'il brave encore, brisant tous les liens de famille, et, comme au temps des dragonnades, arrachant les enfants aux bras de leurs pères qui réclament en vain contre cette violation des droits les plus sacrés.

Le second épouvantera les cœurs les plus endurcis dans la haine, du spectacle le plus inhumain que l'esprit de parti ait peut-être jamais donné au monde.

Si je me borne au simple récit des événements, quand je puis, sous la garantie des autorités les plus respectables, sur des témoignages écrits les plus authentiques, nommer les lieux et les personnes, c'est que la mission d'un écrivain philosophe doit se borner à venger la morale publique; les jugements des délits individuels appartiennent aux tribunaux.

Le chef protestant d'une des premières maisons de commerce de Bordeaux, M. G..., avait une fille unique sur laquelle reposaient son bonheur et ses espérances. Marié à une femme catholique, il avait trouvé bon que sa fille fût élevée dans la religion de sa mère, et par les soins de son directeur, M. Les..., vicaire de Saint-Louis. M. G... avait ouvert sa maison à ce prêtre, et lui prodiguait tous les égards, toute la confiance dont il le croyait digne, et dont celui-ci devait faire un si cruel abus.

Tout ce que le fanatisme a de séduction, de préjugés et de terreur, fut mis en usage pour exalter l'ame ardente de la jeune Victoire (c'est le nom de la fille de M. G...), en étouffant en elle les tendres affections de famille, où son enfance avait trouvé tant de charmes. L'exemple sur l'esprit des femmes a plus de force que le précepte; une demoiselle, Sophie B..., fut introduite par le convertisseur auprès de sa jeune pénitente, dont elle devint bientôt l'amie inséparable.

Victoire, insensiblement attirée dans le piège ouvert sous ses pas avec tant de perfidie, consentit à l'espèce d'enlèvement qu'on lui proposa, et fut conduite, à l'insu de ses parents, dans une maison *particulière* que le vicaire avait louée rue Saint-Étienne, paroisse Saint-S..., pour y fonder clandestinement un couvent de religieuses, dont il se réservait la direction, et où *Victoire* et *Sophie* restèrent enfermées pendant deux mois, sans qu'on pût savoir ce qu'elles étaient devenues.

Cet événement plongea dans le plus profond désespoir M. G... et sa pieuse épouse : après avoir adressé de vaines réclamations à l'archevêque, il eut recours à l'autorité civile qui découvrit l'asile mystérieux où s'était réfugiée la jeune fugitive. La police se transporta dans cette maison ; mais ses démarches avaient été prévues : mademoiselle G... avait de nouveau pris la fuite ; et, pendant près d'un an, elle parvint à se soustraire à toutes les recherches. Ses infortunés parents eurent recours aux plus humbles supplications, et proposèrent à cette fille chérie une entrevue chez une personne de son choix : elle s'y refusa.

Ce fut avec beaucoup de peine que M. Ravez, en qualité de conseil de M. G..., et appuyé par M. le préfet, obtint une réunion chez M. l'archevêque, où mademoiselle Victoire se rendit assistée de son avocat M. Martignac.

On se ferait difficilement l'idée d'une scène plus déchirante, que celle à laquelle cette assemblée de famille donna lieu. Victoire désavoua froidement les reproches injustes dont quelques personnes avaient cherché à noircir son respectable père; elle convint également de tous les bienfaits qu'elle avait reçus de l'inépuisable tendresse de ses parents; mais elle écouta leurs prières et vit couler leurs larmes avec indifférence. Son père, sa mère, son aïeule, âgée de quatre-vingt-sept ans, la supplièrent en vain de rentrer dans la maison paternelle, où elle serait libre de vivre sous les règles de sa communauté; sa mère tomba à ses pieds, pressa ses genoux, les baigna de ses pleurs, et la conjura, les mains jointes, de ne pas donner la mort à celle dont elle tenait la vie. Cette fille exaltée s'obstina dans un refus parricide. « L'homme de Dieu, répondit-elle sans s'émouvoir, m'a dit que je devais quitter mon père et ma mère pour suivre Jésus-Christ. » Sa mère s'évanouit; elle profita de ce moment pour s'échapper.

Hâtons-nous de dire que S. A. R. le duc d'Angoulême a fait défendre à cette communauté illégale, composée de trois ou quatre jeunes filles, dont le vicaire Les... est l'aumônier, de porter l'auguste nom de *Marie Thérèse*, sous la protection duquel avait été mise cette maison clandestine.

M. le préfet, dans cette circonstance, a rempli tous les devoirs que sa charge lui imposait; il a proposé à M. G... d'employer la force pour remettre sa fille entre ses mains; mais ce digne citoyen, en refusant d'user avec éclat d'un pouvoir que la nature et la loi lui confèrent, a voulu donner un témoignage de son respect pour la religion, qu'un pareil scandale pouvait compromettre dans la personne d'un de ses ministres.

Aucun article de la Charte, aucune loi n'a révoqué l'abolition des maisons religieuses, et cependant elles se relèvent de toutes parts, sous les yeux de l'autorité, qui les tolère du moins, si elle ne les favorise. Dans le département de la Gironde un seul ecclésiastique, le curé Soupre, a fondé quatre communautés de femmes, la première à Cadillac, la seconde à Saint-Macaire, et deux autres dans l'intérieur de la ville de Bordeaux : ce serait en vain que les fondateurs de ces maisons religieuses voudraient se prévaloir de l'exception que la loi a faite en faveur des sœurs grises; ces pieuses filles, vouées au secours des malades, n'ont et ne veulent avoir rien de commun avec ces dames *repenties*, ou repentantes, qui n'ont pour objet, en formant des élèves, que de multiplier les dupes, les victimes ou les instruments du fanatisme.

Je ne puis mieux terminer ce triste récit qu'en transcrivant ici les dernières lignes de la lettre que m'a fait l'honneur de m'adresser à ce sujet un des plus proches parents de la jeune personne qu'un ravisseur tonsuré est venu saisir effrontément jusque dans les bras paternels.

« O religion! s'écrie M. P... An..., où donc est

ta morale? quel interprète sacrilége ose, en ton nom, prescrire à tes ministres d'arracher une fille unique à son père, ordonner à un enfant le mépris, l'abandon de sa famille? Que de persécutions, que de dévotes intrigues, que d'attentats à tous les principes, sont encore ignorés du loyal et courageux d'Argenson! Sommes-nous destinés à revoir les jours des Sirven et des Calas, et l'expérience si chèrement acquise ne donnera-t-elle pas enfin à nos lois cette vigueur répressive qui peut seule mettre un terme à ces infernales machinations? »

Le fanatisme et l'aristocratie renouvelèrent en 1815 leur pacte de famille, à l'exécution duquel la liberté, l'indépendance et la gloire nationale furent offertes en sacrifice. Ils avaient le même but, ils se servirent des mêmes armes, la délation, l'intrigue et la terreur.

Après avoir entendu les plaintes d'un père à qui le fanatisme ravit son enfant, écoutons avec le même intérêt un jeune militaire que la justice du roi vient de rendre à l'honneur et à la liberté, mais qui ne peut obtenir que de l'opinion publique le dédommagement des maux horribles qu'il a soufferts, et la réparation de l'arrêt infamant qui l'avait condamné.

Après le licenciement de l'armée de la Loire, M. Leblanc, de Besançon, chevalier de la Légion-d'Honneur, lieutenant au deuxième régiment des chasseurs à cheval de l'ex-garde impériale, se trouvait à

Clermont-Ferrand sur un lit de douleur où le retenaient depuis plusieurs mois les blessures qu'il avait reçues à Waterloo, lorsqu'au mois de janvier 1816 il se vit tout-à-coup arraché aux soins consolateurs de ses hôtes, et traîné mourant à Paris, comme prévenu d'avoir, le 29 juin de l'année précédente, blessé d'un coup de sabre, sur le boulevard, un citoyen de Paris, qui criait *Vive le roi!*

Le lieutenant Leblanc, contre toute vraisemblance, arriva vivant à Paris, et parut devant une commission militaire. Il y prouva son innocence par des faits irrécusables: il n'était pas à Paris le jour où fut commis le crime dont il était accusé; confronté avec celui qui avait été frappé, il n'en fut pas reconnu: les témoins et la victime s'accordaient à désigner comme auteur du délit un *maréchal-des-logis en shakos et en habit rouge*, et le lieutenant Leblanc, nouvellement entré dans le deuxième régiment des chasseurs de la garde, n'avait pas encore quitté le *colback noir et le dolman bleu* qui distinguaient le quatrième régiment de hussards, dans lequel il avait servi jusque-là... Aucune charge, ni directe ni indirecte, ne pesait sur le prévenu; l'évidence des faits parlait en sa faveur..... Il fut condamné *aux fers à perpétuité*, *et à la dégradation* au pied de cette colonne triomphale consacrée à la gloire de cette immortelle armée dont il avait fait partie.

Cet arrêt fut barbare, sans doute, mais l'histoire est remplie de ces erreurs de la justice humaine, et du moins cette fois le mal n'était pas irréparable. Le lieutenant Leblanc est rendu à la société, à la gloire, à la patrie; ce n'est donc point pour montrer en lui l'innocence succombant pour la millième fois sous les efforts de la calomnie; c'est pour offrir aux Français une terrible preuve des fureurs de l'esprit de parti, le modèle d'un héroïsme presque sans exemple, que je m'arrête sur quelques passages du Mémoire que M. Leblanc vient de publier, et qu'il est impossible de lire sans frémir d'indignation et d'horreur [1].

J'ai dit que cet officier était au lit, malade de ses blessures, à Clermont-Ferrand, lorsque la lettre d'un ami le prévint que l'ordre de son arrestation était donné; vainement lui conseilla-t-on de se faire transporter ailleurs: se cacher, c'était fuir; il n'avait rien à redouter de la vengeance des lois, il croyait à la justice des juges. Il reste; on l'arrête, il est conduit, sans prendre de séjour, de brigade en brigade, gardé à vue par des gendarmes, et obligé de donner à chacun cinq francs par correspondance, pour se faire transporter d'une voiture dans une autre.

[1] *Mémoire pour B. Leblanc de Besançon*, chevalier de la Légion-d'Honneur, lieutenant au deuxième régiment des chasseurs à cheval de l'ex-garde impériale.

Le fait suivant passe toute vraisemblance; si je l'avais vu, j'en croirais à peine mes yeux, et toutes les puissances de ma raison et de mon cœur se refusent aux preuves qu'en donne l'auteur de ce Mémoire : aussi me bornerai-je à citer ses propres paroles.

« Avant mon départ de Clermont, le docteur
« *Chaumette* me remit une ordonnance pour la com-
« position d'un emplâtre calmant, propre à rendre
« moins insupportables, pendant une longue route,
« les douleurs que me causaient mes blessures; j'en-
« voyai cette recette à un apothicaire : informé par
« le commissionnaire, fils du concierge, que l'em-
« plâtre était destiné à un officier de l'ancienne
« garde, le pharmacien répond qu'il va donner un
« onguent plus lénitif, *et que l'officier de la garde se*
« *souviendra de lui;* en effet il substitue au remède
« prescrit par le docteur Chaumette un emplâtre
« surchargé de cantharides, et d'une telle épaisseur
« que je crus n'en devoir employer qu'une partie,
« et réserver le reste pour le lendemain : cet excé-
« dant, je l'ai encore. L'infernale composition ne
« tarda pas à faire sentir sa force corrosive, et pen-
« dant cette journée affreuse les douleurs les plus
« aiguës déchirèrent toutes les parties de mon
« corps. . . . . »

Le docteur que M. Leblanc rencontra dans la prison de Moulins visita ses plaies, et reconnut la nature et l'effet du remède, ou plutôt du poison dont il avait fait usage : croira-t-on que, dans l'état déplorable où se trouvait ce malheureux officier, il ne put obtenir du préfet la faveur d'une journée de séjour? « Il faut qu'il arrive à Paris mort ou vif, » telle fut la réponse de ce magistrat.

Du moins devait-on croire, à la dureté de cette réponse, et à la rapidité de ce douloureux voyage, qu'on n'attendait à Paris que la présence du prévenu pour commencer l'instruction de son procès.

Cependant trois mois s'écoulèrent jusqu'au moment où il fut interrogé pour la première fois.

C'est dans le Mémoire même de M. Leblanc qu'il faut lire les affreux détails de ses longues tortures; mais c'est dans les annales de l'héroïsme qu'il faut inscrire son généreux silence. Non seulement ce jeune militaire était innocent du crime qu'on lui imputait, mais il en connaissait l'auteur, mais celui-ci lui avait écrit qu'il était prêt à se livrer pour le soustraire aux chances de cette effrayante procédure. M. Leblanc se serait cru indigne d'une semblable confidence s'il en eût abusé; il entendit son arrêt, il subit son supplice sans trahir le secret de l'honneur : je doute que l'exaltation de ce sentiment ait jamais été poussée aussi loin.

Un caractère aussi grand, aussi noble, que celui de cet infortuné jeune homme lui méritait un ami comme M. *Klein;* ce fut aux infatigables efforts, au dévouement sans bornes de ce compagnon d'armes, après plusieurs mois de séjour dans un cachot infect, sans autre aliment qu'une livre de pain noir et de l'eau, sans autre lit qu'un peu de paille, dans une obscurité profonde où les rats le rongeaient et partageaient ses aliments, qu'il dut le bonheur de respirer enfin l'air de la liberté, et de se retrouver dans les bras de son vieux père.

Réhabilité dans ses droits, réintégré dans l'ordre de la Légion-d'Honneur, M. Leblanc n'a que des actions de grace à rendre à la justice royale; mais il n'a d'autre bien que son épée, ses services et ses blessures : c'est assez pour mourir, mais non pour vivre avec honneur. Pourquoi suis-je obligé de dire qu'il a vainement réclamé jusqu'ici la demi-solde ou la retraite que les lois militaires lui garantissent? quels droits plus sacrés que ceux de la justice unis à un grand caractère et placés sous la protection d'une noble infortune?

LA GRANDE

ET LA PETITE ÉGLISE [1].

> *Expectavimus pacem, et ecce turbatio*
> Jérémie, chap. viii.
>
> Nous attendions la paix, ils nous apportent le trouble.

J'étais occupé à mettre en ordre quelques idées sur l'objet important que je me propose d'examiner dans cet article, lorsque j'ai reçu la lettre suivante; la question de priorité qu'elle résout en faveur de notre église gallicane jette un trop grand jour dans le mystérieux dédale où je m'engage, pour que je néglige de m'en prévaloir :

« Monsieur, m'écrit-on, peut-être me saurez-vous quelque gré de l'avis que je prends le parti d'adresser aux philosophes français, par la voie de *la Minerve* et à propos d'une faute d'impression qui dénature un excellent paragraphe de la page 488 de la 62ᵉ livraison, tome V, de *la Minerve*.

[1] Cet article et les précédents sur les missionnaires sont extraits du journal *la Minerve*, dont le prodigieux succès en Europe causa tant de frayeur à la sainte alliance, qu'elle parvint à faire supprimer cette feuille périodique.

« *Il y a quinze siècles*, y est-il dit, *que les Gaules ont eu leurs apôtres*: c'est DIX-HUIT SIÈCLES ET PLUS qu'il faut écrire et imprimer, à moins qu'on ne veuille se soumettre, et je ne suppose pas que ce soit votre intention, à un vasselage ultramontain en opposition manifeste avec les vérités de notre histoire.

« Le système dont je parle fut adopté, à la fin du dixième siècle, par plusieurs contrées de l'Europe; particularité qui ne nous importe guère: il fut hasardé pour la première fois en France dans l'année *mil trente-deux*, particularité qui nous importe beaucoup.

« Vint ensuite l'amoureux théologien Abélard, dont le roman est bien plus beau que l'histoire, et qui, pour sauver au moins sa tête, travailla de tout ce qui lui restait de forces à propager le système hostile dirigé contre notre christianisme, antérieur de plusieurs années à celui de Rome.

« Ne serait-ce pas là, monsieur, le motif pour lequel cet illustre querelleur, ce malheureux directeur de nonnains, a été célébré, vanté, chanté par l'abbé Pope, prêtre obédient, disant messe; qualité dont Voltaire, écolier d'Alexandre Pope, pour la prononciation anglaise, ne se douta jamais[1]: tant

---

[1] Il n'est guère vraisemblable que si Alexandre Pope eût été en effet « prêtre disant messe, » Voltaire eût ignoré un fait si singulier.

il est vrai que les esprits les plus affilés s'émoussent devant les combinaisons romaines.

« Convenons-en donc, depuis deux mille six cents ans la politique des sept montagnes s'est montrée la plus habile de toutes les politiques du monde. L'infaillibilité des évêques de Rome n'a-t-elle pas savamment remplacé les *boucliers de Numa?* Bayle et Dumarsais n'ont rien compris à cette politique romaine, véritablement *une et indivisible* depuis Romulus : ne les en blâmons pas; mais tâchons de ne pas tomber avec eux dans une controverse de séminaristes, et tâchons de nous instruire dans l'histoire chrétienne de notre pays. C'est une chose avérée, très avérée, monsieur, pour ceux qui savent lire, ou se faire traduire les relations contemporaines des événements de la Palestine qui précédèrent la destruction de Jérusalem par Titus, que le christianisme fut prêché dans les Gaules dès la première année du premier siècle de l'ère commune; et les manuscrits hébraïques n'étaient pas les seuls qui avant 1789 continssent, dans nos bibliothèques, des preuves irréfragables de cette vérité.

« J'ai l'honneur de vous saluer.   G. FEYDEL. »

Ce serait une heureuse idée, lors même que ce ne serait pas un fait incontestable, que de faire remonter au moins Abélard les querelles religieuses qui partagent notre Église depuis sept ou huit siècles. Quand le mal existe, c'est du moins une satisfaction que de pouvoir en mépriser la source.

Quoi qu'il en soit, toujours est-il certain que depuis cette époque les ministres d'une religion d'amour et de paix n'ont été, le plus souvent, que des artisans de trouble et de discorde : animés entre eux d'une haine implacable, ils se sont tour-à-tour diffamés et proscrits; aujourd'hui même qu'un intérêt commun devrait les réunir, ils se déchirent avec plus de violence encore qu'ils ne s'élèvent contre cette philosophie du siècle actuel, terme inévitable de leur puissance.

Trois partis se disputent parmi nous l'empire ecclésiastique : les prêtres *constitutionnels,* les *concordatistes,* et les *réfractaires.*

Les premiers, bien convaincus d'avoir, aux deux grandes époques de la révolution, prêté serment de fidélité *à la loi de l'état, sanctionnée par le roi et par le chef de l'Église,* sont en proie à la fureur des deux autres partis, qui ne s'entendent que sur l'anathème dont ils les foudroient, et sur les persécutions qu'ils dirigent contre eux en commun.

C'est une première remarque bien digne de fixer notre attention, que ces prêtres constitutionnels, la plupart septuagénaires, qui, dans les crises de la révolution, ont confessé Jésus-Christ au péril de leur vie, en présence des ennemis de son nom; que ces prêtres, fidèles aux lois de l'Église et de l'état, depuis 1815, soient en état de proscription dans des diocèses gouvernés par des évêques parvenus à l'épiscopat sous le régime impérial [1].

Si je m'arrêtais plus long-temps à cette observation, à laquelle se rattachent tant d'inconséquences, tant d'injustices, tant de cruautés, je serais nécessairement entraîné hors de mon sujet; ce n'est point des prêtres de l'Église gallicane, mais des prêtres de la *grande* et de la *petite Église* que je m'occupe en ce moment.

Les quatre cinquièmes de la France ignorent encore ce qu'il faut entendre par cette distinction de *grande* et de *petite* Église. La première, dont les pères de la ruse font partie, se compose des ecclésiastiques qui, après s'être montrés indociles à la constitution civile du clergé, sanctionnée par Louis XVI, se sont soumis au concordat de Bonaparte, et ont adopté ostensiblement les principes qu'il sanctionne.

Les desservants de la *petite Église*, véritables ultra-

---

[1] Les prêtres constitutionnels sont depuis quatre ans en proie aux plus cruelles persécutions; plusieurs d'entre eux, du département des Pyrénées-Orientales, se proposent d'adresser à la chambre des députés une pétition que j'ai sous les yeux, où ils prouvent que les nègres n'ont jamais été traités, dans les colonies, d'une manière aussi cruelle. L'un d'eux, desservant une paroisse voisine d'Ampiac (Aveyron), a été conduit, par la perte de la raison, à se donner la mort

catholiques, ont du moins le mérite d'une opiniâtreté qui ne s'est jamais démentie. Sortis de France au commencement de la révolution, ces prêtres en très petit nombre ne sont rentrés qu'avec les princes qu'ils avaient suivis sur la terre étrangère. Ils ont pour chefs trois ou quatre évêques, et pour patriarche, car ils ne reconnaissent plus l'autorité du pape, un certain abbé Blanchard qui a établi son siège à Londres.

Les concordatistes, qui s'aperçurent de bonne heure de l'avantage que trente ans d'absence et d'inaction donnaient à leurs adversaires, voulurent du moins prendre sur ceux-ci l'initiative de la persécution : ils abreuvèrent d'outrages les prêtres assermentés, avec lesquels ils avaient jusque-là vécu en bonne intelligence ; ils déclarèrent que les sacrements administrés par les *constitutionnels* étaient nuls et comme non avenus : l'un d'eux, surnommé l'*Arabe*, prêchant à la paroisse de Saint-Didier d'Avignon, le 18 du mois d'avril dernier, n'a pas craint d'exposer publiquement cette doctrine désespérante pour les morts, qui n'ont pas le moyen de renouveler les sacrements inefficaces qui leur ont été administrés pendant leur vie.

Mais ce qu'il y a de plus embarrassant pour les bons chrétiens, c'est que les *réfractaires* ne traitent pas mieux les *concordatistes* que ceux-ci ne traitent les *constitutionnels*. « De quoi vous avisez-vous, leur disent-ils, de persécuter des hommes qui ne sont pas plus coupables que vous? Vous avez apostasié comme eux; comme eux vous êtes hors de l'Église, et vos sacrements ne valent pas mieux que les leurs : déclarés hérétiques par Pie VI[1], le jugement dogmatique qui les condamne vous est également applicable, et l'on doit vous fuir comme ennemis du trône et de l'autel. — Que parlez-vous d'autel, disent à leur tour les concordatistes, vous qui enveloppez dans une réprobation commune et l'Église et son chef, vous qui n'êtes connus parmi nous que par le désordre et la consternation que vous répandez dans la maison du Seigneur, vous qui rompez l'unité de l'Église! — Vous n'en faites point partie, de cette Église, répondent les dissidents; vous avez encouru tous les anathèmes par votre soumission au concordat. En jurant d'observer cette transaction sacrilége, que faisiez-vous, si ce n'est reconnaître la constitution civile du clergé? Les articles organiques de la convention faite entre le pape et le gouvernement français ont été consentis par vous; mais ces articles ne sont autre chose que l'essence des doctrines nouvelles: donc vous avez reconnu la république; donc vous l'avez admise avec tous ses principes, avec toutes ses conséquences impies, l'égalité, la liberté, la tolérance:

[1] *Journal ecclésiastique* du mois de juin 1791.

donc vous êtes infectés d'hérésie, et liés par les mêmes serments que ceux dont vous avez maintenant la lâcheté de vous déclarer les ennemis; vous les avez tenus ces infames serments, *combien de martyrs de la fidélité n'ont pas été victimes de vos délations sacriléges*[1] *!*

« De grands scandales ont été donnés. Les hérétiques et les apostats remplissent le sanctuaire; le souverain pontife lui-même a failli; et, comme au temps du pape Libère, la foi a été trahie par celui à qui le ciel en avait confié le dépôt; mais il est des cœurs purs où elle s'est réfugiée, et c'est à nous, à nous seuls qu'appartient l'honorable mission que vous usurpez, de dessiller les yeux de nos compatriotes et de rétablir l'antique discipline : nous ne communiquons plus avec Pie VII, mais nous n'en sommes pas moins en communion avec le saint-siège et avec l'Église universelle. — Plaisante communion! s'écrient les concordatistes. Vous admettez le nom, et vous repoussez la chose; qu'est-ce que le saint-siége, sans celui qui l'occupe? qu'est-ce que votre Église universelle dont vous retranchez tout le clergé catholique, à l'exception de quelques tonsurés opiniâtres vivant en Angleterre des largesses de ceux que par reconnaissance ils vouent, dans leurs prières, aux flammes éternelles? »

[1] *Réponse à M. Barruel*, page 106.

Ces disputes, dont on ne peut connaître la violence qu'après avoir lu les écrits des missionnaires et de leurs antagonistes [1], ont porté l'exaspération des esprits à son comble ; mais tandis que les docteurs disputent, les fidèles ne savent plus à quels saints se vouer. — Fuyez les *constitutionnels* comme des pestiférés ! disent les missionnaires de la *grande Église*. — Vous êtes damnés à tout jamais ! s'écrient les apôtres de la *petite Église*, si vous prêtez l'oreille à ces concordatistes qui ont adhéré à toutes les horreurs du schisme révolutionnaire, qui ont applaudi à des victoires impies, qui ont fatigué le ciel de vœux abominables pour l'usurpateur.

Pendant ce temps-là on naît, on se marie, et l'on meurt sans savoir à quelle église on doit s'adresser pour être baptisé, marié, ou enterré convenablement. Les missionnaires ont assez généralement pour eux le peuple des villes, mais celui des campagnes se partage entre la *petite* et la *grande* Église : les uns assistent aux exercices religieux de leur paroisse ; les autres courent invoquer à de grandes distances les secours des prêtres ultra-catholiques. Celui-ci exige que ses subordonnés, pour toucher leurs appointements, apportent un billet de confession de tel prêtre qu'il leur désigne ; celui-là chasse son fer-

[1] Voir dans l'ouvrage de M. Mériel Bucy l'exposé des pièges qui lui ont été tendus par quelques grands vicaires ; pages 133 et suivantes

mier parcequ'il ne va pas à la mission: cet autre renvoie son domestique parcequ'il a été marié par un prêtre constitutionnel. Le curé refuse de baptiser l'enfant d'un soldat qui n'a pas fait ses pâques; le vicaire ne veut pas enterrer une femme morte dans la persuasion que le pape était schismatique.

On peut citer des exemples d'un fanatisme plus odieux, mais non plus risible que celui dont une ville des bords de la Loire vient d'être le théâtre.

Un des doyens de la petite Église avait fait une telle frayeur à ses ouailles, des sacrements qu'ils avaient reçus dans le cours de la révolution par des prêtres qu'il qualifiait d'apostats, qu'il avait décidé plusieurs de ses paroissiens à les recevoir une seconde fois de sa main. Après cette régénération, un nouveau doute s'élève dans leur esprit : M. le curé les a prévenus que le salut de leurs ames ne dépendait plus que du prêtre qui présiderait à leur enterrement; mais qui peut leur répondre qu'ils ne tomberont pas à leurs derniers moments entre les mains impures de quelque *concordatiste*, ou même de quelque *constitutionnel?* Cette crainte est malheureusement trop bien fondée; le péril est imminent, comment y échapper? Un seul moyen se présente, il est neuf, il est infaillible; c'est de se faire enterrer de son vivant, et d'avoir toujours en poche son extrait mortuaire. On accueille cette idée avec un saint enthousiasme ; chacun veut être enterré le premier: on intrigue, on cabale, et, comme on peut le croire, ceux qui commandent la grande argenterie sont servis les premiers. Il n'y a pas de jour que quelque mort ne se rende à pied au cimetière, où il prend un moment possession de son dernier gîte, sous les yeux et par les soins du prêtre dissident; après quoi le saint homme délivre au défunt un passe-port pour l'autre monde, valable pendant tout le temps qu'il passera encore dans celui-ci.

Il y a un point sur lequel je suis tout près de tomber d'accord avec les hommes des anciens jours; c'est que ce progrès de lumières, si remarquable dans les classes mitoyennes, n'est point sensible aux deux extrémités de la société, restées en général tout aussi ignorantes qu'elles l'ont jamais été; et je ne vois pas pourquoi l'on rirait aujourd'hui des miracles du diacre Pâris; n'avons-nous pas nos convulsionnaires, nos abbés La Mennais, nos abbés Rauzan, et vingt autres conservateurs de la superstition, de l'ignorance et du fanatisme? Si quelque jour, sur la proposition de quelques saints pairs, on vient à créer une chambre ecclésiastique, elle se trouvera tout naturellement partagée comme les deux autres: les prêtres *constitutionnels* siégeront à gauche, les *dissidents* à droite, et les *concordatistes* se presseront au centre, toujours prêts à donner la majorité au ministre qui aura la meilleure table, et à voler au secours du côté d'où viennent les pensions, les évêchés et les bénéfices.

DE LA CENSURE LITTÉRAIRE.

Au signor INCATENATO, *homme de lettres, à Milan.*

6 Avril 1820.

Restez, mon ami; décidément restez... Je conçois votre surprise, je dois vous paraître un peu fou, et le nom de *girellajo* est le plus doux qui vous vienne à la bouche; depuis deux mois toutes mes lettres commencent par ces mots: *Partez... ne partez pas*: à qui la faute?

Lorsque vous m'avez consulté sur le projet de venir établir un journal italien à Paris, ce projet m'a paru bon. Les Espagnols réfugiés à Londres y publiaient, sous l'autorisation du gouvernement libre de la Grande-Bretagne, *le Constitutionnel espagnol,* journal qui (malgré les précautions du despotisme le plus ombrageux, et les dix mille argus de la très sainte hermandad) n'a peut-être pas moins contribué que la misère, les cachots et les tortures, à soustraire la Péninsule au joug de l'arbitraire et de l'Inquisition. *Venez,* vous ai-je dit.

Deux jours après le départ de cette lettre, de sinistres rumeurs annoncèrent une attaque contre nos libertés ; je vous engageai à continuer vos préparatifs de départ, mais à ne point vous mettre en route sans avoir reçu de moi un avis ultérieur.

Cette dernière dépêche n'était pas à Lyon, qu'un grand crime avait été commis : la douleur publique, que je partageai dans toute sa violence, ne m'empêcha pas de voir d'un coup d'œil le parti que la faction allait en tirer. Mes souvenirs historiques se représentèrent à ma pensée sous des images contemporaines ; je me souvins que Jacques Clément n'eut pas plus tôt porté le coup de poignard qui causa tant de joie aux Lorrains et à la sœur des Guises, que ses frères s'emparèrent de l'autorité suprême ; je me souvins que les grands d'alors se distribuèrent le gouvernement des provinces, que les marquis, les comtes, les vicomtes et les barons se rendirent maîtres des villes, des arsenaux, des citadelles et des places fortes, afin de ne pas avoir la douleur de les voir tomber entre les mains de l'hérétique Béarnais, ou du moins de pouvoir les lui vendre à beaux deniers comptants, s'il trouvait quelque jour que Paris valût bien une messe.

Je me souvins que lorsque Henri, devenu paisible possesseur de son royaume, eut rétabli l'ordre et l'économie dans les finances, que les deniers de l'état, produit des sueurs du peuple, cessèrent d'être prodigués aux courtisans, le poignard de Ravaillac, en frappant le meilleur des rois, rouvrit toutes les blessures de la patrie; que le parcimonieux Sully fut mis à la retraite; que le trésor public fut mis au pillage par ceux à qui Henri IV reprochait de porter leurs moulins et leurs taillis sur leur dos : je craignis que le poignard de Louvel ne fût pas moins fécond en malheurs que celui de ses exécrables devanciers; on parlait de lois d'exception; je vous écrivis : *Ne partez pas.*

Pour ne pas perdre de temps, les projets de loi en question ont été distribués de manière que tandis que la chambre des pairs discutait celui qui suspendait *provisoirement* (ce qui veut dire *à toujours*, en termes de chancellerie) la liberté de la presse, la chambre des députés travaillait en même temps la liberté individuelle. Les pairs ont été expéditifs; en un tour de scrutin notre affaire a été faite : les députés n'ont pas été tout-à-fait aussi pressés, et les nombreux amendements dont l'ordre du jour ministériel a fini, comme de raison, par faire justice, ont pourtant retardé d'une semaine entière les funérailles de la liberté de la presse : pendant cet intervalle, la liberté individuelle ayant été expédiée, quelques personnes espéraient que l'autorité se contenterait d'un si pénible sacrifice; j'étais de ce nombre, et je vous invitai à ne point renoncer à votre projet.

Mais voilà qu'une immuable majorité de quinze ou vingt voix gastriques prend le parti de ne plus discuter aucune proposition, de n'admettre aucun amendement, pas même en faveur de la loi, de peur qu'elle ne retourne à la chambre des pairs; elle passe, et vite je vous écris : *Ne partez pas.*

Je venais de jeter mon billet à la poste; un homme, qui a l'ouïe si fine, qu'il entend du quai Voltaire ce qui se dit aux Tuileries, m'aborde et m'assure, du ton d'un homme qui en sait plus qu'il ne veut m'en apprendre, que les ministres ont dû proposer et faire adopter la loi, mais que le roi ne la sanctionnera pas... Je ne puis reprendre mon billet; j'en trace un autre : *Partez :* voilà mon dernier mot.

Le *Moniteur* m'apprend le lendemain que mon donneur d'avis a mal entendu cette fois, ou qu'il m'a pris pour dupe. Je me repens de ma crédulité, et je mets la main à la plume pour vous recommander de ne point partir. Un de mes amis entre chez moi: « Réjouissons-nous! me dit-il; ce caractère d'homme de lettres si noblement relevé par Delille, qui chanta l'immortalité de l'ame sous la hache de l'athéisme, qui prononça devant les tyrans populaires ces vers énergiques :

> Que je hais les tyrans! Combien dès mon enfance
> Mes imprécations ont poursuivi leur char!
> Ma faiblesse superbe insulte à leur puissance;
> J'aurais chanté Caton à l'aspect de César.

par Ducis, qui refusa de célébrer sur sa lyre courageuse la gloire militaire du destructeur de la liberté française; par Bernardin-de-Saint-Pierre, Parny, Lemercier, qui refusèrent si noblement les places, les dignités, les honneurs qu'on leur offrait au prix de leur indépendance; ce grand caractère, dis-je, vient de recevoir un nouveau lustre : tous nos écrivains ont repoussé la main qui voulait les armer des ciseaux de la censure. — Tous? — Tous sans exception. » J'avais d'autant plus de peine à croire à cette unanimité, qu'aucun billet de faire part ne m'avait appris la mort de MM. tels et tels : cependant, à tout risque, je vous écrivis pour vous raconter ma conversation avec mon ami P. G., et en vous laissant le choix de vous déterminer sur ses espérances ou sur mes inquiétudes.

C'était dimanche: la solennité du jour de Pâques devait tenir toutes les presses oisives; j'allai passer la journée à la campagne: jugez de ma surprise, le lendemain matin, en rentrant chez moi! le pieux *Moniteur* n'a point chômé l'agneau sans tache. *Bon jour, bonne œuvre;* je l'ai trouvé couvert des honorables noms de la commission de censure. Definitivement, mon cher Incatenato, restez où vous êtes; chaînes pour chaînes, autant celles que vous portez que celles dont on nous charge: lorsqu'on en est réduit à espérer et attendre, on espère et on attend encore plus commodément chez soi que chez les autres le jour de la rédemption des captifs. Adieu, mon cher Incatenato; *moriturus mortuum salutat.*

L'AUTEUR

ET LE CENSEUR DRAMATIQUE.

Le Censeur. — C'est vous, monsieur de l'Empyrée, soyez le bienvenu.

L'Auteur. — J'interromps votre lecture, et j'ai bien peur que ma visite vous soit importune.

Le Censeur. — Au contraire; je lisais, ou plutôt je parcourais une pièce de théâtre que l'on doit jouer dans quelques jours, et que nous avons reçue depuis trois mois.

L'Auteur. — Dans ce cas, votre tâche est remplie.

Le Censeur. — La tâche du devoir; mais celle du zèle... J'ai lu et relu ce diable d'ouvrage, je n'ai rien trouvé, absolument rien, qui puisse en empêcher la représentation; je n'en suis pas moins sûr qu'il y aurait de graves inconvénients à le laisser jouer, et comme je n'en vois aucun à l'interdire, c'est le parti auquel je m'arrête.

L'Auteur. — Peut-être direz-vous que je suis orfèvre, mais j'aurais bien quelques objections à faire, du moins dans l'intérêt de l'art et de l'auteur, contre une résolution que vous me paraissez avoir prise un peu légèrement, puisque, de votre aveu, la piece est irréprochable.

Le Censeur. — Irréprochable de fait et d'intention ; mais le vice est dans les formes, et plus particulièrement, s'il faut vous le dire, dans le nom de l'auteur.

L'Auteur. — Je n'entends pas bien cette distinction ; n'importe, il suffit qu'elle me conduise tout naturellement à vous parler du sujet qui m'amène. J'arrive du fond de ma province, où, pendant un séjour de plusieurs années, j'ai mis à profit les études et les observations de ma vie entière, en ébauchant plusieurs pièces de théâtre que je viens terminer à Paris ; mais comme elles ne seront pas plus tôt faites, que j'aurai le desir et même, à ne vous rien cacher, le besoin de les faire jouer, j'accours près de vous prendre l'air du bureau, et vous demander, la franchement, une explication sur la nature et l'étendue des restrictions que l'on a cru devoir imposer aux auteurs dramatiques.

Le Censeur. — Aucune, mon ami, aucune ; je vois que vous arrivez avec des préventions dont je connais la source, et qu'il m'est fort agréable de pouvoir détruire : jamais la carrière du théâtre n'a été plus libre, plus dégagée d'entraves ; bien entendu que vous n'êtes pas de ceux qui appellent entraves la loi qu'on leur impose de respecter le gouvernement, la religion et les mœurs.

L'Auteur. — Ce sont là de ces conditions qui n'ont même pas besoin d'être énoncées pour être obligatoires : maintenant dites-moi par quel genre d'ouvrage vous me conseillez de commencer; j'ai en portefeuille trois comédies et deux tragédies.

Le Censeur. — Vous concevez que la comédie est très difficile à faire au temps où nous sommes ; elle vit de travers, de vices et de ridicules....

L'Auteur. — Certes, la société actuelle est en fonds pour alimenter la verve d'une douzaine de poëtes comiques, fussent-ils aussi féconds que Caldéron ou Lopez de Véga.

Le Censeur. — D'où il suit qu'on ne peut essayer de traduire sur la scène les vices et les ridicules du jour sans tomber dans la satire personnelle, et c'est ce que nous ne permettons pas.

L'Auteur. — Sans le savoir, j'ai évité ce danger : j'ai fait la comédie de caractère et d'intrigue.

Le Censeur. — A proprement parler, il n'y a plus de *caractères* que dans les hautes classes sociales, et ceux-là ne sont point du domaine de la scène : vous devez apprécier la délicatesse des convenances qui nous fait une loi de les en exclure.

Quant à la comédie d'intrigue, Beaumarchais nous a mis en garde contre ces atellanes dont le moindre inconvénient est de nous montrer à chaque scène la ruse triomphant de l'innocence, et l'amour vainqueur de toutes les précautions de la sagesse :

ce sont là, vous en conviendrez, de ces tableaux qu'il faut éviter de mettre sous les yeux de la jeunesse.

L'Auteur. — Si vous ne voulez ni comédies de mœurs, ni comédies de caractère, ni comédies d'intrigue, je ne vois plus que le drame.....

Le Censeur. — Hé bien ! oui, mon cher, faites des drames bien moraux, bien larmoyants.

L'Auteur. — On me sifflera.

Le Censeur. — A la bonne heure, mais vous serez joué.

L'Auteur. — On n'y viendra pas.

Le Censeur. — C'est l'affaire du caissier de la comédie.

L'Auteur. — C'est bien aussi la mienne ; car enfin je n'ai ni pension ni place, et j'ai besoin de vivre du produit de ma plume.

Le Censeur. — Vous sentez fort bien que l'autorité n'en aurait pas pour long-temps, si elle se payait de semblables raisons.

L'Auteur. — Mais enfin l'intérêt de l'art....

Le Censeur. — Ah ! nous y voilà, l'intérêt de l'art ! Mon cher ami, vous pouvez croire qu'on nous a fait trop souvent cette objection pour que nous n'ayons pas à cet égard notre réponse toute prête ; mais il s'agit entre nous d'une confidence amicale, n'est-il pas vrai ? je vous dirai donc avec franchise que vous avez votre art et nous le nôtre; que ces deux arts ne peuvent vivre qu'aux dépens l'un de l'autre, et qu'il est bien juste que dans ce conflit d'intérêt nous nous donnions la préférence: d'ailleurs vous avez la ressource de la tragédie; c'est un champ tout-à-fait libre, et que vous pouvez parcourir, en évitant toutefois les applications, les allusions malignes, que ce maudit public a toujours la rage de saisir.

L'Auteur. — Je vais donc achever mes deux tragédies.

Le Censeur. — Quel en est le sujet?

L'Auteur. — L'une est intitulée *Isabeau de Bavière*....

Le Censeur. — Ah! mon ami, point de sujet tiré de l'Histoire de France, je vous en supplie: dans vos tragédies vous avez toujours des tyrans, des conspirateurs, des ministres ambitieux ou pervers, des princesses déhontées; peut-être l'Histoire de France fournit-elle aussi de ces caractères-là; mais il est d'un mauvais exemple et d'un mauvais effet d'appeler l'indignation publique sur des personnes qui ont été, par le fait de leur position sociale, l'objet de la vénération de nos ancêtres... Vous avez tant d'autres sujets : la famille des Atrides, des Pélopides, des Héraclides, est une source de beautés dramatiques où le génie puise depuis trente siècles.

L'Auteur. — C'est peut-être pour cela qu'elle est épuisée. Quoi qu'il en soit, c'est aussi dans les profondeurs de l'antiquité que j'ai été prendre le sujet de ma seconde tragédie...

Le Censeur. — Que vous appelez ?

L'Auteur. — *Sésostris*.

Le Censeur. — Toujours des conquérants, et un conquérant d'Égypte, encore, qui faisait traîner son char par les rois qu'il avait vaincus, qui faisait bâtir des villes, percer des montagnes, creuser des canaux depuis Memphis jusqu'à la mer, et qui rédigea un code de lois pour un pays qu'il avait couvert de gloire !

L'Auteur. — C'est justement sous ce point de vue que j'ai essayé de peindre ce grand homme.

Le Censeur. — Dans ce cas, j'espère que vous n'avez pas la prétention d'être joué ?

L'Auteur. — Pourquoi donc ?

Le Censeur. — Parceque votre *Sésostris* ne peut être qu'une suite d'applications continuelles ; parceque vous ne manquerez pas de nous parler de vos éternelles pyramides, et d'y placer les siècles en védettes, bien qu'elles ne fussent pas encore bâties ; en un mot, parceque vous nous feriez de l'histoire à propos de la fable, et qu'une tragédie ne doit pas être un apologue dramatique.

L'Auteur. — Mais à quoi donc nous réduisez-vous ?

Le Censeur.— A faire la comédie et la tragédie de l'époque.

L'Auteur.— C'est-à-dire la farce des Variétés et le mélodrame du Boulevart.

Le Censeur.— Je savais bien que nous finirions par nous entendre.

LES CENSEURS.

PIÈCE A TIROIR,

EN TROIS ACTES ET EN PROSE.

N. B. Cette comédie, maintenant en répétition, doit être jouée à la fin de la session de 1820.

L'auteur, ayant eu l'indiscrétion de nous communiquer son manuscrit, ne peut trouver mauvais que nous en ayons extrait quelques scènes.

PERSONNAGES.

UN ABBÉ.
UN DIPLOMATE.
UN JOURNALISTE.
UN INSPECTEUR DES ÉTUDES.
UN LECTEUR JURÉ.
UN GREC.
UN ACADÉMICIEN.
LE MÉDECIN DES FOUS.
UN EX-RECTEUR,
UN EX-CENSEUR DES ÉTUDES, } Comparses.
UN BEAU-FRÈRE,
UN CI-DEVANT JEUNE HOMME,
UN GARÇON DE THÉATRE.

La scène se passe, à huis clos, dans l'arrière-cabinet d'un hôtel de la rue des Saints-Pères. Le rideau se baisse au moment où la pièce commence.

ACTE PREMIER.

SCÈNE PREMIÈRE.

LE LECTEUR JURÉ, L'ABBÉ.

(*Tous deux, assis au coin de la cheminée, attendent leurs confrères. L'ABBÉ s'est endormi en lisant le Défenseur. LE LECTEUR JURÉ, drapé dans son carrick, tient à la main une petite brochure recouverte en papier rose; il récite d'une voix féminine les paroles suivantes, qu'il prend pour des vers:*)

  Fatal amour! voilà de tes forfaits!
Un maître altier, épris de mes faibles attraits,
En vain m'offre les vœux d'un coupable délire;
Objet de mes froideurs, la vengeance l'inspire,
Et l'amour de la haine emprunte tous les traits.

L'amour de la haine! les vœux d'un délire!
Je veux être pendu si j'y entends un mot... mais la musique explique tout; voyons, en chantant ces vers, si j'y comprendrai quelque chose. (*Il chante en fausset les mêmes paroles.*)

 L'ABBÉ (*se frottant les yeux*). — Une femme ici! C'est à moi de la censurer. (*Reconnaissant son collègue*)... Encore vous, M. le lecteur juré! quand vous prenez votre voix de tête, et qu'on vous écoute en dormant, c'est à s'y méprendre! Que chantiez-vous là?

Le Lecteur. — Notre collègue *le ci-devant jeune homme* appelle cela un interméde. Il voudrait profiter de la clôture de l'Opéra pour y introduire deux ou trois petits chefs-d'œuvre lyriques de sa composition, et j'ai promis de lui prêter, au jury de lecture, le charme de ma voix. Je crois cependant qu'il compte un peu trop sur la prépondérance que lui donne la haute dignité de censeur dont il est revêtu, lorsqu'il croit pouvoir faire jouer, pour l'ouverture de la nouvelle salle de l'Académie royale de musique, ses *Missionnaires de l'irréligion*, qu'il a mis en opéra.

L'Abbé. — Le sujet est heureux, et je vois d'ici le parti que l'auteur en aura tiré; je crois pourtant qu'il réussirait mieux en ballet: dans tous les cas, j'y voudrais un autre titre. Pourquoi tromper le public? depuis quelque temps je remarque que les institutions, les hommes et les ouvrages s'annoncent par des titres qui ne leur conviennent pas du tout: n'avons-nous pas eu un *Conservateur* qui battait tout en ruine, un *Modérateur* enragé, un *Spectateur* qui n'y voyait goutte? n'avons-nous pas un *Intrépide* qui tremble au bruit d'une feuille morte, un *Défenseur* qui attaque tout le monde? et nous autres, *censeurs* à brevet, qu'avons-nous droit de censurer, si ce n'est tout ce qui est bon, juste, honnête et patriotique, en un mot tout ce qui est libéral?... Vraiment il faudrait un peu de conscience.

Le Lecteur. — De la conscience à des censeurs ministériels!... nous prenez-vous pour des jurés?

L'Abbé. — Je le voudrais bien : franchement, mon cher comte, nous faisons là un vilain métier

Le Lecteur. — J'en conviens avec vous; mais le diable...

L'Abbé. — Vraiment oui, le diable... voilà notre excuse à tous deux; d'ailleurs nous ne venons ici que pour la forme. Mais j'aperçois un de nos confrères qui vient pour le fond.

SCÈNE II.

Les mêmes; un GREC.

Le Grec *entre brusquement, et parle en se retournant et à plusieurs reprises.* — Encore!... Tout le long du chemin!... jusqu'ici, jusque dans le sanctuaire de la censure!...

L'Abbé. — A qui donc en avez-vous, cher confrère?

Le Grec. — Vous n'entendez pas.... des sifflets?

L'Abbé. — Eh non, c'est le bruit de cette porte qui gémit sur ses gonds; depuis que M. Beugnot n'est plus à la police, on oublie la goutte d'huile.

Le Grec. — Ce sont des sifflets, d'énormes sifflets, vous dis-je.

Le Lecteur. — On croirait que vous venez d'une pièce nouvelle.

Le Grec. — Eh non, de par tous les diables! je viens de mon cours, où mes élèves m'ont sifflé, mais sifflé!...

L'Abbé. — Contez-nous donc cela; ces petits coquins ont sifflé leur professeur!... C'est trop plaisant.

Le Grec. — Plaisant!... plaisant!... C'est la chose du monde la plus grave, la plus malheureuse.

Le Lecteur. — Pour vous!

Le Grec. — Pour moi, pour nous, pour tout le monde; car ce n'est pas au professeur, c'est au censeur que s'adressait un pareil outrage. A peine ai-je paru à la tribune, que les cris *A bas le censeur! à bas le...* (je ne sais de quel autre synonyme ils se sont servis) se font entendre de toutes parts. J'ai d'abord fait bonne contenance; de la dignité dans l'attitude, du calme dans le maintien..., de la fermeté dans le regard, rien n'y manquait, et rien n'a servi; j'ai été hué, baffoué, sifflé de plus belle, et la retraite à laquelle je me suis vu contraint ne m'a pas soustrait à tant d'insolence.

L'Abbé. — Cela est fâcheux, très fâcheux, sans doute; mais ne conviendrez-vous pas, mon très honorable collègue, qu'il y a quelque incompatibilité entre les fonctions de professeur et celles de censeur, et que l'opinion publique....

Le Grec. — L'opinion publique est une sotte qu'il faut bâillonner, et nous sommes ici pour cela. Après tout, ils y perdront plus que moi : je suspendrai mon cours, je n'irai plus à l'Académie, je n'écrirai plus une ligne, je ne dirai plus un mot.

L'Abbé. — Ah! *monsieur le Grec*, grace pour vos contemporains!

Le Grec. — Non, monsieur, un tel outrage ne peut rester impuni; il attaque à-la-fois la dignité des pairs, à qui la haute censure avait d'abord été dévolue, et les droits des députés, auteurs de la loi bienfaisante qui nous a mis le pain et les ciseaux à la main.

SCÈNE III.

Les mêmes; LE MÉDECIN DES FOUS.

Le Lecteur. — Arrivez donc, docteur! notre collègue *le Grec* a un tintement d'oreille qui nous alarme.

Le Médecin. — Je sais ce que c'est; le même accident m'est arrivé... Des douches! des douches!

Le Grec. — Oui, le docteur a raison; toutes les cervelles françaises ont besoin d'être soumises à ce régime.

Le Médecin. — Nous avons des praticiens qui penchent pour la phlébotomie; je ne vais pas jusque-là, des douches suffiront.

SCÈNE IV.

Les deux battants de la porte s'ouvrent; le garçon de théâtre, faisant fonctions de maître des cérémonies, introduit L'Académicien, *que précèdent* le journaliste, l'inspecteur des études, le diplomate, *et que suivent quatre comparses. Tous les censeurs prennent place; le garçon de théâtre pose sur la table, devant chacun d'eux, les ciseaux, l'encre rouge, les épreuves des journaux du lendemain, et se retire. Le bruit aigu de la porte qu'il referme fait de nouveau tressaillir* le grec.

Le lecteur juré *tousse, se lève et dit:* Messieurs, le président d'une grande réunion adresse souvent à ses collègues cette courte exhortation: *Vous êtes invités à venir de bonne heure; nos séances commencent toujours tard, et n'en finissent pas moins à l'heure où le ventre dîne; tâchez donc de venir à celle où il écoute.* Je me suis aperçu que parmi nous le sommeil n'était pas moins puissant que l'appétit dans cette assemblée, et que nous nous endormons, dans nos séances, du moment où nous n'y disputons plus ; je pense donc que nous ferions bien de nous inviter mutuellement à venir plus matin.

L'Inspecteur et l'ex-Recteur. — L'inspection des études absorbe tous nos moments.

Le Grec. — Indépendamment de mon cours d'histoire, j'ai dix ou douze places à remplir.

Le Diplomate. — Il y va du sort de la France, si je perds un moment de vue les cabinets étrangers.

Le ci-devant Jeune Homme. — Mon chef de bureau ne me permet pas de quitter la Trésorerie avant trois heures.

Le Journaliste. — Et ma *Gazette*, que je suis résolu à ne point abandonner tant qu'il y aura en France un curé qui la lira !

L'Académicien. — Et la commission du *Dictionnaire de l'Académie*, dont je suis membre, par la raison que M. Arnault n'en est plus.

Le Médecin. — Quant à moi, l'histoire de mon voyage ministériel à Bayonne ; mon rapport sur la peste de Cadix, où je me suis hâté d'arriver quand la contagion n'existait plus ; le conseil de salubrité de Paris, où je viens d'être accueilli à-peu-près comme le Grec l'a été à son cours ; tant d'occupations diverses m'absorbent tout entier ; et le temps que je passe ici est un vol que je fais à Bicêtre.

Le Lecteur. — Personne ne vous sait gré du sacrifice ; d'ailleurs, pourquoi faire plus qu'on ne peut ?

Le ci-devant Jeune Homme. — Pour avoir plus; deux traitements valent mieux qu'un ; demandez plutôt à notre insatiable collègue le Grec, qui mange à douze rateliers.

Le Grec. — Un autre que le ci-devant Jeune Homme aurait dit à douze tables; mais je ne me fâche pas: chacun a son langage... D'où vient donc ce bruit? (*Il sonne.*)

SCÈNE V.

les mêmes; LE GARÇON.

Le Garçon. — Ce sont nos messieurs du *Drapeau blanc*, de la *Quotidienne*, de la *Gazette* et des *Débats*, qui demandent leurs articles.

L'Académicien. — On s'en occupe... Que Diable! il faut le temps.

Le Journaliste. — Remettons d'abord les articles à *la Gazette*.

L'ex-Recteur. — *Aux Débats.*

L'Inspecteur. — *A la Quotidienne.*

Le ci-devant Jeune Homme. — *Au Drapeau blanc.*

L'Académicien. — Nos amis avant tout, rien de plus juste... Vous avez lu, Garçon? nous pouvons mettre le *visa?*

Le Garçon. — Les yeux fermés, messieurs; en

ma qualité d'ancien employé aux douanes, je ne laisse rien passer... Quand je dis rien, vous savez de quoi et de qui je parle.

L'Académicien. — Vous avouerez, messieurs, qu'il y a quelque générosité à moi de viser cet article du *journal des Débats*, où l'on m'accole si ridiculement au *ci-devant Jeune Homme*.

Le ci-devant Jeune Homme. — Qu'appelez-vous, accoler?... Qui de nous deux, je vous prie, doit se fâcher de l'accolade?...

L'Académicien. — Il serait aussi par trop singulier que pour quelques bouts mal rimés, pour quelques devises de confiseur, on voulût se mettre sur la ligne d'un académicien, d'un homme de lettres connu par...

Le ci-devant Jeune Homme. — Connu par des couplets sans sel, mais non pas sans fiel; par des...

L'Abbé. — Allons, messieurs, songez que vous n'êtes ici que pour censurer les journaux, et que c'est empiéter sur le droit de la censure publique que de vous mesurer ensemble! Si vous voulez savoir au juste le degré d'estime auquel chacun de vous doit prétendre, montez l'un après l'autre dans la chaire de *M. le Grec*, et comptez les sifflets qui vous y accueilleront.

Le Grec. — Vous pourriez faire cette épreuve sans danger, *monsieur l'Abbé*, on ne siffle que ceux qu'on connaît.

L'Abbé. — Vous êtes connu de toute la France, à ce qu'il paraît, *monsieur le Grec.*

L'Inspecteur. — Tenez, Garçon, remettez les épreuves à nos amis, et faites-leur notre compliment sur l'excellent esprit qui les anime. (*Le Garçon sort.*)

Maintenant, messieurs, il nous reste à examiner les feuilles libérales, et c'est le cas de vous souvenir dans quel esprit et dans quel intérêt le ministère a rétabli la censure.

L'Abbé. — Est-ce que, par hasard, ce ne serait pas dans l'intérêt, bien ou mal entendu, du roi et de la Charte, ou si vous l'aimez mieux, dans l'intérêt de la France et des Français?

L'Académicien. — Le roi, la Charte, la France et les Français, n'ont rien à gagner à la censure, on sait cela; c'est pour le ministère qu'elle est instituée.

Le Diplomate. — Et pour le repos des puissances étrangères, ne l'oubliez pas.

Le Grec. — A cet égard, nous avons jusqu'ici fait notre métier en conscience; je défie qu'on me cite un seul gouvernement, un seul prince, un seul soldat étranger, à qui nous n'ayons témoigné les égards et le respect dont nous faisons profession pour tout ce qui n'est pas français.

L'Abbé. — Témoin l'Espagne, que nous laissons chaque jour outrager dans les feuilles ultra-royalistes.

L'Inspecteur. — L'Espagne, c'est autre chose; il

n'y a plus de roi, il n'y a plus de gouvernement, il n'y a plus de nation espagnole là où il n'y a plus d'inquisition. Parlez-nous de l'Autriche, de la Prusse, de l'Angleterre; voilà des puissances!

Le Diplomate (*s'inclinant*). — L'Angleterre, messieurs, l'Angleterre avant tout... ses vaisseaux, ses colonies, sa politique... *nobis hæc otia fecit*, ne l'oublions jamais.

L'Académicien. — Et ses radicaux?

Le Diplomate. — Eh! eh!

L'Académicien. — Et ses pontons?

Le Diplomate. — Oh! oh!

Le Lecteur. — Quelle est notre règle de conduite envers le royaume des Pays-Bas?

Le Diplomate (*d'un air profond*). — La plus grande discrétion.

L'Académicien. — Quant à la Russie...

Le Diplomate. — (*avec la plus grande dignité*). — Hum! chut! chut! je n'ai que cela à vous dire.

L'Abbé. — Vous l'entendez, messieurs; cependant vous avez souffert que vos amis rendissent compte de l'expulsion des jésuites d'une manière qui n'a pas dû contenter le cabinet de Pétersbourg.

Le Diplomate. — Il faut être conséquent: nous faisons rentrer les jésuites, nous ne pouvons pas applaudir à ceux qui les chassent.

L'Abbé. — On peut s'arranger pour louer en même temps des actions contraires; mais sur-tout on doit se souvenir que, depuis l'empereur de Russie, qui commande à un million de soldats, jusqu'au prince de la Lippe, qui peut, en forçant un peu son recrutement, en rassembler cinq cent soixante-sept, tout prince est à ménager : quant à l'Espagne, la question se complique, comme on vous le disait fort bien tout-à-l'heure, et mon avis est que, sur ce chapitre, on ne permette aux journaux qu'un silence absolu.

L'Académicien. (*Il se lève, jette sur ses confrères un de ces regards qui annoncent les profondes pensées et commandent le silence.*)

Messieurs, la censure a deux buts : l'un général, l'autre particulier...

Le Garçon (*entrant*). — Les journalistes libéraux font humblement observer à MM. les censeurs que l'heure s'avance...

L'Académicien. — C'est bon! c'est bon! qu'ils attendent; ils sont ici pour cela... Je disais donc que le but général de la censure était d'assurer aux ministres leur repos et leur place; de les défendre personnellement de toute attaque, et de mettre les actes de leur ministère hors de toute discussion. Nous savons maintenant par quelle route on peut l'atteindre. Quant au but particulier, indiquons-le franchement; c'est de nuire aux journaux constitutionnels, et de détruire ceux avec lesquels il n'y a pas d'arrangement possible. Les moyens sont d'une exécution prompte et facile : retarder la remise des articles; rejeter ceux qui peuvent instruire, intéresser ou amuser les lecteurs; mutiler non seulement les phrases, les paragraphes, mais, à propos d'un mot hasardé, supprimer une colonne entière; laisser passer dans les journaux du bon parti, pour leur en assurer la primeur, les nouvelles que vous retrancherez des feuilles libérales; ne pas même permettre à celles-ci de répéter le lendemain ce que nous aurons permis aux autres d'insérer la veille : voilà pour le commun des journaux constitutionnels. Quant à ceux que nous honorons d'une haine particulière, nous les chicanerons sur les points, sur les virgules; après avoir supprimé la moitié des articles, nous renverrons au lendemain l'examen des autres : nous leur défendrons de laisser la moindre trace, soit par des *blancs,* soit par des *etc.,* soit par des *moins,* des ravages que nous aurons faits sur leurs feuilles. Enfin, pour en rendre l'émission impossible, nous exigerons, avant d'apposer le visa définitif, qu'ils représentent à notre secrétaire le journal imprimé tel qu'il doit paraître. Vous concevez qu'il n'y a ni persévérance ni fortune de journaliste qui puisse résister à ce système; qu'avant peu vous arriverez, par ce moyen, à n'avoir plus un seul journal d'opposition en France.

Maintenant voyez, messieurs, les avantages qui doivent infailliblement résulter de ce plan exactement suivi. Nous nous assurons la faveur lucrative des ministres, en dédommagement d'une estime stérile, dont la perte, après tout, ne nous appauvrira pas. Nous simplifions notre travail sans diminuer nos appointements; nous trouvons le moyen de satisfaire également de petites haines personnelles qu'il est toujours bon d'alimenter quand l'occasion s'en présente : quelques uns d'entre nous sont intéressés dans les journaux du parti; il leur reviendra toujours quelque chose du mal qu'ils feront à leurs adversaires. Nous sommes ici plusieurs hommes de lettres, et quoique nous ayons tous beaucoup d'esprit et d'imagination, quelques idées sont bonnes à prendre, et deux de nos confrères savent tout ce qu'on peut tirer du carton aux rognures des feuilles libérales; il s'agirait seulement de se partager ces richesses avec plus d'équité, et suivant les besoins de chacun : en conséquence, je propose que notre confrère le Journaliste soit autorisé à prendre, pour sa *Gazette*, tout ce qui tient à la politique ; que notre ami, le ci-devant Jeune Homme confisque à son profit toute phrase un peu sonore qu'il pourra couper en deux hémistiches ; et qu'on me réserve à moi tous les paragraphes historiques ou biographiques qui doivent naturellement trouver place dans mes fragments. (*Au Garçon de théâtre qui entre.*) Garçon, vous m'obligez à vous redire que vous ne devez entrer dans la salle de nos séances que lorsque vous y êtes appelé.

Le Garçon. — Il est tard, messieurs ; les libéraux s'impatientent, et donnent au diable la censure et les censeurs.

L'Abbé (*à part*). — Sans s'informer si le diable en voudrait.

L'Inspecteur. — Le fait est qu'il est temps d'aller dîner.

Le Beau-Frère. — Ma femme m'attend.

Un autre Comparse. — Ma gouvernante me grondera.

L'Académicien. — On peut retenir ce que nous n'avons pas eu le temps d'examiner, et remettre le reste.

Le Diplomate. — Je n'ai pas encore lu une seule ligne de la *Renommée*.

L'Académicien. — Qu'on dise à son *responsable* que nous ne sommes plus en nombre suffisant.... A demain, messieurs, la séance est levée.

Tous les Censeurs (*en sortant par une porte de derrière.*) — A demain, à demain.

LES PETITES PROPHÉTIES

DE BABELMICEDEK.

..... Et le soleil se couvrira de nuages épais; les ténèbres régneront sur Babylone, et les fils des Arphalacéens s'écrieront : Les ténèbres sont bonnes.

Alors nous nous sommes informés, des anciens lettrés, d'où venait cette haine pour la lumière, et ils nous ont répondu en ces termes : Nous sommes nés dans les antres d'Arphalacée, où nos pères ont vécu; nous avons de petits yeux bordés de rouge, que le jour incommode, et nous ne voulons pas que les autres jouissent du soleil, dont nous ne pouvons supporter la vue.

Les anciens, ayant dit ces mots, ordonnèrent que l'on bâtît une cité souterraine.....

Et ils nous forcèrent, nous qui avions de bons yeux, à travailler pendant le jour à ces immenses catacombes.

Et quand elles furent creusées, ils voulurent nous forcer à les habiter avec eux.

Et il y eut de grands troubles parmi les savants de Babylone.

Alors nous avons eu recours aux quarante architectes qui présidaient à ces constructions souterraines, et nous leur avons demandé la permission d'ouvrir des jours de distance en distance, et ils nous ont permis de percer quelques soupiraux.

Et les lettrés aux petits yeux fermèrent les soupiraux l'un après l'autre.

Et ceux-ci continuèrent à s'écrier que les ténèbres étaient bonnes.

Alors un homme se présente, et dit : J'ai trouvé le secret d'allumer l'air, et j'éclairerai votre tanière d'un jour plus doux que les rayons de la lune. Mais les Arphalacéens se liguèrent contre cet homme, et un géographe du coin dit qu'il fallait le faire pendre comme sorcier.

Et l'on vit venir un Léviathan, à figure moitié bête et moitié homme, qui vomissait par les naseaux une poussière jaune.

Et tous les Babyloniens crurent que c'était de la poudre d'or.

Et ils entourèrent le Léviathan.

Et ils échangèrent tout leur argent pour des sacs de cette poudre, qu'il leur jeta aux yeux.

Et ils se virent réduits à manger cette poudre comme Ézéchiel.

Et ils trouvèrent que cette poudre n'était pas bonne.

Alors les Babyloniens, qui étaient en colère, se mirent à chanter sur les bords du fleuve.

Et il vint un homme de l'autre côté des monts, qui leur dit : Vos chants ressemblent au gazouillement des oiseaux, et aux soupirs d'un vent léger, dans le feuillage; écoutez-moi, et imitez le son de la trompette de Jéricho.

Et les Babyloniens l'imitèrent, et ils firent entendre dans leur caverne un épouvantable charivari.

Les Babyloniens étaient d'une haute stature, et ne pouvaient marcher debout dans la cité caverneuse que les Arphalacéens avaient fait creuser pour eux; aussi voyait-on les premiers se courber, ramper, ou se traîner sur les genoux.

Et pour la commodité de ces grands Babyloniens on institua des lettrés raccourcisseurs.

Et plusieurs grands Babyloniens, las de se casser la tête et de s'écorcher les genoux, se soumirent à l'opération... et on se moqua d'eux.

Et les autres préférèrent coucher à la belle étoile.

Et il y eut beaucoup de trouble et de confusion parmi les savants de Babylone....

DIALOGUE DE LUCIEN.

Colocotroni, Ulysse, Mavrocordato, m'ont inspiré l'amour des Hellènes, et si je rencontrais l'un d'eux, je serais homme à lui dire, comme Philaminte :

Ah! pour l'amour du grec, souffrez qu'on vous embrasse.

Je relis mes anciens auteurs, et j'ai même entrepris d'en traduire quelques uns : je m'occupe en ce moment de Lucien ; mais avant de pousser plus loin mon travail, je voudrais savoir s'il sera du goût du public, et c'est pour avoir son avis que je lui présente ce fragment du second dialogue entre Pluton, Ménippe le philosophe, Crésus, Midas et Sardanapale.

Crésus. — On n'y tient pas, et c'est un véritable supplice d'avoir sans cesse ce Ménippe à notre côté : Pluton, si tu ne consens à le reléguer ailleurs, nous t'en prévenons, nous serons forcés de quitter la place.

Pluton. — Quel chagrin peut vous causer la compagnie d'un homme dont la condition est toute semblable à la vôtre.

Crésus. — Il se moque de nous sans cesse, et nous prodigue à tout propos les noms d'esclaves, de fourbes, de tyrans.

PLUTON. — Vous entendez, Ménippe; qu'avez-vous à répondre?

MÉNIPPE. — Je leur rappelle ce qu'ils étaient dans l'autre monde; c'est bien le moins qu'ils entendent la vérité dans celui-ci.

PLUTON. — La plainte doit leur être permise; ils ont tout perdu avec la vie.

MÉNIPPE. — Qu'ils se consolent; ils ont fait assez de mal pour être immortels.

SARDANAPALE. — Nous leur déclarons la guerre.

MIDAS et CRÉSUS. — Oui, la guerre! la guerre!

MÉNIPPE. — La paix! la paix! mes braves amis, vous n'êtes plus sur terre, où l'on se battait pour vous, et vos fureurs exposent le royaume sombre...

CRÉSUS. — Il insulte les puissances infernales; il méconnaît l'autorité de Pluton.... qu'on le chasse!

MIDAS, SARDANAPALE. — Qu'on le chasse! qu'on le chasse!

MÉNIPPE. — Mais vous ne m'avez point entendu; je n'ai pas voulu dire....

TOUS. — Si fait, si fait, vous l'avez dit.... Qu'on le chasse! qu'on le chasse!

PLUTON. — Cependant il faudrait lui permettre d'achever sa phrase....

CRÉSUS. — Vous osez le défendre?

PLUTON. Moi? point du tout....

MIDAS. — Vous prenez son parti!

PLUTON. — Tout au contraire, et vous savez bien

que c'est une chose arrangée entre nous, mais encore faudrait-il y mettre une ombre de justice.

Crésus. — Il est bien question de justice! chassé, chassé sans miséricorde.

Ménippe. — Vos excellences me permettront de leur dire qu'elles font un train d'enfer, et que des injures ne sont pas des raisons.

Tous. — A bas le philosophe! à bas l'ennemi des dieux! qu'il sorte, ou nous mettons le feu aux quatre coins des Enfers!

Ménippe. — Je reste pour l'éteindre.

Crésus. — Pluton! souffriras-tu plus long-temps qu'il te menace et qu'il nous brave?

Pluton. — Non, non, j'en jure par le Styx; à moi, Cerbère! à moi les Furies! à moi la maréchaussée des Enfers!.... (Ils accourent.) *Empoignez-moi* ce gaillard-là, et qu'on le précipite....

Crésus. — Où donc?

Pluton. — Dans les Champs-Élysées, où ses amis l'attendent.

HENRI IV.

ET LES TROIS COULEURS.

Dans une discussion solennelle, et à laquelle la France entière s'est montrée profondément attentive, deux orateurs[1] ont fait entendre, à la tribune de la chambre des députés, de vifs regrets sur la suppression des trois couleurs dans l'étendard français. M. Manuel a pensé que cet étendard, sous lequel pendant vingt ans ont combattu, vaincu et péri plus de deux millions de nos citoyens, aurait formé l'emblème d'un pacte de généreuse et franche alliance entre les Bourbons et la nation; qu'il eût été pour elle un gage de confiance et de sécurité, et que la cocarde tricolore faisait, pour ainsi dire, partie de la succession de notre dernier roi.

Des journalistes se sont bientôt écriés que cette prétendue illustration des couleurs portées en France depuis 1789 n'était qu'une ignominie, parceque la cocarde tricolore avait paré le bonnet rouge de Marat et de Robespierre, comme si la

[1] M. Manuel, et le général Foy que la France vient de perdre au moment où nous renvoyons cette feuille à l'imprimerie. (1er décembre 1825.)

cocarde blanche, qui brilla sur tant de têtes illustres, n'avait jamais été portée par des brigands fameux et d'infames scélérats !

N'envisageons pas ici la question dans ses rapports avec notre situation politique ; contentons-nous de citer des faits peu connus, et auxquels s'attachera certainement l'intérêt de tout Français.

On a dit que les couleurs *bleue, rouge,* et *blanche,* furent données au peuple, en 1789, par un prince accusé d'avoir été, avec Mirabeau, le moteur de l'insurrection ; on a ajouté que ces couleurs se trouvaient dans sa livrée : on a dit ensuite qu'elles étaient celles de la ville de Paris, et figuraient dans le blason de ses armes ; que par ce motif les directeurs des premiers événements qui eurent lieu dans la capitale choisirent ces trois couleurs comme point de ralliement, et les placèrent dans leurs cocardes et sur leurs bannières : l'origine des trois couleurs est plus ancienne, plus noble et sur-tout plus nationale ; l'histoire en fait foi.

Sous les rois des premières races les guerriers français allaient au combat ayant pour bannière la chape de Saint-Martin, qui fut d'abord pour eux ce qu'était le manipule pour les soldats de Romulus.

Louis-le-Gros, qui donna le premier exemple de l'affranchissement des communes, remplaça la chape de Saint-Martin par l'oriflamme, après l'acquisition du comté du Vexin. L'oriflamme rouge, couleur du Vexin, était parsemée de fleurs de lis-d'or, et n'apparaissait que dans les guerres nationales.

Nos rois avaient en outre leur étendard particulier, qu'on appelle *la bannière royale*, et que des historiens ont souvent confondue mal à propos avec l'oriflamme. La bannière royale, proprement l'étendard personnel des rois, était de couleur *bleue*, et parsemée également de fleurs de lis d'or.

Charles VII, combattant pour délivrer le royaume de l'invasion étrangère, ne put reprendre ces deux étendards, tombés au pouvoir des Anglais, qui s'étaient rendus maîtres de Paris et de Saint-Denis, où ils étaient gardés ; ce fut alors qu'il consacra la cornette *blanche :* cette consécration fut comme un *ex-voto* à la Vierge, afin d'obtenir sa toute-puissante intercession pour la délivrance de la France.

Trois charges furent créées depuis, avec fonctions de dépositaires de ces mêmes enseignes : la première appartint au régiment de Colonel-Général cavalerie ; la seconde, au régiment de Mestre-de-Camp-Général, et la troisième, au régiment de Commissaire-Général.

Le *rouge*, le *bleu*, et le *blanc*, devinrent dès-lors des couleurs françaises ; et en garantie de ces faits historiques, nous invoquerons un témoignage qu'aucun Français ne récusera sans doute, celui du grand et bon Henri.

Lorsque les Hollandais, soulevés contre la domination espagnole, résolurent de rompre tout pacte avec leurs oppresseurs, ils voulurent laisser à Henri IV le choix de leur pavillon. *Prenez les couleurs françaises*, leur écrivit cet excellent prince, soutien fidèle et sincère de la liberté des Hollandais; et il leur désigna les couleurs *rouge, blanche*, et *bleue*, qui depuis ont toujours flotté sur les vaisseaux des Provinces-Unies. *Les liens d'amitié*, ajoute Henri, *se resserreront toujours entre le royaume de France et la république de Hollande, tant qu'elle aura ces couleurs sous ses yeux : elles lui rappelleront le souvenir de ceux qui l'ont si ardemment secourue pour la conquête de sa liberté.*

Nous isolons ce simple récit de toute réflexion politique; nous ne prétendons ici donner ni leçons ni avis, mais nous voudrions désarmer la haine, et faire taire l'injure, en vengeant aux yeux même les plus prévenus les couleurs que nous avons long-temps portées avec gloire, et qui, associées à des faits illustres, quoique récents, ont en outre pour elles le titre de l'ancienneté des races.

« Lorsqu'à la suite des scènes du 14 juillet on apporta à Versailles le drapeau tricolore, les amis de la monarchie purent frémir à la vue de ce travestissement de l'ancien drapeau des lis. Mais avec le temps, lorsque ce drapeau est devenu l'emblème d'un grand changement dans l'état; lorsque, se mesurant avec l'ancien drapeau blanc, ainsi qu'avec tous les drapeaux de l'Europe, il est sorti triomphant de ces luttes; lorsque, porté dans les combats, il s'est empreint de toutes les couleurs de la gloire; lorsqu'il a flotté avec honneur sur toutes les mers, dans toutes les contrées de l'Europe; qu'il a été salué par le monde entier, et respecté par tous les potentats; lorsqu'il est arrivé à signifier la révolution même, les bouleversements qu'elle a causés, *et les avantages qui en sont sortis en faveur de la partie la plus nombreuse et la plus considérable de la nation;* un gouvernement nouveau qui s'est annoncé pour entrer sur ce sol tout révolutionnaire, à l'effet seulement de maintenir et de réparer, a dû traiter avec plus d'importance une mesure qu'un certain parti sera naturellement porté à regarder comme un triomphe.

« Je ne puis dire si les membres du gouvernement provisoire, qui ont délibéré longuement et sérieusement sur la convenance de quitter le drapeau tricolore, et de prendre la cocarde blanche, ont senti l'importance de cette mesure; s'ils en ont prévu tous les résultats ultérieurs: dans tous les cas, au moins, il était à desirer que le roi, avec les lumières et la bonté qui le caractérisent, appréciât, dans ses conséquences à venir, cet acte non de réflexion, mais tout le respect pour lui, et de courtoisie.

« Lorsque Henri IV, aux portes de Paris, vint faire

au peuple français l'abandon de la religion dans laquelle il était né, est-ce parcequ'il a été terrassé tout-à-coup, comme Paul, par la foudre de la grace? Il est probable que c'est plutôt par un sentiment de raison et de bonté; la politique a pu dire ensuite: *Le royaume de France vaut bien une messe.*

« Louis XVIII ne peut presque rien faire aujourd'hui sans danger pour ses compagnons d'infortune, et pour ses amis; *avec la cocarde tricolore il eût fait tout ce qu'il aurait voulu.* »

Ce dernier passage paraîtra sans doute bien libéral, peut-être même séditieux, à nos écrivains ultra-monarchiques, qui pourront être tentés d'appeler sur ces paroles l'attention du nouveau comité de surveillance: nous les invitons cependant à y réfléchir à deux fois avant de crier haro sur l'auteur; car ce n'est probablement pas pour y plonger M. de MONTLOSIER, auteur de cet article, que les inquisiteurs pour la foi monarchique ont ouvert leurs cachots.

LE BON VIEUX TEMPS.

Le bon temps que celui de nos pères! Si l'on fait tant de difficultés pour y revenir, c'est assurément faute de le bien connaître. A partir du onzième siècle, où remonte l'origine de nos coutumes, nos aimables ancêtres n'étaient point de vrais sauvages, comme certaines gens se plaisent à le répéter; il est bien vrai qu'ils n'avaient point encore de lois; mais ils avaient déjà des seigneurs, avec qui l'on peut s'en passer: ils savaient forger des armes qui coupaient mal, mais qui assommaient à merveille; ils s'entendaient à construire sur les hauteurs des espèces de repaires qu'ils appelaient forteresses; en un mot, ils avaient une foule de moyens de se nuire qui leur assignaient sur les sauvages une supériorité incontestable. On n'était pas obligé, comme à présent, de faire deux cents lieues pour aller trouver des ennemis à combattre, et des conquêtes à faire: chaque bourgade était naturellement en guerre contre la bourgade voisine. Le seigneur Bouchard (depuis Montmorency) descendait de son donjon, à la tête de quelques centaines d'esclaves vêtus de peaux de mouton, allait attaquer à la sourdine le seigneur Brulard (depuis Genlis) dans sa maison forte, qu'il pillait, qu'il dévastait, s'emparant au profit de sa troupe des filles et des servantes du baron vaincu, et gardant pour lui la châtelaine, quand elle était jeune et jolie.

C'était vraiment un spectacle délicieux que de voir les évêques à la tête de leurs clercs, et les abbés suivis de leurs moines, la croix dans une main et la massue dans l'autre, guerroyant contre un seigneur vassal qui voulait leur enlever le droit de prélibation.

Cet établissement de jugement par jury, dont nous sommes si fiers, bien que nous n'en jouissions pas tout-à-fait encore, peut-il se comparer, pour la simplicité, pour la sainteté, pour la rapidité d'exécution, à ce *jugement de Dieu* où le duel décidait si péremptoirement, et même à cet autre droit appelé *feide,* suivant lequel il était permis aux parents de celui qui avait été assassiné de tuer l'assassin dans tous les lieux où ils le rencontraient (l'église et le palais du prince exceptés)? Ce n'est pas qu'il n'en résultât quelques abus, et que, par exemple, la mort même accidentelle d'un seul individu n'en occasionât ordinairement plusieurs autres ; mais aurions-nous la prétention de nous croire plus sages que NOS PÈRES, et de mettre la justice humaine au-dessus du *jugement de Dieu ?*

C'est dans le siècle suivant que brille de tout son éclat cette paternelle oligarchie dont l'Europe voit avec transport renaître la douce aurore. L'autorité royale était alors anéantie : les seigneurs suzerains jouissaient des plus précieux droits de la couronne; ils jugeaient souverainement leurs vassaux, ou les faisaient juger par leurs baillifs, et se donnaient le plaisir de voir exécuter leurs arrêts, quand ils ne les exécutaient pas eux-mêmes. Comme les morts ne servent plus à rien, il était rare que les juges prononçassent la peine capitale : le coupable, ou plutôt le prévenu en était ordinairement quitte pour les yeux qu'on lui arrachait avec un tire-bouchon; pour un pied, un bras, le nez, la langue, ou les oreilles, qu'on lui coupait, suivant le bon plaisir du maître, ou le plus ou moins d'adresse du gentilhomme bourreau.

Néanmoins la puissance oligarchique n'était pas tellement établie, que le roi, les grands et les petits vassaux n'eussent assez souvent maille à partir. Il était rare qu'une année s'écoulât sans que quelque grand seigneur ne fût obligé de prendre les armes contre ses vassaux pour les ramener à l'obéissance, ou contre le monarque pour se soustraire à la sienne. Louis VI se vit forcé de marcher contre Bouchard de Montmorency pour défendre l'abbé de Saint-Denis; d'attaquer le seigneur de Puiset en Beauce, et de se délivrer, par les armes, de Mison, seigneur de Montlhéry, lequel avait fatigué Philippe Ier pendant tout son règne, jusqu'à couper toute communication entre Paris et Orléans [1]. On peut déja se faire une idée de la monarchie de NOS PÈRES aux dixième et onzième siècles ; mais ce n'est peut-être pas celle-là qu'on veut nous rendre : nous verrons une autre fois ce qu'elle fut dans les siècles suivants.

Si quelque chose m'étonne chaque jour davantage, c'est l'impudente effronterie de ces hommes qui nous vantent sans cesse le *bon temps de nos pères*, où ils ne désespèrent pas encore de nous ramener. Attendez donc, maîtres cafards, que vous ayez abruti nos enfants, que vous ayez solidement rétabli les jésuites, que vous ayez fait brûler jusqu'aux derniers exemplaires de Montesquieu, de Rousseau, de Voltaire sur-tout ; attendez donc que vous ayez introduit en France les deux inquisitions de Carlsbad et de Madrid, et jusque là permettez-nous de rire de vos ridicules efforts.

Quel âge d'or et de miel que cet âge de nos aïeux, vers lequel on nous repousse avec une si douce violence! J'ai déja rappelé quelques unes des félicités dont jouissaient nos pères aux dixième et onzième siècles ; le jugement de Dieu, les évêques et les abbés se battant à coups de massue pour ne pas verser le sang humain, les barons se faisant la guerre entre eux, et se réunissant pour la faire aux rois

[1] Voyez l'*Abrégé du Commentaire des coutumes et lois municipales*, par Jacquet, avocat au parlement de Paris, tome I; imprimé à Paris en 1766, avec privilège.

dont l'autorité était passée entre leurs mains : le bonheur que goûta la France dans les siècles suivants n'est pas moins digne d'envie.

Les nobles continuaient de se refuser à ce que la justice fût rendue dans les tribunaux, afin de la rendre eux-mêmes ou de la refuser, selon qu'il convenait à leurs intérêts ou à leurs *droits:* il est vrai que ni la sûreté des personnes, ni la légitime possession des propriétés, ni la paix des foyers domestiques, ne furent respectées par eux ; mais est-ce aux vainqueurs à prendre tant de précautions? et la justice était-elle faite pour des vilains comme nos pères? Insulter le citadin dans les villes et le laboureur dans les champs; dépouiller le voyageur sur les routes; s'emparer des jolies *vilaines,* pour les élever à la dignité de concubines, telles étaient les habitudes de la conquête que les seigneurs barons avaient eu grand soin de conserver.

Dans ces beaux jours l'autorité de notre très saint père le pape était tout aussi entière que le veut aujourd'hui M. de Marcellus : elle avait commandé l'extermination des sujets du comte de Toulouse, Raymond VI, et l'on vit aussitôt les maisons, les rues, les champs, les rivières teints du sang et jonchés des cadavres de ces Albigeois qui avaient eu l'impiété de reprocher au clergé son luxe et ses débauches; comme si des prêtres étaient obligés de donner l'exemple des vertus qu'ils prêchent !

Les Anglais possédaient alors plusieurs de nos provinces ; et, comme de raison, la noblesse s'efforçait de les y maintenir. Les villes qu'ils occupaient étaient autant d'arsenaux où la rébellion était sûre de trouver des armes et des auxiliaires.

Les seigneurs d'alors n'étaient pas réduits comme ceux de notre temps à quelques valets plus ou moins galonnés ; chacun avait à ses ordres quelques milliers d'apprentis gentilshommes de l'espèce des chevaliers de Trestaillons, de Pointu, de Poildevache, etc., lesquels au moindre signal de leur noble chef faisaient des moissons et des cabanes du laboureur des feux de joie et des conflagrations nocturnes qui surpassaient en beauté cet incendie de Rome qu'un gentilhomme de famille patricienne, M. de Néron, alluma dans un de ces accès de gaieté auxquels il était sujet.

Au bon vieux temps dont nous parlons, la bâtardise était en grand honneur ; et la noblesse féodale était si fertile en ce genre, que sous Philippe-le-Bel ils se réunirent en corps d'armée et furent au moment de se rendre maîtres de la Guyenne : ils prirent et pillèrent la ville de Saintes, se liguèrent avec les Anglais, et se comportèrent en tout comme les nobles du temps les plus légitimes.

Plus tard, le bâtard de Bourbon, le bâtard de Chabannais, renouvelèrent ces glorieux exploits, et marchèrent à la tête des bandes qui portaient le gracieux surnom d'Écorcheurs que leur avaient valu d'ingénieuses cruautés.

La justice même, dans ce temps-là, n'avait pas toujours pour les personnes bien nées les égards qu'elles méritent; et c'est pour remédier à cet abus que le maréchal de Brissac organisa la compagnie des enfants perdus, où tout chevalier condamné ou poursuivi pour meurtre, violence ou brigandage, trouvait un asile inviolable. Quel serait aujourd'hui le maréchal de France assez puissant pour donner cet honorable refuge aux *vainqueurs* du maréchal Brune, du général Lagarde, du général Ramel, des capitaines Leblanc, l'Héritier, et de tant d'autres officiers et citoyens si bravement tués dans leurs maisons, entre les bras de leurs parents, ou sur les places publiques, en présence des autorités civiles et militaires? Tel était l'état des choses aux treizième, quatorzième et quinzième siècles.

L'ABBÉ-CUISINIER,

OU UNE SCÈNE DE COUR.

Henri VIII, roi d'Angleterre, était monté en litière, le seul carrosse que les rois connussent de son temps. L'archevêque Cranmer était placé devant lui. La réformation de l'Église anglicane n'avait pas encore eu lieu, et Henri VIII était alors aussi bon catholique, qu'il devait un jour devenir fougueux luthérien. La conversation commença ainsi :

Henri VIII. — Je suis las; je m'ennuie. La reine est une sotte; j'en changerai.

Cranmer — Sire, vous avez raison.

Henri VIII. — A propos, Cranmer, comment avez-vous trouvé notre déjeuner, ce matin?

Cranmer. — Sire... déli...

Henri VIII. — Détestable, n'est-ce pas?

Cranmer. — Sire, vous avez raison.

Henri VIII. — Le saumon était mauvais! J'enverrai le maître queux à la Tour pour lui apprendre à se moquer du palais des monarques!

Cranmer. — Sire, vous avez raison.

Henri VIII. — Tout me dégoûte, tout m'ennuie.

Aliments, femmes, sermons et spectacles, je commence, comme Salomon, à trouver la vanité de tout.

Cranmer. — *Omnia vanitas...* Sire, vous avez raison.

Henri VIII — Ah! ça, qui me proposez-vous pour remplir l'évêché vacant de Durham?

Cranmer. — Leicester, mon ami, honnête homme, savant, et dévoué sur-tout à votre majesté, me semble devoir remplir parfaitement cette place.

Henri VIII. — Je l'interrogerai sur la théologie, et nous verrons.

Cranmer. — Sire, vous avez raison.

La litière s'arrête au couvent d'Edgecombe, dont Henri VIII allait visiter le prieur. Il discute avec lui des points de théologie, se fâche, s'échauffe, prétend que la Somme de Saint-Thomas contient une injonction formelle de ne point manger de truites le vendredi-saint, et finit par dire au prieur qu'il fera de lui un sergent aux gardes.

Cranmer. — Sire, vous avez raison.

Henri VIII. — Monsieur le prieur, que me donnez-vous pour dîner?

Le Prieur. — Sire...

Henri VIII — Je veux manger des truites.

Le Prieur. — Ah! Sire, justement nous avons ici un abbé, assez ignorant d'ailleurs, mais qui les accommode:... c'est une perfection....

Henri VIII. — Diable!... faites-le venir... C'est vous, l'abbé?... vite, deux truites... et déployez tout votre talent... ou bien... vous m'entendez, l'abbé?

L'abbé, qui se nommait Wellberd, s'en va tremblant. Henri VIII, en attendant, se remet à dire au prieur de petites injures théologales. On sert le dîner; le gros sourcil de Henri VIII s'abaisse : tout tremble. On sert les truites : elles sont excellentes. Le roi fait appeler l'abbé cuisinier.

Henri VIII. — L'abbé, vous êtes évêque. Je vous nomme à l'évêché de Durham, vacant par la mort du titulaire. Venez à la cour, et n'oubliez pas la sauce à la truite.

Cranmer. — Sire, vous avez raison.

(Consulter Hume, Smollet, Salisbury, Camden, sur la vérité de cette scène.)

LES JÉSUITES.

S'il y a quelque chose d'étonnant au monde, c'est d'entendre parler de jésuites en France après trente ans de révolution, et sous le régime constitutionnel où nous sommes censés vivre.

Le vrai peut quelquefois n'être pas vraisemblable.

C'est le cas où nous nous trouvons : rien de moins vraisemblable que la résurrection des jésuites à l'époque actuelle; rien de plus vrai cependant que les tronçons du reptile enseveli sous la cendre depuis soixante ans se raniment, se rapprochent, et que le serpent lève sa tête au milieu de nous. Ce miracle d'enfer, que les conjurations des hommes monarchiques ont commencé, ne s'achèvera pas plus que la contre-révolution à laquelle il devait si efficacement concourir. Les jésuites sont des contumaces relaps qui reparaissent aux lieux où ils ont été condamnés, dans l'espoir qu'on y aura oublié leurs traits : il suffit donc, pour en faire prompte justice, de prouver l'identité.

On distingue dans les partisans de l'ancien régime les *meneurs* et les *menés*. Les intérêts des uns sont diamétralement opposés aux intérêts des autres : quel est donc le lien qui les unit? et par quel aveuglement certains personnages s'obstinent-ils à protéger des hommes et des institutions qui ne peuvent être pour eux comme pour leur patrie que des instruments de malheur et de ruine? Il faut que les chefs de la faction anti-nationale aient mesuré bien juste la petitesse de leurs protecteurs, et la grandeur de leur ambition, pour être assurés de leur appui dans le projet de rétablir une société dont les odieux principes furent reconnus dès sa naissance, et qui ne démentit jamais par sa conduite les destinées qui dès-lors lui furent prédites. Conçoit-on l'excès de démence et d'audace de ceux qui essaient aujourd'hui de faire revivre sur la terre de la liberté une monstrueuse corporation que les rois, les parlements, la Sorbonne, et le pape lui-même, se virent contraints de détruire aux jours du despotisme?

On paraît avoir compté sur l'oubli des crimes et des horreurs dont les jésuites furent convaincus par l'arrêt qui prononça leur abolition; redemandons à l'histoire les souvenirs dont la tradition commençait à se perdre, et voyons quelle fut dans son origine cette *compagnie de Jésus* que l'on veut rétablir sous le nom de *pères de la foi*.

J'ouvre une *Histoire de Paris*, publiée en 1735, et je lis, tome III, page 322 :

« Le 15 août 1534 Ignace Loyola, François-Xavier, Jacques Lainez, Alphonse Salmeron, Nicolas Bobabilla, Espagnol, et Pierre Lefévre, Savoyard, prêtèrent serment, dans l'église de Montmartre, d'*aller partout où le pape voudrait les envoyer*: Loyola, fondateur de la société, fut choisi pour supérieur *de l'ordre;* et le pape, en instituant cette congrégation, motiva sa bulle sur le *dévouement sans bornes qu'elle professait pour le souverain pontife*, dans un temps où tout le monde paraissait occupé de mettre des bornes à une puissance qui menaçait de s'élever au-dessus des rois et des peuples.

« Ce ne fut qu'en 1550, sous Henri II, que les jésuites obtinrent la permission de s'établir en France, mais à Paris seulement.

« Le procureur-général Noël Brûlard, et l'avocat-général au parlement de Paris Gabriel de Macillac, ne cessèrent de représenter à la cour que « la nou-
« velle institution était dangereuse, parcequ'elle ne
« voulait dépendre que du saint-siège, et que ceux
« qui la composaient, entièrement dévoués aux pa-
« pes, seraient leurs fidèles espions et les plus grands
« ennemis de l'autorité royale. »

Sur la plainte réitérée de ces deux magistrats prophétes, on suspendit l'enregistrement de l'ordonnance royale.

La faculté de théologie s'assembla quatre fois au

collége de Sorbonne, et les docteurs furent d'avis unanime « que la compagnie dite *de Jésus* devait « être étouffée avant que, devenue plus puissante, « elle fût en état d'accabler ceux qui s'opposaient à « son établissement ; qu'elle recevait dans son sein, « sans nul choix ni distinction, toutes sortes de gens, « même des *criminels* et des *infames;* enfin que cette « société était funeste à la religion, dont elle hâte- « rait la ruine. »

Les curés, les prédicateurs, à Paris, déclamèrent hautement contre les jésuites, auxquels l'évêque interdit toutes fonctions ecclésiastiques ; mais ils se réfugièrent *au faubourg Saint-Germain,* où ils laissèrent passer l'orage. *Les Guise,* qui voyaient en eux d'excellents auxiliaires pour la sainte ligue dont ils jetaient les bases, prirent les fils de Loyola sous leur protection spéciale, et firent enregistrer l'édit de Henri II.

La conduite des jésuites ne tarda pas à justifier les craintes qu'ils avaient fait naître, et leurs premiers efforts se dirigèrent contre le faible monarque qui venait de les accueillir.

« Je crois inutile (disait à son auditoire un pré- « dicateur jésuite) de vous parler de l'Évangile, « vous le savez aussi bien que moi ; je vous entretien- « drai donc de la vie et des gestes abominables *du* « *perfide tyran Henri de Valois.* » Un mois après le perfide tyran était assassiné par le dominicain Jacques Clément, que le jésuite historien Mariana appelle *la gloire éternelle de la France!*

Le jésuite Varade, recteur du collége, encourage Barrière au meurtre de Henri IV, ainsi que l'atteste le célèbre Pasquier, qui, dès ce temps-là, faisait serrer les pouces aux accusés pour les forcer à nommer leurs complices.

Le jésuite Guignard pousse au même attentat son élève Jean Châtel; tous deux sont pendus : le jésuite Jouvency publie l'apologie de ces *deux martyrs de la foi.* Les jésuites sont chassés une première fois du royaume en 1594.

Je passe sous silence les cinq conspirations qu'ils tramèrent en Angleterre, à-peu-près à la même époque, contre la vie de la reine Élisabeth.

Le meilleur et le plus grand des rois, Henri IV, tombe enfin sous le poignard de Ravaillac, armé par les prédicateurs de son temps, comme il en convient lui-même en invoquant le nom des jésuites, dans l'ordre desquels il se préparait à entrer.

En 1598 ils font assassiner le prince Maurice de Nassau, et sont, pour ce crime, chassés de la Hollande.

Le cardinal Borromée les chasse d'un collége pour un vice infame dont l'ordre entier reste flétri, et qui conduisait les autres hommes au bûcher.

Chassés de la Bohême et de la Moravie en 1618,

comme fauteurs de discorde et de guerre civile;

Chassés de Malte, en 1643, par les chevaliers indignés de leurs déprédations,

Ils obtiennent (1713) en France, où ils étaient rentrés, cette fameuse *bulle unigenitus* qui répandit par-tout la confusion, le désordre et la terreur: plus de quatre-vingt mille lettres de cachet sont lancées, à cette occasion, contre les plus honnêtes gens du royaume.

En 1723 Pierre-le-Grand est obligé de les bannir de ses états, pour assurer le repos de ses sujets et la sûreté de sa personne.

En 1757 Louis XV est assassiné par un homme élevé dans les foyers des jésuites.

L'année suivante le roi de Portugal meurt victime d'un complot ourdi par les jésuites Malagrida, Mathod et Alexandre : cet ordre essentiellement régicide est banni du Portugal.

Après l'assassinat de Louis XV les jésuites renouvellent audacieusement le scandale qu'ils avaient donné après la mort d'Henri IV; ils publient une édition de leurs auteurs classiques, où la doctrine du meurtre des rois est enseignée.

Benoît XIV les appelait les janissaires du saint-siége, « troupe indocile et dangereuse, même pour
« son chef, ajoutait-il, mais servant bien dans l'oc-
« casion. »

Les jésuites étaient divisés en six classes. Ceux de

la dernière, composée de gens de tous états, n'étaient qu'*adjoints*, ou *jésuites de robe courte;* ils exécutaient les ordres des jésuites de *robe longue.* Cette organisation n'existe-t-elle pas dans le midi de la France? et peut-on assurer que les hommes des *compagnies de Jésus* ne sont pas, comme le nom semble l'indiquer, des *jésuites de robe courte?*

Dans l'espace de deux cents ans, il n'est point de forfaits dont cette infame société ne se soit rendue coupable. L'arrêt du parlement rendu le 16 août 1762 les a solennellement convaincus de *simonie*, de *blasphème*, de *sacrilège*, de *magie*, d'*irréligion*, d'*impudicité*, de *fornication*, de..., de *parjure*, de *faux témoignage*, de *prévarication*, de *vol*, de *compensation occulte*, de *suicide*, d'*homicide* et d'une multitude de *régicides*.

Telle est la monstrueuse association qui reparaît en France, appelée par les ennemis de tout ce qu'il y a d'humain, de grand, de généreux dans la nation française; par les amis de tout ce qui porte les armes de la perfidie et de la lâcheté, par les chefs et les agents d'une faction impie qui marche à son but la torche et le poignard à la main.

Je le répète, s'il est une situation nouvelle, extraordinaire, une époque unique dans l'existence des nations, c'est assurément celle d'un grand peuple régi par une charte constitutionnelle, gouverné par le prince même à qui on la doit, administré par des magistrats, par des autorités existant en vertu de lois positives qu'ils sont chargés de faire exécuter, et cependant au milieu duquel s'élève une puissance occulte qui a ses ministres, ses agents, ses prêtres, gouvernant, administrant, prêchant contre la volonté du monarque, contre l'autorité des lois; une puissance qui a dans le sein de la France ses milices étrangères à l'armée nationale, portant des couleurs, reconnaissant des chefs, obéissant à des ordres qui ne sont pas ceux du prince.

N'est-ce pas une chose réelle, bien que hors de toute vraisemblance, que les vrais, les seuls amis du trône constitutionnel, ceux qui n'ont d'autre désir, d'autre but que de consolider l'ordre établi, de voir fleurir à l'ombre des lois la liberté publique, non seulement n'obtiennent ni protection ni confiance, mais qu'ils ont constamment à se défendre des injures et des persécutions ministérielles, tandis que les faveurs et les encouragements sont prodigués à des hommes qui ne cachent ni leurs projets ni leurs vœux parricides; à des hommes qui travaillent, les uns dans l'ombre, les autres ouvertement, en plein jour, dans les palais, dans les temples, sur les places publiques, non seulement à renverser ce qui existe, mais à rétablir tout ce qui fut renversé depuis un demi-siècle aux acclamations de tous les peuples et de tous les rois de l'Europe, comme également contraire au repos des nations et à la sûreté des trônes?

et, chose plus étrange encore, les ministres, ou plutôt le ministre auteur, ou fauteur d'un pareil projet, s'étonne de se voir abandonner par l'opinion publique, et par tous les Français amis de la patrie, de la Charte et de la liberté !

En 1407, au temps des factions des ducs de Bourgogne et d'Orléans, le docteur Jean Petit, dans une harangue publique, prononcée dans la grande salle de l'hôtel royal de Saint-Paul, et conservée dans le cinquième volume des ouvrages de Gerson, soutint que le meurtre de Louis de France, duc d'Orléans, était légitime, et qu'il *est permis à tout vassal d'user de surprise, de trahison, et de toute sorte de trahisons pour se défaire d'un tyran, sans égard à la foi qu'on lui a jurée, et sans attendre qu'il soit condamné par aucun jugement.* Tous les nobles de la faction de Bourgogne applaudirent à cette doctrine infâme, et imposèrent silence à l'opinion générale, qui la repoussait avec horreur ; le clergé la soutint avec ses armes ordinaires : Gerson nous apprend (volume V, page 338) de quelles vexations les prêtres abreuvaient ceux qui ne professaient pas ouvertement cette doctrine ; les lettres patentes du 27 décembre 1404, portant condamnation de la proposition *quilibet tyrannus*, font mention du refus de baptême aux enfants, de confession aux mourants, de sépulture aux défunts, par des prêtres défenseurs de la doctrine de Jean Petit.

— En 1626 Santarel publia un ouvrage où le régicide était ouvertement enseigné; les universités, les parlements, la Sorbonne, le proscrivirent en le déclarant subversif de toute puissance souveraine, de tout ordre social. Les ecclésiastiques en prirent hautement la défense : trente-deux évêques et cardinaux signèrent cet acte séditieux, dont ils avaient cherché à déguiser l'horreur sous le voile des restrictions. L'évêque de Chartres, qui ne s'en laissa pas imposer par le zèle de ses confrères, offrit de signer avec eux, pourvu qu'ils se prononçassent clairement et affirmativement sur les propositions suivantes :

1° En aucune manière il n'est permis de se rebeller, ni de prendre les armes contre son roi.

2° Tous les sujets sont tenus en tout temps à obéissance, et rien ne peut les relever du serment de fidélité.

3° Le roi ne peut être déposé, par quelque puissance, en quelque occasion, et sous quelque prétexte que ce puisse être.

Les prélats refusèrent obstinément de signer cette déclaration, et firent voir par ce refus combien ils étaient imbus de la doctrine de Santarel, qu'ils feignaient de censurer. (*Mercure jésuitique, fol.* 877.)

Le parlement voulut sévir; mais les évêques intriguèrent : les courtisans, les nobles, les soutinrent, firent évoquer l'affaire au conscil du roi, et se rendirent complices. On peut voir à combien d'intrigues et d'actions déloyales ils s'abandonnèrent dans le cours de cette procédure. (*Manuscrits de Dupuy*, N° 376.) Certes, voilà des complicités bien véhémentes et bien établies.

ANYTUS ET MÉLITUS.

PETIT DIALOGUE.

Mélitus. — Je me suis arrêté un moment à la porte de votre cabinet; vous parliez seul d'un ton de colère : à qui donc en aviez-vous?

Anytus. — A cette brochure que vous voyez là, sous mes pieds.

Mélitus. — Le *Bulletin des lois?*

Anytus. — Oui, le numéro où se trouve cette loi sur la liberté de la presse, que Dieu confonde!

Mélitus. — Je venais vous en parler; il faut absolument en faire justice.

Anytus. — Justice! bonne justice, entendez-vous, mon cher Mélitus! Je l'ai promis pour vous et pour moi, si l'on consent à nous rendre aujourd'hui pour rien les charges que jadis ont achetées nos ancêtres, et qui nous donnaient, moyennant finances, le droit de vie et de mort sur la gent *taillable et corvéable à merci.*

Anytus. — Voilà le but; mais le moyen avec cette terrible loi sur la liberté de la presse, qui donne aux coupables des jurés, c'est-à-dire des complices pour juges?

Mélitus. — D'abord, ces jurés sont encore à la nomination des préfets, et ces préfets sont encore, pour la plupart, des hommes de l'excellente année 1815 : sur ce point, nous pouvons donc être tranquilles jusqu'à nouvel ordre.

Anytus. — C'est-à-dire jusqu'à la première session des chambres, dont le premier acte législatif sera, n'en doutez pas, de nous laisser corps à corps avec une loi qui suffirait seule à l'affranchissement du genre humain.

Mélitus. — Oui, si cette loi, comme toutes les autres, n'avait pas besoin d'organes, si tous les mots dont elle se compose avaient une valeur déterminée, invariable, qui ne laissât aucune place aux interprétations. Avec le seul mot de *considération*, si ingénieusement introduit dans cette loi qui vous fait tant de peur, je me charge, moi, de ruiner, d'emprisonner tous vos libéraux.

Anytus. — Pour moi, je me propose de m'attacher à la morale *religieuse;* j'ai déja vu le parti qu'on pouvait en tirer contre cette tolérance philosophique dont les apôtres font chaque jour de nouveaux prosélytes.

Mélitus. — Pour déjouer les projets de l'ennemi, il faut connaître ses forces, sa marche et son but : celui des écrivains libéraux est de défendre les principes constitutionnels, *unguibus et rostro;* de ne reconnaître d'autre règle que celle de l'opinion, et de ce qu'ils appellent la *loi*; de s'élever contre l'arbitraire sous quelque forme qu'il se produise ; de prendre la Charte pour juge de tous les actes du gouvernement et de l'administration ; de citer à son tribunal suprême tout fonctionnaire public, fût-il ministre, fût-il même substitut d'un procureur du roi, qui tenterait de faire un pas hors des limites qui lui sont tracées; de ne reculer devant aucune vérité utile; et pour n'avoir ni rivaux ni envieux, de ne lutter que contre la force et de ne flatter que le malheur.

ANYTUS. — Et l'on ne voit pas où cela nous mène! et l'on ne chercherait pas les moyens de prévenir ces délits présumés, par une condamnation provisoire! A quoi serviraient donc les tribunaux?

MÉLITUS. — L'embarras ne sera pas de condamner ces insolents pamphlétaires, mais de les convaincre. Ne voyez-vous pas comme ils se retranchent derrière leur Charte?

ANYTUS. — Ils se défendront sur les faits, nous les prendrons sur les mots; s'ils se taisent sur la personne du roi, rien de plus aisé que d'interpréter leur silence.

MÉLITUS. — Je les connais ; ils en diront du bien.

ANYTUS. — Alors nous dirons qu'ils en pensent du mal. Comment prouveront-ils le contraire? nous nous attacherons tantôt à la lettre, tantôt à l'esprit de la loi.

MÉLITUS. — A l'esprit, c'est là que je les attends;

je suis connu pour la phrase, pour l'antiphrase, et ce n'est pas pour avoir parlé sur le Code qu'avant d'avoir fini mon stage on me surnommait déjà l'*Apollon du barreau*.

ANYTUS. — On n'attaque avec succès que lorsqu'on a prévu la défense; je vous constitue pour un moment avocat du plus habile de ces écrivains libéraux : je le suppose avoir été mis en jugement pour une brochure où il s'élève contre la nomination d'un maire, lequel maire l'aurait servi plusieurs fois à table chez l'ancien seigneur du village, à la protection duquel ce nouveau fonctionnaire public est redevable de l'écharpe municipale dont il orne sa livrée.

Vous avez censuré (dirai-je à l'auteur de cet écrit séditieux) une mesure du gouvernement: le gouvernement, c'est le roi; mais le roi ne peut mal faire: donc, en improuvant son choix, vous portez atteinte au respect dû à la personne royale : vous décréditez autant qu'il est en vous l'acte émané du trône; donc vous vous êtes mis dans le cas de l'application du titre... de la loi du..., etc., etc. Voilà de la logique, j'espère! Qu'avez-vous à répondre?

MÉLITUS. — Je me mets pour un moment à mon tour à la place de l'accusé, que j'appelle mon client; et après avoir levé doucement les épaules, en accompagnant ce geste d'un mouvement de sourcils, dont il serait bon de prendre acte, je dis

« Qu'aux termes de la Charte et du bon sens le roi est *inviolable* et non pas infaillible, et qu'à moins d'une loi par trop naïve on ne peut vouloir établir la synonymie de ces deux mots.

« Je dis que le roi est le chef du gouvernement, dont les ministres sont membres; que ces ministres sont, ou du moins sont censés responsables des actes du gouvernement, et qu'en se permettant de louer ou de censurer ces mêmes actes, nous n'avons fait qu'user du plus incontestable des droits constitutionnels ;

« Qu'il y a donc erreur, sottise ou mauvaise foi dans l'accusation dont nous sommes l'objet; et pour préciser la question, qu'il doit être libre à tout citoyen de critiquer le choix qu'on aurait fait d'un laquais pour maire, ou d'un entreposeur de tabac pour capitaine de frégate, sans crainte d'être accusé de porter atteinte à l'inviolabilité royale. »

J'insisterais alors sur la responsabilité des ministres; et je terminerais par cette comparaison à longue queue, dans le goût d'Homère et de Milton, que j'ai beaucoup étudiés en faisant mon droit:

« Rien de plus pur, messieurs, que la lumière du soleil; mais cette lumière, pour arriver jusqu'à nous, traverse quelquefois une atmosphère si épaisse, un amas de vapeurs si grossières, qu'elle ne nous offre plus que ce qu'il faut de jour pour apercevoir les ténèbres. Prétendez-vous que nous insultons à la clarté céleste en disant, dans ce cas avec un peu d'humeur, qu'on n'y voit goutte en plein midi? En d'autres mots, nous accuserez-vous de nier la justice, la sagesse, la clémence royale, parceque nous nous serons permis de dire que tel ou tel ministre a outre-passé son budget; que tel autre, en s'opposant au rappel des bannis, assume gratuitement sur lui la responsabilité d'une mesure désastreuse; que, bien que toute justice émane du roi, tel de messieurs qui la rend déraisonne parfois en prose poétique? »

ANYTUS. — Savez-vous bien, Mélitus, que vous parlez beaucoup mieux qu'à votre ordinaire? ce que vous dites là est presque raisonnable; je ne sais comment conclure.

MÉLITUS. — Je conclus donc à votre place, mon cher Anytus, qu'il faut abandonner dès aujourd'hui toute accusation politique avec ces publicistes à la feuille; ces gens-là sont sur leur terrain, il est sage de les y laisser: c'est en diffamation, en calomnie, en attentat à la *considération* personnelle, qu'il faut les poursuivre.

ANYTUS. — Tenons-nous-en à cette idée; rassemblons tous les passages des écrits publiés depuis six mois, dans les termes de la loi, où il est question de ministre inhabile, d'administrateur infidèle, de magistrat vendu au pouvoir, de courtisan lâche et flatteur, d'homme perdu de réputation; et du moment où nous aurons trouvé quelqu'un qui veuille se reconnaître à l'un de ces portraits, engageons-le seulement à porter plainte, et vous verrez, si je siége au parquet, le parti qu'on peut tirer de votre loi sur la liberté prétendue de la presse.

MÉLITUS. — En attendant, Anytus, continuons à crier contre les auteurs dont nous avons la liste: *Au libéral! à l'athée! au philosophe!* abstenons-nous même du bien dont, par hasard, nous aurions eu la pensée, s'il arrive qu'ils en aient exprimé le vœu; en un mot, appelons sur la philosophie du siècle l'anathème que cet impie de Voltaire lançait contre l'intolérance. Écrasons l'infame!

LES TABLETTES D'UN GOUTTEUX.

POT-POURRI

POLITIQUE, CRITIQUE, MORAL ET LITTÉRAIRE.

(1815.)

...... J'ai toujours entendu dire que l'esprit était comme la goutte, qu'il sautait une génération; je suis d'autant plus disposé à le croire, que mon fils unique, âgé de quinze ans, est aussi borné que l'était feu mon père, lequel, par compensation, n'a jamais eu la goutte, dont mon grand-père était perclus comme j'ai le malheur de l'être. Quoi qu'il en soit de la vérité rigoureuse de cette double proposition, ce qu'il y a de bien avéré, c'est que mon fils est inepte, et qu'en travaillant en bon père à son bonheur, je ne dois pas perdre de vue cette malheureuse vérité. A force d'observer, je me suis aperçu d'une chose, c'est que dans le monde la bêtise était un obstacle à tout, et que la sottise, qui servait souvent à quelque chose, ne nuisait jamais à rien : j'en conclus que j'aurai ville gagnée si je parviens à faire de mon fils un sot; et je m'y prends assez bien pour cela. D'abord je l'ai mis à la lecture unique des œuvres de M. M..., au moyen desquelles je suis parvenu à loger dans son cerveau une collection de phrases sentimentales qu'il place déjà dans la conversation avec un bonheur d'à-propos tout-à-fait risible : je lui fais suivre le cours de littérature de M. A. M..., pour achever de former son style; et M. C. L. D... est chargé de lui faire connaître nos auteurs dramatiques, dont il parle déjà presque aussi bien que son maître.

Mon fils ne sera pas plus tôt un sot, qu'il faudra songer à le pourvoir d'un état ; je me suis déjà interrogé sur celui qui pouvoit lui convenir, et je n'avais rien trouvé de mieux que d'en faire un gentilhomme ordinaire de la chambre : les derniers événements ont renversé mon projet; et comme il est d'usage en toute circonstance de mesurer les plus grands intérêts de sa patrie sur son intérêt particulier, j'avouerai que je n'ai pas vu sans regret détruire un ordre de choses où mon fils trouvait si naturellement sa place; je m'en expliquais franchement hier avec un de mes amis. « Vous voilà bien embarrassé, me dit-il; vous vouliez faire de votre fils un *gentilhomme de la chambre,* faites-en un *chambellan.* »

...... J'ai couru le monde autant qu'homme vivant, et je déclare que les Françaises sont, à tout prendre, ce que j'ai trouvé de mieux en femmes sur la terre; ce qui n'empêche pas que, parmi ces belles, bonnes et spirituelles créatures féminines, il ne s'en trouve bon nombre, sur-tout à Paris, que l'on croirait de temps à autre possédées du démon étrange que la Genèse appelle *Nalcama*, lequel ou laquelle (car le sexe de ce diable est équivoque) fit faire aux anges de bien singulières sottises. Il y a tout juste un an qu'il a pris possession de ces dames, en les stigmatisant d'une fleur au front, et en leur soufflant au cœur la haine de leurs compatriotes et l'amour impur de l'étranger. Elles forment entre elles une espèce de collège des *Quatre-Nations*, dont les régentes sont: pour la Russie, Alexandrine D***; pour l'Angleterre, Charlotte R***; pour l'Autriche, Athénais de N***; pour la Prusse, Julie S***. Pendant le séjour des coalisés dans cette capitale, chacune de ces dames s'est emparée d'un des chefs de l'expédition, et lui a fait de son mieux les honneurs de la France.

Ces dames ne connaissent plus ni parents ni amis, et traitent impitoyablement de lâches, de vils, d'hommes sans honneur, ceux qui soutiennent que la gloire vaut mieux que la honte; qu'une nation n'est pas la propriété d'une famille, et que le pays des lumières ne convient pas au règne des éteignoirs. Ces dames sont devenues folles de colère; une de mes nièces, que j'ai citée parmi les régentes du collège des Quatre-Nations, se distingue parmi les énergumènes : depuis quinze jours, elle s'est brouillée avec dix amis, trois amants et, même avec son mari qui dit toujours comme elle; il ne lui reste plus que son confesseur. Ma sœur, à qui il ne reste plus d'amants avec qui se brouiller, a rompu en visière avec ses enfants et ses petits-enfants; elle a juré de ne plus revoir sa fille, parceque son mari le colonel n'avait pas quitté le service après le 20 mars 1815, et qu'elle ne se décidait pas sur-le-champ à s'en séparer; son fils le député, parcequ'il n'était pas assez bon Français pour se faire Anglais; son fils le directeur des douanes, parcequ'il avait souri d'une manière équivoque quand elle avait dit cette phrase que l'on a retenue : « J'espère que le roi va se faire une bonne armée, et qu'il aura soin de n'y pas admettre de militaires. » Quant à ses petits-enfants, elle les a congédiés en masse, tout simplement parcequ'ils sont nés depuis la révolution......

...... Une femme, connue à Paris par son esprit et ses graces, disait dernièrement chez un ministre que tous les partis avaient leurs jacobins : j'entends par-là, ajoutait-elle, de ces hommes qu'aucune considération n'arrête, et qui embrassent le crime avec fureur, pourvu qu'il soit utile à leur cause. Le cardinal de Lorraine, Catherine de Médicis, Charles IX, étaient des jacobins de religion. Saint-Juste, Marat, Robespierre, étaient des jacobins de démagogie. Les chouans et certains ultra de salons, qui voudraient voir remonter Louis XVIII sur un trône dont les marches seraient couvertes des cadavres d'un million de Français, sont des jacobins du parti royal. S'ils parvenaient à triompher, on les verrait surpasser en atrocités de tous genres les plus furieux révolutionnaires.

.... Je n'aime point les gens qui poussent l'amour de la vérité jusqu'au scandale, et j'ai bien de la peine à pardonner à Montaigne, mais sur-tout à J. J. Rousseau, l'aveu qu'ils nous font de leurs honteuses faiblesses. J'admire Cicéron; je voudrais l'aimer, et c'est lui qui m'apprend que sa passion pour l'argent n'était pas moins forte que son amour pour la gloire. Jamais le citoyen de Genève, dont l'impudence m'a souvent révolté, n'est convenu d'une action aussi basse, aussi honteuse que celle dont l'aveu échappe au prince des orateurs, dans ses Lettres familières, que je viens de relire pour la vingtième fois. Milon avait contribué de tout son pouvoir au rappel de Cicéron exilé; il l'avait débarrassé de son plus mortel ennemi, de ce Clodius, auteur de tous ses maux, objet de toutes ses craintes. Le meurtre de Clodius avait entraîné l'exil de Milon et la confiscation de tous ses biens: n'est-il pas révoltant d'apprendre, de la bouche même du *père de la patrie,* qu'il faisait acheter et qu'il partageait avec un de ses affranchis les dépouilles du *Crotoniate* (c'est ainsi qu'il appelait Milon en plaisantant avec tant d'à-propos)? Je voudrais bien pouvoir dire par quelle concaténation d'idées je suis arrivé à cette réflexion chagrine...; mais... *approuvez le respect qui me ferme la bouche.*

..... Il faut que je sois pourvu d'un grand fonds de philosophie, pour n'en pas finir une fois pour toutes avec l'existence, dont je me trouve si mal, et dont j'ai le remède sous la main. Quand je pense à tout ce que je souffre, à tout ce que j'ai encore à souffrir, et à la facilité que j'aurais *to make my quietus,* comme dit Shakespear, je ne sais ce que j'admire le plus, de mon courage ou de ma patience! Indépendamment des misères qui me sont en ce moment communes avec tous les Français, et que je sens peut-être plus vivement que personne, je suis affligé, pour mon propre compte, de deux maux dont le moindre est un avant-goût de l'enfer : ma famille et la goutte. Du moins celle-ci me laisse quelques semaines de relâche; ma femme et mes enfants ne me donnent pas le moindre répit. Ma femme, qui a été jeune et jolie, est aujourd'hui vieille et laide; c'est à moi qu'elle s'en prend de ce double malheur : j'ai beau lui jurer qu'il n'y a pas de ma faute; elle essaie depuis vingt ans de me prouver le contraire.

Je suis fâché de ne pouvoir expliquer les raisons qu'elle me donne : on y verrait de quoi le cerveau d'une femme est capable. La mienne est dévote, et, qui pis est, dévote à la manière de Catherine de Médicis, au point de demander tous les matins à

Dieu l'extermination des incrédules, puisqu'elle a le malheur de ne pouvoir s'en charger elle-même. Tout religieux que je suis, je me révolte de temps en temps contre son zèle; aussi Dieu sait comme elle m'arrange dans ses prières, qu'elle a quelquefois la franchise de prononcer tout haut. C'est peu d'être dévote, ma femme est *royaliste pure*, mais de cette pureté diabolique qui ne reconnaît en France qu'un millier d'hommes ou de femmes à qui l'on dût faire grace du dernier supplice, si justice se faisait comme elle l'entend. Les mots de constitution, de peuple, de liberté, lui donnent des attaques de nerfs que son médecin a caractérisées du nom d'épilepsie politique. Tout simplement, je la crois folle. Il est difficile d'en douter, lorsqu'on la voit, à près de soixante ans, aller danser tous les soirs sur la terrasse des Tuileries, avec un pouffe surmonté d'une tige de lis de trois pieds de hauteur. Je respecte le roi; mais comme j'associe toujours à ce nom ceux de patrie, de constitution, de tolérance, ma douce compagne, qui a beaucoup de logique dans l'esprit et de rectitude dans les idées, en conclut que je suis un jacobin, un athée, un bonapartiste: ce qui jette un grand charme dans nos entretiens, comme on peut le croire.

J'ai trois fils qui ne sont pas moins aimables que leur mère. L'aîné, qui n'est déjà plus jeune, après avoir vieilli dans les coulisses et les tripots, dont il était le coryphée, après avoir abusé dans sa jeunesse des avantages d'une figure agréable, est réduit dans l'âge mûr à tirer vanité de ses airs de gentilhomme, dont personne ne lui tient compte, et de ses ridicules prétentions, dont tout le monde se moque.

Je prends mieux mon parti sur les défauts du second : il est brutal, grossier, libertin; mais il ne manque ni de courage ni de cette espèce de franchise qui s'allie avec la générosité. Né au temps des proscriptions, dont j'ai été l'une des premières victimes, son éducation a été totalement négligée; il a couru le monde sans guide, sans appui, et l'on s'aperçoit trop que c'est dans les écuries et dans les tavernes qu'il a appris à vivre.

Le troisième, mon fils Benoît, n'aurait que peu de chose à changer à son prénom pour en faire une épithète. La nature lui a tout refusé, figure, esprit, bon sens. Il a tout juste autant d'idées qu'il en faut pour être un sot, et tout juste autant de religion qu'il en faut pour être un fanatique. Il fait des vœux pour le rétablissement des cloîtres : que Dieu l'exauce! il n'est bon qu'à être moine....

.....Je viens de lire mes journaux : quelle odieuse canaille que ces barbouilleurs de papier à la feuille! j'éprouve un mouvement égal de honte et d'effroi à l'aspect de cette autre coalition d'infames adulateurs qui, rampant comme des reptiles venimeux jusqu'au pied du trône, lancent sur le monarque, quel qu'il soit, le poison de la plus basse flatterie. Le reste de notre brave et malheureuse armée est l'objet de toutes les calomnies de cette bande noire; sa destruction, le but de tous ses efforts : insignes poltrons, derrière un rempart de baïonnettes, ils calomnient le courage; ils s'obstinent à ne voir que des bonapartistes dans tout ami de l'indépendance et de l'honneur national. Refuser de rendre une ville à des amis qui la brûlent, c'est être un brigand; ne pas danser et s'ébaudir dans la boue, c'est être un jacobin.....

.....M. Bouilly a fait un livre des *Indemnités des gens de lettres*, j'en veux faire un que j'intitulerai les *Indemnités des goutteux*. Je commencerai par y établir, comme une belle et bonne vérité (démontrée par son absurdité même, comme beaucoup d'autres vérités du même genre), que la goutte est un brevet de longévité, attendu qu'on vit aussi long-temps qu'on l'a; je parlerai ensuite de tous les avantages de position dont jouit un goutteux de bonne compagnie; je peindrai sa chambre comme un lieu de rendez-vous où l'on est sûr de rencontrer des nouvellistes qui viennent y achever leur matinée, quelques jeunes parentes qui viennent y commencer la leur, et plusieurs de ces oisifs affairés, de ces colporteurs d'anecdotes, qui ne manquent pas de venir s'y recorder sur les bruits, sur les bons mots à mettre le soir en circulation.

« Il est bien juste (me disait mon médecin, à qui je faisais part de ce projet de livre) que la société donne aux goutteux quelques indemnités morales en échange de tant de douleurs physiques; l'objet principal de son institution doit être de favoriser l'être intelligent que la nature sacrifie en toute circonstance à l'être matériel : croiriez-vous, par exemple, que *plus un animal est intelligent, plus ses plaies sont difficiles à guérir?* Rien de mieux prouvé que ce phénomène physiologique, en comparant les différentes espèces entre elles : ainsi, la facilité de la guérison décroît en comparant l'*homme,* le *cheval,* le *cochon,* les *reptiles,* les *poisons,* les *polypes,* et si cette loi ne s'applique pas aussi facilement aux individus de la même espèce, son existence n'en est pas moins démontrée aux yeux de l'observateur physicien. — Comment, docteur, vous croyez sérieusement que les blessures d'un sot se cicatrisent plus aisément que celles d'un homme d'esprit? — Oui, sans doute, abstraction faite néanmoins des causes d'aberration que peut rencontrer la maladie. Je pourrais vous mettre sous les yeux les résultats de cent expériences que j'ai déjà rassemblés, et qui viennent à l'appui de mon système; je vais plus loin, et j'offre de les renouveler en public : que l'on m'amène, par exemple, MM. F., L., B., R., M., T., H.; que l'on assène à chacun de ces messieurs un coup sur l'occiput, de la même main, de la même force, du même poids, de manière à ce qu'il en résulte pour chacun d'eux une blessure égale en longueur, largeur et profondeur : cela posé, je procède au traitement par les mêmes soins, par les mêmes remèdes, et je déclare que le premier guéri sera incontestablement M. L., dont la blessure se fermera dans le jour même ; MM. T., F., M., entreront en convalescence dès le lendemain, et pourront, dès le jour suivant, vaquer à leurs travaux quotidiens ; la maladie de M. B. offrira d'abord quelques symptômes dangereux qui ne tarderont pas à s'évanouir ; M. C. donnera pendant long-temps de vives inquiétudes ; et M. H. pourrait bien en mourir.

« Ce phénomène physiologique une fois constaté, si vous m'en demandez l'explication, je vous dirai que l'homme d'esprit est dans un état habituel de fièvre comparativement à l'homme dont les facultés intellectuelles sont moins développées : or, on sait que la fièvre est un obstacle à la guérison des plaies ; donc un sot doit guérir plus promptement : nouveau motif de dire : *Beati pauperes spiritu*. »

. . . . On est aujourd'hui en train de me faire des contes, et je suis en train de les croire : un de mes amis, grand financier, vient de m'adresser, de la campagne où il vit, l'*Histoire d'un homme qui eut trop de crédit, et qui se ruina en essayant de payer ses dettes par le moyen d'un fonds d'amortissement.*

John Bulker avait dans le Borrowing-Country

une terre, de la valeur d'un million, qui lui rapportait, à trois pour cent, 30,000 fr.

Il devait 600,000 fr., dont il payait les intérêts, lesquels, à cinq pour cent, absorbaient les 30,000 fr. qui formaient tout son revenu.

Il fallait vivre cependant; et comme sa terre valant un million aurait dû, suivant les calculs des capitalistes, lui rapporter cinq pour cent, il imagina de créer un système de libération fondé sur cette différence entre le revenu réel et le revenu supposé. Il annonça avec beaucoup de fracas l'établissement d'un fonds d'amortissement dont il promettait solennellement que rien ne le ferait départir. Le monde entier périrait avant qu'on se permît de toucher à ce fonds sacré. Ces promesses inspirèrent de la confiance, et les prêteurs furent convaincus que plus il emprunterait, plus il serait en état de se libérer.

Il emprunta d'abord 40,000 fr.; mais, en homme prudent, il dit : j'emploierai une partie de l'emprunt,

1° A en payer les intérêts, ci. . . 2,000 fr.

2° A éteindre une partie de la dette de 600,000 fr., et si je rembourse seulement 18,000 fr. tous les ans, j'aurai éteint toute ma dette dans trente-trois ans et quatre mois.

De l'autre part. . . . 2,000 fr.

Il paya donc cette année à ses créanciers anciens. 18,000

Il se réserva pour sa dépense personnelle. 20,000

Total de la somme empruntée. . . 40,000

Il fit le même calcul pendant les neuf autres années suivantes, et il emprunta encore. 360,000

Emprunts des dix années. . . . 400,000

Il devait donc 400,000 fr. pour ces nouveaux emprunts; mais au moyen du fonds d'amortissement, il avait éteint sur les anciens 180,000 fr. en capital et des intérêts à proportion.

Nous avons dit que sa terre valait 1,000,000 fr. Il avait emprunté la même somme; mais au moyen de ses emprunts il avait éteint pour 180,000 fr. de sa dette ancienne. C'était un fonds libre, et il imagina de l'affecter à de nouveaux emprunts. Il est bien vrai qu'on éprouvait un peu d'embarras à dissiper ainsi ce fonds d'amortissement, qui, suivant les promesses les plus solennelles, devait rester intact jusqu'à l'entière extinction de la dette; mais nécessité n'a point de loi, et John Bulker fit encore bonne contenance pendant environ cinq ans: alors il se trouva qu'au lieu de devoir 600,000 fr. il devait 1,000,000 fr.; qu'il avait à payer annuellement

5o,ooo fr. d'intérêts, tandis que sa terre ne produisait que 3o,ooo fr. de revenu. Il n'avait plus rien à offrir à ses créanciers, pas même des illusions. Il fut donc, d'un côté, hors d'état d'emprunter; de l'autre sans ressources pour payer la totalité des intérêts qu'il devait, et même sans moyen de subvenir à ses propres dépenses. Malgré cette situation plus que difficile, il parvint cependant encore à faire quelques autres emprunts, mais ils ne reposaient plus que sur la foi de l'ancien crédit dont il avait joui. A la fin cette ressource même lui manqua et il fit banqueroute. . . . .
. . . .
. . . . . Il faudrait être bien incrédule pour ne pas croire aux revenants, par le temps qui court; pour moi, j'avouerai que je suis en relation intime et directe avec un de ces loups-garoux qui habitent tantôt à la surface et tantôt au sein de la terre. C'est par lui que je suis informé de ce qui se passe dans l'autre monde. Voici ce qu'il a bien voulu me communiquer dans sa dernière visite.

Journal du Ténare.

« Guerre aux idées libérales. »

Des bords du Phlégéton.—Le Grand Obscurant a fait comparaître devant lui les criminels arrêtés depuis ses dernières assises; trois d'entre eux ont été condamnés à être tenaillés, pour avoir osé dire que l'on pouvait concilier quelques pensées et quelques actions libérales avec l'observance des statuts infernaux. L'exécution a eu lieu devant un grand concours de démons attirés par les agréments du spectacle.

De Plutonie. — L'ancien des ténèbres, Belzébut, étant sur son trône, a reçu les compliments et les félicitations des grands de l'empire, à l'occasion de l'éruption d'un nouveau volcan qui vomit des flots d'huile bouillante.

Le grand chambellan a présenté à son obscurité le démon Férogiraf, qui lui a fait hommage de ses œuvres. S. M. a daigné l'accueillir avec bienveillance, et l'a nommé protecteur des écrivains infernaux envoyés en mission.

Rescrit impérial.

Nous étant fait rendre compte des sentiments des Séquaniens pour leur roi légitime, et ayant reconnu qu'une grande partie de la nation, le regarde comme un père qui a assuré son bonheur en lui donnant la Charte constitutionnelle, et en la défendant contre les entreprises de nos émissaires, voulant mettre promptement fin à un état de choses si contraire à nos intérêts, et qui tendrait à prolonger indéfiniment l'état de paix et de sécurité dont jouissent les Séquaniens, avons ordonné ce qui suit :

Art. 1ᵉʳ. Il sera fait, en caractères fulminants, une réimpression des articles des gazettes terrestres, dans lesquels nos commissions des ténèbres et des furies réunies trouveront exposés avec force et en style cabalistique les principes anti-libéraux qui nous dirigent.

Art. 2. Les mesures les plus efficaces seront prises pour répandre ce recueil avec profusion. Il sera admis au nombre des livres destinés à l'enseignement.

Art. 3. A l'avenir, il faudra avoir subi dans notre école normale un examen ténébreux sur les matières traitées dans ces livres, pour obtenir un brevet d'obscurantisme et être reçu docteur.

Art. 4. Les dix élèves qui auront fait preuve de plus d'acharnement contre les idées libérales seront autorisés à aller achever leur cours de ténèbres à la suite de ces lugubres écrivains.

Art. 5. Il nous sera rendu compte chaque année, à pareille nuit, de l'exécution donnée à ces présentes.

Signé BELZÉBUTH.

. . . .
. . . . Claude-Toussaint Veaudoré, bouquiniste,

passage Saint-Benoît, vient de m'adresser son petit catalogue; il m'a paru curieux.

1° Essai sur le scandale, traduit de l'italien *del signor* M. . . . . . ., de l'académie des *Otturi* de Bologne, avec le Commentaire de *Silvano Nasoni*, membre de la même académie et de celle des *Arditi* de Padoue. On y joint deux Dissertations originales sur l'imprudence et sur la nécessité des verrous, par la femme d'un janséniste; 2 vol. in-4°, reliés en parchemin.

2° Recherches sur l'adulation, par une société de gens de lettres. Cet ouvrage, publié d'abord par feuilles détachées, a été réuni en six gros volumes in-8°, imprimés à Londres en 1714, chez *Nathaniel Bractéa*, à la Girouette, dans le Strand.

N. B. On trouve sur le verso de la couverture du premier volume cette note manuscrite de l'un des possesseurs:

« Ce recueil, qui n'est pas rare, car je l'ai vu dans
« beaucoup de bibliothèques et cabinets littéraires,
« s'achète cependant fort cher dans les encans.
« Le dernier duc de Bristol paya son exemplaire
« cent guinées. Je n'ose dire ce que celui-ci m'a
« coûté. »

3° Le Pot au noir, ou nouveaux Mélanges politiques, stratégiques et littéraires; ouvrage posthume de maître André, auteur du Tremblement de terre de Lisbonne; 1 vol. in-8° de 365 pages.

4° Rapport lu à la société académique de la Souterraine (département de la Creuse), au nom de la commission nommée à cet effet, des expériences faites sur le clair-obscur et le nouveau gaz acide lobanique; par le chevalier ***.

Cette brochure est très rare; je n'en ai vu jusqu'ici que l'exemplaire que je mets en vente. Elle renferme des idées très singulières et très hétérodoxes en catoptrique et en chimie. L'académicien de la Souterraine propose de remplacer avantageusement nos moyens d'éclairage par une lanterne sourde de son invention, et qu'il a mise en usage dans son castel; il veut renverser les systèmes de Macquer, de Lavoisier, de Fourcroy et de tous nos chimistes modernes, qu'il appelle des impies, des novateurs, etc., etc., et ne reconnaît que l'ancienne école de Leméry, seul et digne successeur du Petit-Albert, de Corneille Agrippa et de Paracelse.

5° Commentaires sur la dernière guerre d'Amérique, par Binsfield, vivandier à la suite de l'armée anglaise, traduits de l'anglais par Chrysophile Nazaris, garçon cantinier suisse, et enrichis de notes et de cartes par plusieurs écrivains des charniers et dessinateurs de broderies.

. . . . Il est bon nombre d'hommes que leurs habitudes ou leurs préjugés rendent inaccessibles à toutes idées nouvelles. Tout ce qui n'était pas entré dans leurs têtes il y a trente ans est repoussé par eux avec une sorte d'horreur; tout ce qui est advenu depuis leur paraît révolutionnaire.

Un vieux professeur de botanique de Turin vient d'y revenir en quittant la Sardaigne, où il s'était réfugié avec le roi. A son arrivée il n'eut rien de plus pressé que de s'aller promener dans son ancien jardin botanique, qui s'était enrichi en son absence d'une foule de plantes de la Nouvelle-Hollande, envoyées tant du Muséum de Paris que des serres de la Malmaison; il s'approche des planches, examine les plantes, sourit à celles qu'il reconnaît, fronce le sourcil à la première étrangère qu'il voit, grimace à la seconde, s'irrite à la troisième: il met ses lunettes, lit les noms sur les étiquettes; tous noms nouveaux pour lui: désespéré, indigné, il se précipite sur ces intrus, les foule aux pieds, en s'écriant à chaque expédition qu'il fait: *Va de via, jacobino.*

Comment vouloir que de tels hommes et tous ceux qui leur ressemblent comprennent jamais ce que c'est qu'une charte, un roi constitutionnel et des idées libérales? Hélas! les malheureux! ils leur diraient volontiers, comme mon vieux professeur de Turin, *va de via, jacobino.*

...... Je sors depuis quelques jours, j'écoute, j'examine, et je ne sais plus où j'en suis. Plus j'observe ce peuple, plus je l'interroge, moins je le connais, moins je l'entends. Ce qui confond sur-tout mes idées, c'est la diversité des opinions dont le refrain est pourtant toujours le même : *Vive le roi !*

J'entre dans un salon du faubourg Saint-Germain, j'entends dire : *Point de constitution, vive le roi !* — Dans une société du faubourg Saint-Honoré, on me crie aux oreilles : *Point de royalistes purs, vive le roi !* — Dans une autre de la Chaussée-d'Antin : *Point de républicains, vive le roi !* — Dans une maison du faubourg Saint-Antoine : *Point de chouans, vive le roi !* — Je passais hier devant une église, la foule assemblée criait : *A bas les fanatiques, vive le roi !* — Je me sauve chez un marchand, on y chantait en chœur : *Point de noblesse, vive le roi !*

En rentrant chez moi je me suis mis à réfléchir. Si tous les vœux que je viens d'entendre, me dis-je à moi-même, venaient à être exaucés, il est clair que le roi resterait tout seul ; non plus roi des Français, comme le veulent ces hommes à *idées libérales*, qui donnent aux mots leur signification rigoureuse ; mais roi de France à la lettre, comme l'entendent certaines gens à *idées féodales*, qui ne voient dans un roi qu'un seigneur suzerain de quelques milliers d'arpents de terre.

En partant de cette idée, je me faisais une image vraiment effrayante de notre situation politique, et j'essayais de faire partager mes craintes à un vieil ami en qui résident tout le sang-froid et toute la raison qui manquent souvent à nos compatriotes. « Vous êtes, me dit-il, aussi fou que les autres avec vos inquiétudes : ne savez-vous pas qu'en France on parle très vite, et qu'il ne faut s'arrêter qu'aux derniers mots de la phrase? Ce cri de *vive le roi,* si général, si unanime, est la preuve que nous nous entendons déjà sur un point important; mais qui veut la *fin* veut le *moyen;* or ce moyen est la *Charte constitutionnelle,* sans laquelle il n'y a de salut pour personne; c'est une vérité dont les quatre cinquièmes de la nation sont déjà bien convaincus, et qui ne tardera pas à se faire sentir à ceux qui ne veulent pas l'entendre. Ainsi dormez tranquille quand la goutte ne vous tourmentera pas, et ne cessez jamais de répéter avec moi : *Vive la Charte.*

Traite des blancs.

Je viens d'avoir une bien singulière visite, c'est celle d'un capitaine de vaisseau nègre, nommé *Calibalou,* qui arrive à Paris pour y faire la *traite des blancs.* Cet homme, au nez camard et à la peau d'ébène, parle passablement français pour un habitant de la côte de Guinée, qui n'a étudié notre langue que dans les journaux. Il m'a fait part de sa mission, qui m'a d'abord paru fort impertinente, mais j'ai fini par trouver dans son récit l'excuse bien naturelle de son erreur.

Calibalou est la plus forte tête de nègre du royaume d'Ardra; il y a bientôt un an qu'un vaisseau français se perdit corps et biens dans le golfe de Saint-Thomas : les débris les plus légers sont les plus faciles à sauver du naufrage; une petite cassette, contenant la collection du *Journal des Débats*, fut jetée à la côte, et remise entre les mains du savant Calibalou, qui se mit en tête de déchiffrer ces feuilles écrites dans un langage qui lui était inconnu. Il y parvint en moins de deux mois, et fit à ce sujet un mémoire qu'il lut à l'académie d'Ardra, où il ne pouvait manquer de produire une grande sensation. Calibalou révélait à ses compatriotes l'existence de la terre européenne, qu'ils ne soupçonnaient pas, laquelle était habitée par une race d'hommes de couleur blafarde, dont les princes du pays faisaient en ce moment un très grand commerce, et sur laquelle on pouvait établir des spéculations avantageuses. Calibalou prouva, par différentes citations des feuilles qu'il avait traduites, qu'il importait surtout aux intérêts de sa majesté noire d'établir un comptoir d'esclaves dans un petit pays situé entre le 49e et 55e degré de latitude, dont la population entière était à vendre.

Le roi d'Ardra, plein de confiance dans les lumières de son ministre Calibalou, fit aussitôt armer un vaisseau dont il lui confia le commandement. Mes lecteurs liront sans doute avec plaisir le rapport que ce capitaine a fait à son maître, et qu'il m'a permis de transcrire.

Compte rendu à S. M. le roi d'Ardra, côte de Guinée, par le capitaine Calibalou, commandant du vaisseau l'Ardrouly, ce qui signifie en langue du pays le Candidier.

De la rivière de Séquana, le....

Sire, d'après les ordres de Votre Majesté, je me suis élevé dans les régions glaciales pour faire des découvertes avec le vaisseau qu'elle a daigné me confier. Après une longue navigation, j'ai reconnu la terre des Séquaniens, et j'ai débarqué sur cette plage, jusqu'à présent inconnue à tous les habitants des domaines de Votre Majesté. J'y ai trouvé un assez bon port, auquel j'ai donné le nom de *Nouvelle-Ardra*, d'après celui de la capitale de vos états : il se nomme DIEPPE dans la langue des naturels du pays. Aussitôt après être descendu à terre, j'ai voulu, conformément à mes instructions, en prendre possession au nom de Votre Majesté pour constater ses droits sur ce pays. Les naturels m'ont entouré avec beaucoup de curiosité, et, lorsqu'ils ont été instruits de l'objet de mes démarches, ils ont paru vouloir s'y opposer. Pour ne point compromettre les intérêts de Votre Majesté, qui auraient pu souffrir si ces sauvages avaient retenu mon navire, je me suis contenté d'enterrer sur le rivage l'acte de prise de possession, que j'ai enfermé dans une calebasse goudronnée, traduit en souli, yolof et mandingue, pour que personne n'en ignore.

Cette première opération achevée, j'ai voulu, conformément aux ordres de Votre Majesté, m'occuper du commerce, principal but de l'expédition, et fonder sur ces côtes un comptoir pour l'achat des hommes, ce qui me paraissait d'autant mieux vu que les naturels de ce pays, vivant sous un mauvais climat et dans un pays peu fertile, doivent être plus propres au travail. Je commence néanmoins à craindre de ne pouvoir remplir entièrement les intentions de Votre Majesté : les sauvages de cette côte paraissent avoir des préjugés contre l'esclavage, et bien que le commerce des esclaves soit permis par leurs lois, ils prétendent qu'il n'y a que la race des fils du soleil qui doive être vendue et achetée. Je conviens qu'ils ont raison à certains égards. La race blanche, étant très inférieure, n'a guère de valeur intrinsèque, et l'on ne peut acheter des hommes de cette espèce que par curiosité, ou dans des vues de bienfaisance, comme celles de Votre Majesté. J'avais lieu de croire qu'en portant le prix d'un de ces *albinos* à celui que vaut un Mandingue bien constitué, je pourrais en obtenir une petite cargaison; mes efforts ont été inutiles; ces gens-ci ont un orgueil insupportable; je rougis de le dire à Votre Majesté, mais ils se prétendent au moins nos égaux.

J'ai pris de nouvelles informations, et, sur les avis que j'ai reçus, j'ai laissé mon vaisseau en rade de la *Nouvelle-Ardra*, et je me suis rendu par terre dans une grande *Aldée* que l'on nomme PARIS, où se tient le marché principal de la nation séquanienne. J'ai fait connaissance avec un des principaux courtiers qui a son bureau dans l'endroit le plus sale de cette ville : il m'a donné une fort longue liste de gens à vendre, en tête de laquelle il n'a pas oublié de se mettre. Dans les articles les plus courus, et parmi lesquels j'ai fait quelques bonnes acquisitions, se trouvent des filles vendues par leurs mères, des femmes que m'ont cédées leurs maris, et des veuves qui se sont vendues elles-mêmes. J'ai eu à très bon compte une paire de journalistes appareillés, mâle et femelle : cette espèce se propage très facilement, et les individus que j'ai choisis sont de nature à produire d'excellents esclaves s'ils sont bien pansés et bien nourris.

J'ai échangé quelques livres de poudre d'or contre un assortiment d'hommes que j'ai eu la sottise d'acheter sur la mine ; on les nomme des *courtisans* : paresseux, avides, ingrats, incapables, leur maître n'a pas de plus grands ennemis dans la prospérité, parcequ'ils le corrompent, et dans le malheur, parcequ'ils l'abandonnent. Il n'y en a pas un dans le nombre de ceux dont j'ai fait la sotte acquisition qui ne se soit déja vendu cinq ou six fois; cette marchandise-là ne vaut pas le fret; je la laisserai ici; j'aime encore mieux perdre mon argent que mon honneur.

Je compte rester encore un mois dans ce pays, et pendant ce temps je n'oublierai rien pour assurer, autant qu'il dépendra de moi, le succès de ma mission, et pour me rendre digne de la confiance dont Votre Majesté a daigné m'honorer, etc...

NOUS MOURRONS TOUS.

Je me sens aujourd'hui en humeur de sermonner; si j'avais été prédicateur, et que par hasard on m'eût choisi pour prêcher à la cour un sermon *sur la mort*, je crois, Dieu me pardonne, que j'aurais été plus hardi que le récolet dont parle Marmontel, et que j'aurais hardiment commencé mon discours par ces mots : Sire, *nous mourrons tous*, absolument tous. En parlant de la nécessité si cruelle pour tous les hommes d'en venir là, j'en aurais fait à-peu-près en ces mots l'application aux différentes classes de la société :

Nous mourrons tous, aurais-je dit aux *grands* de la terre; ainsi donc, messeigneurs, trouvez bon que je vous rappelle à ce sujet quelques vérités que la flatterie vous laisse trop souvent oublier dans le cours de votre vie. Ce nom de *grand*, que l'on vous donne, est une première erreur contre laquelle je dois vous prémunir : remarquez d'abord que cette dénomination ambitieuse ne suppose pas que vous soyez des colosses, et qu'elle contrarie la première des lois de la perspective; car plus on approche de vous, et plus vous paraissez petits: « Je comprends, dit Pascal, la petitesse de la plupart des grands que le hasard a rendus tels, et à qui la nature a refusé la grandeur du génie, la grandeur des idées, la grandeur des sentiments, et qu'il faut néanmoins traiter de grandeur, parcequ'ils ont un grand pouvoir de faire du mal. »

Fénélon ajoute : « La vertu touche peu les grands, parceque la vertu, loin de les flatter, les contredit et les condamne dans leurs faiblesses : faut-il s'étonner s'il ne sont point aimés, puisqu'ils n'aiment rien que leur grandeur ? »

Duclos traite encore plus mal les grands, lorsqu'après avoir parlé de Lafin, complice du maréchal de Biron, comme d'un homme faux dans ses caresses, rampant dans le besoin, ingrat après le succès, il ajoute : Lafin était né pour être grand seigneur.

Mes très chers et très nobles frères, je n'imiterai pas les orateurs chrétiens et profanes qui ont cru venger suffisamment la morale en présentant le miroir à vos vices; j'essaierai de vous en corriger en commentant à votre usage ces mots que j'ai pris pour texte de mon sermon : *Nous mourrons tous.* Grands de la terre, réfléchissez seulement cinq minutes par jour à cet arrêt irrévocable, et plus vous serez orgueilleux de votre naissance, plus vous prendrez soin de votre mémoire. En songeant à l'égalité de la tombe, vous serez moins fiers des supériorités sociales, et en revêtant par anticipation votre dépouille terrestre des croix, des rubans et des décorations qui brillent sur votre poitrine, où l'air et le sang circulent encore, vous finirez par apprécier à leur juste valeur ces hochets de la vanité.

Je m'adresse maintenant à vous, mes chers sœurs, et je dis aux plus jeunes d'entre vous: Les amants et les poëtes vous parlent sans cesse de vos attraits, de vos graces, de votre beauté, mais ils oublient de vous dire que nous *mourrons tous*, et que les femmes meurent deux fois quand les qualités du cœur et de l'esprit ne survivent pas en elles aux charmes de la jeunesse.

Nous mourrons tous, mes chers frères en Apollon, sans même en excepter les quarante immortels: songez-y bien, et n'abrégez pas une vie déjà si courte par les tourments de l'envie, par les déceptions de la vanité, par les fureurs de l'ambition; ne souffrez pas du succès de vos rivaux plus que de vos propres revers; ne vendez pas votre plume à des protecteurs qui vous méprisent; et, pour avoir un plat de plus sur votre table, et un matelas de plus dans votre lit, ne ravalez pas la plus noble des professions au-dessous du plus vil des métiers.

Nous mourrons tous, mes chers frères en soutane; vous le savez mieux que personne, vous qui prélevez un droit sur notre naissance et sur notre mort : apprenez-nous donc, par votre exemple, à bien vivre; et, en nous prêchant l'immortalité si consolante d'une autre vie, enseignez-nous les seules vertus qui puissent faire supporter l'une et nous assurer l'autre, la charité et la tolérance.

Puisque *nous mourrons tous,* mes frères en toge, abandonnez un peu plus souvent à Dieu le soin de mettre un terme à la vie des criminels, et puissiez-vous un jour vous convaincre que la puissance qui crée a seule le droit de détruire!

Nous mourrons tous, mes frères de la faculté; donnez-vous donc un peu de relâche, et laissez faire le temps; il a seul le secret de la nature... *Amen!*

LA MARQUISE ET LE LIBÉRAL.

Le Libéral. — Comment! un regard, un sourire même, à moi libéral! c'est du loin qu'il me souvienne.

La Marquise. — Cela vous prouve que je ne suis pas incorrigible.

Le Libéral. — A qui faut-il que j'en fasse mon compliment?

La Marquise. — Ceci m'a bien l'air d'une épigramme; mais depuis cinq ans que je vis avec des gens du treizième siècle, mon esprit se ressent du régime où je l'ai mis : je ne vous entends pas; entrez dans ma loge, où je suis seule, et causons.

Le Libéral. — Y pensez-vous! aux bouffons, en face de la duchesse de D..., qui a déja les yeux sur vous! Que dira le faubourg Saint-Germain?

La Marquise. — Tout ce qu'il lui plaira; j'ai pris mon parti.

Le Libéral. — Je vous avertis de votre danger; c'est, comme dit Figaro, tout ce qu'un galanthomme peut faire... Voyez-vous déja cent lorgnettes braquées sur votre loge?

La Marquise. — Soyez tranquille, ils n'y verront pas plus clair : maintenant dites-moi d'abord franchement si vous ne me trouvez pas bien changée.

Le Libéral. — D'opinions, madame, tout au plus, car le temps, pour vous, semble aussi s'être fait immobile.

La Marquise. — Voilà de quoi vous faire pardonner bien des épigrammes; expliquez-vous donc sur celle que vous m'adressiez tout-à-l'heure.

Le Libéral. — Vraiment, vous en êtes revenue à ce degré de candeur! et c'est en toutes lettres qu'il faut maintenant s'exprimer avec vous! Eh bien! je vous dirai donc, puisque vous l'exigez, que j'ai toujours vu votre politique dans la dépendance de vos affections, et que si vous avez changé de principes, je me crois en droit d'en conclure non seulement que votre mari a rompu avec le vicomte, mais qu'il a maintenant pour ami quelqu'un des nôtres.

La Marquise. — Vous êtes bien heureux que je ne sois pas changée; sans cela je serais bien en colère : je n'en suis pas moins curieuse de savoir sur quoi vous fondez l'opinion, passablement impertinente, que vous paraissez avoir de mon caractère.

Le Libéral. — Songez donc, en m'écoutant, que non seulement je ne vous trouve pas changée, mais qu'à mes yeux vous êtes embellie.

La Marquise. — Vous me préparez à en entendre de belles!

Le Libéral. — Faut-il vous rappeler qu'à une

époque, dont je me garderais bien de vous citer la date, si elle ne touchait presque à votre berceau, vous poussiez l'amour de la liberté au point de croire qu'on ne pouvait la payer de trop de sacrifices?

La Marquise. — J'étais si jeune! et puis songez que je me devais à mon père, dont le repos était chaque jour menacé.

Le Libéral. — Je songe aussi à certain hérault, ou héros (permettez-moi le calembour), qui ne laissait pas que d'embellir à vos yeux l'image de la terreur.

La Marquise. — Cette calomnie est si ancienne, que j'ai oublié jusqu'aux moyens de la détruire.

Le Libéral. — Je puis vous en fournir un excellent : n'avez-vous pas épousé par amour l'ennemi personnel et politique du beau révolutionnaire? Votre époux est un homme infiniment estimable, jadis zélé républicain, aujourd'hui marquis fieffé; on ne s'avisera jamais de lui appliquer le fameux vers de Rhadamiste :

Ah! doit-on hériter, etc.

Quel cercle que le vôtre à cette époque! je vous vois encore, brillante de grace, de beauté, d'enthousiasme, au milieu d'une assemblée toute romaine, animant les esprits, échauffant les cœurs, et prêtant tout le charme d'une éloquence de seize ans aux inspirations du plus ardent patriotisme.

La Marquise. — Pour une imagination neuve et hardie la république a quelque chose de si séduisant !

Le Libéral. — Malheureusement pour elle, cette douce occupation qui sied si bien à votre sexe vous inspira le desir et vous suggéra les moyens d'arracher à la vengeance du directoire l'aimable Amédée d'O..., que poursuivait la loi de mort rendue contre les émigrés : sa reconnaissance fut si vive, qu'il ne tarda pas à vous enflammer de sa haine contre un ordre de choses dont il avait failli être victime.

La Marquise. — Je ne conviens que d'un fait, c'est qu'il m'aida à démêler mes vrais sentiments, et qu'en m'éclairant sur les excès où la licence nous avait conduits je me trouvais tout naturellement jetée avec lui dans le parti *clichien*, où je voyais le salut de la France.

Le Libéral. — Malheureusement pour ce parti salutaire, il avait pour ennemi l'un des hommes les plus brillants et les plus spirituels de France, qui ne tarda pas à vous réconcilier avec le 18 fructidor : il est vrai qu'Amédée était parti pour Cayenne.

La Marquise. — Je ne suis pas entêtée. Du moment où l'on m'eut prouvé que Roverre et les meneurs du club de Clichi étaient les agents de la faction étrangère, je fis à l'amour de la patrie le plus pénible sacrifice.

Le Libéral. — C'est à ce même amour de la patrie que je fus également redevable des bontés dont je garde un si tendre souvenir, et c'est pour cela que je ne pardonnerai jamais au colonel E..... de me les avoir fait perdre.

La Marquise. — Cette explication vient un peu tard, mais il faut pourtant que vous sachiez à quel point vous avez été injuste : on me présente un jeune militaire cité avec le plus brillant éloge au bulletin de l'armée d'Italie, et chargé d'apporter à Paris les trophées de la plus éclatante victoire; je l'accueille avec tout l'intérêt qu'inspirent sa valeur et son message : mon mari (dont il était, je crois, un peu parent) l'oblige à demeurer dans son hôtel, et vous vous imaginez... C'est moi qui ne dois jamais vous pardonner cette injure.

Le Libéral. — Songez donc, madame, que c'est par l'histoire de vos sentiments que je fais celle de vos opinions, et sachez-moi quelque gré de ne donner qu'un seul motif à cet enivrement de gloire militaire où je vous ai vue pendant plusieurs années. Je dirai plus ; je vous connais assez pour être certain que cette noble passion aurait survécu à nos premiers revers, si, dès cette époque, on n'eût jeté les yeux sur vous pour aider au grand événement qui se préparait, et dans lequel vous avez joué depuis cinq ans un si singulier rôle, sous l'influence diplomatique d'un petit personnage que, depuis cinq ans tous vos efforts n'ont pu grandir : mes notions ne vont pas plus loin : vous m'avez dit que vous étiez corrigée; maintenant je prends la liberté de vous répéter ma question : A qui dois-je en faire compliment?

La Marquise. — A ma raison, monsieur, à mon expérience, et sur-tout à mon caractère, qui ne s'est démenti qu'une fois, quoi que vous en puissiez dire.

Quant à ma conduite, je n'ai qu'un tort à me reprocher, et vous m'en avez cruellement punie....... (*La Marquise fit une petite pause en cet endroit, et continua, sans demander compte au Libéral de l'exclamation qui lui échappa.*) C'est de très bonne foi, et sans aucune séduction étrangère, que je me suis retirée d'un monde où l'ennui m'aurait tuée, si la crainte, la vanité ou l'intérêt de position avaient pu m'y retenir plus long-temps. Imaginez tout ce que l'orgueil a de préjugés, tout ce que le ridicule a de prétentions, tout ce que l'étiquette a de niais, et vous aurez l'idée des formes extérieures de la société où je passe ma vie depuis cinq ans; j'aurais peut-être pris mon parti sur l'insipidité de ces vieux abus que l'on appelle des convenances; mais comment s'habituer aux discours de ces terroristes à talons rouges; à la mauvaise foi de ces prétendus royalistes, qui n'oublient que le roi dans leurs projets contre-révolutionnaires; à la jactance de ces guerriers d'un jour de paix, qui détestent la gloire de la veille; aux intrigues de ces courtisans vieillis sous la livrée? comment avec une ame française partager les vœux et les espérances de ces douairières de l'aristocratie, prêtes à immoler leurs propres enfants à l'idole gothique de la féodalité; de ces prudes, fières d'une vertu que l'âge a prise sous sa protection, et du secret de leurs faiblesses ensevelies sur la terre étrangère? Après avoir long-temps et vainement cherché parmi tous ces débris d'un autre siècle quelque chose où le cœur pût se prendre, où le sentiment pût s'attacher, je me fis dévote pour aimer quelque chose, et je me mis sous la direction du célèbre abbé de La M... Mais quand je sus à quel prix je pouvais gagner le ciel, à quels serments il fallait me lier, à quels intérêts de parti je devais le sacrifice de toutes les vertus humaines, j'ai vu le piège tendu sous mes pas, et je me suis laissé convaincre par la réflexion, peut-être aussi par mon miroir, que j'avais encore le temps d'y échapper.

Comme la Marquise achevait ces mots, un grand

homme à cheveux noirs entra dans la loge, tenant à la main une petite brochure que notre Libéral reconnut à la couleur bleue du papier dont elle était recouverte; en jetant les yeux l'un sur l'autre, ces deux messieurs se saluèrent, comme se saluaient deux augures romains, et j'entendis le Libéral qui disait en sortant à celui qui venait d'entrer, et en regardant la Marquise : « Mon cher, je vous fais mon compliment. »

LE MIROIR.

— « Quoi, vous dormez! à six heures du soir! n'êtes-vous pas honteux? — Je faisais de l'érudition, et je m'étais endormi en feuilletant Plutarque, Montaigne et Platon, où je prenais des notes; je vous remercie, au nom de ces grands hommes, de m'avoir arraché à cet impertinent sommeil. — Sans compter que vous donnez un assez mauvais exemple à vos lecteurs : mais permettez-moi de lire votre exorde. — Au risque pour vous d'y trouver la même conclusion; c'est votre affaire.

— « Quel titre et quel sujet aviez-vous choisis? — Le *Miroir.*

— « Voyons; » et sans plus attendre, mon jeune philosophe francfortois s'empara de ma première feuille, et lut à haute voix ce que j'avais déja griffonné.

« Leibnitz prétend que l'ame des hommes de génie est le miroir du monde; Bacon regarde l'histoire au miroir magique des siècles passés; Charles Rippa représente la science comme une femme qui porte un miroir aussi grand qu'elle. Dans toutes les statues élevées à la Prudence, cette déesse tient un petit miroir très élégant autour duquel un serpent s'entortille. (C'est je crois celui que j'ai remarqué, vendredi dernier, dans un des bas-reliefs qui décorent le dessus des portes de la salle du tribunal de police correctionnelle: cette séance, où j'ai figuré comme accusé, entre naturellement dans le cadre de mes observations sur les mœurs, et j'en ferai quelque jour le sujet d'un de mes chapitres.)

« J. J. Rousseau parle souvent du miroir de la Vérité, et soutient qu'on peut l'orner de fleurs sans nuire à sa fidélité.

« Junon était fière, dit un commentateur, elle n'aimait pas la vérité; et voilà pourquoi Homère ne place pas de miroir sur sa toilette.

« Sénèque rapporte que le miroir d'un jeune fat de son temps coûtait plus cher que la dot accordée par le sénat romain à la fille de Scipion.

« Pétrone parle de petits miroirs qui se trouvaient au fond des coupes des voluptueux Romains, et le scholiaste de Théocrite rapporte que les jeunes Grecques, après avoir vidé le cyathe où leurs amants avaient bu, se regardaient complaisamment dans l'airain poli qui reflétait leur gracieuse image.

« Si je ne respectais pas les dames autant que je le fais, je dirais à quel usage les belles contemporaines de Julie et de Poppée faisaient servir certain petit miroir; je renvoie les curieux, et même les curieuses, au bon et naïf Plutarque (chapitre de l'Amour).

« Un satirique, dans un moment d'humeur, s'est écrié très plaisamment :

Tous les hommes sont faux, et qui n'en veut pas voir,
Doit s'enfermer tout seul et briser son miroir.

« Poëtes, dit Shakespeare, présentez à la nature humaine un miroir où elle se voie tout entière; que la vertu se reconnaisse, que le vice frémisse en se regardant, que le siècle y retrouve ses mœurs, ses forces, ses couleurs, et ses habitudes. » Shakespeare en parlait bien à son aise; on voit bien que de son temps ces choses-là ne s'appelaient pas de la politique, et qu'on ne courait pas risque d'être cité en justice pour en avoir parlé.

« Ce grand monde, dit Montaigne, c'est le miroir où il nous faut regarder pour nous connaître de bon biais; c'est le seul livre... »

— Ouf!... souffrez que je respire; l'érudition me gagne, mes paupières s'affaissent, et je conçois qu'au milieu de vos fastidieuses recherches, vous ayez, comme mon ami le docteur *Van Khruysius Guytche*, professeur à Halle, cherché une méditation plus profonde encore dans cet état où le corps anéanti laisse l'ame veiller à son aise.

— Comment! votre docteur travaillait en dormant? — C'est lui-même qui nous en fait la confidence dans la préface de son supplément, en quatre volumes in-folio, à ses commentaires, imprimé à Leipsick. Voici ses propres paroles, que je lisais encore ce matin dans les mémoires plus portatifs de l'anglais Keate.

« Je travaillais, dit le docte Van Khruysius, dans mon grand fauteuil à oreillettes ; insensiblement la rêverie me conduisait au sommeil, et je n'étais pas plus tôt endormi, que mes pensées se classaient d'elles-mêmes dans un ordre plus méthodique : je digérais mes citations... » — Vous travaillez, je le vois, à la manière du docteur, et j'ai bien peur d'avoir troublé votre savante digestion.

Il continua sur le même ton, et nous plaisantâmes ensemble sur cette érudition dont il est plus facile de surcharger sa mémoire que d'orner ses écrits. Ma pendule sonna sept heures : je n'ai pas un moment à perdre, dis-je au Francfortois, et je sors pour achever ma dissertation sur les miroirs, devant l'immense glace que M. Allaux déroule tous les soirs au *Panorama dramatique*.

Le dirai-je ? poursuivi par ce maudit sommeil du professeur Guytche, après avoir observé l'élégante disposition de la salle et jeté un coup d'œil sur les spectatrices que l'attrait du rideau de glace avait attirées des quatre coins de Paris, comme le miroir de l'oiseleur attire les allouettes dans le filet, je m'assoupis de nouveau, sous l'influence des idées dont j'avais été préoccupé tout le jour ; je rêvais miroir, mais, au lieu des figures matérielles, c'étaient les ames, les sentiments, les pensées, les caractères que je voyais se réfléchir dans la glace magique qui s'offrit à mes regards aussitôt que j'eus les yeux fermés.

Je reconnus d'abord, à l'élégance de sa parure, à la rivière d'émeraudes qui se jouait sur son sein à moitié découvert, une dame éblouissante que j'avais remarquée en entrant dans une loge en face, aux premières; mais en pénétrant sous cette magnifique enveloppe, quelle fut ma surprise de ne trouver qu'une ame sèche, un esprit si étroit, que deux petites idées de vanité et d'ambition s'y trouvaient mal à l'aise !

Plus loin, trois hommes occupaient le devant d'une loge, et s'y distinguaient aux yeux vulgaires par une variété de laideur qui fixa un moment mon attention. Ces trois figures avaient du moins un mérite, c'est qu'elles trahissaient le caractère des personnages. Leur ame était pour ainsi dire en relief sur leur visage : le premier était un grand niais plus sot que méchant, et qui était doué du malheureux talent de parler trois heures en public, en assez bons termes, sur la forme de la cuirasse que portait Alexandre le jour de la bataille d'Arbelle.

Le second, dévoré entièrement de jalousie, d'impuissance et d'orgueil, salissait de son haleine impure les bustes de quelques grands hommes qu'il outrageait de ses éloges.

Le troisième étalait sur son front chauve toute l'insolence de la nullité parvenue; huissier-priseur du Parnasse, il avait un droit sur toutes les adjudications qui s'y faisaient, et pièce à pièce, à force de larcins, il avait fini par y devenir propriétaire du bien d'autrui.

Là, sous les dehors de la pureté des anges, je voyais une femme macérée dans les plaisirs, desséchée au feu des passions, qui avait trouvé le secret de concilier ses désordres avec une réputation de sagesse contre laquelle déposent en vain les preuves vivantes de son inconduite : cette Artémise a passé sa vie dans la retraite où chacun à son tour est venu pour la consoler; il est seulement fâcheux que ses larmes clandestines aient été si fécondes.

En portant ma vue sur une autre loge, je fus frappé d'un contraste plus révoltant: un homme en habit noir, au maintien grave et recueilli, m'avait d'abord paru absorbé dans la contemplation de lui-même; c'était son supplice qu'il y venait chercher: le trouble était dans ses esprits; les remords dévoraient son cœur, et dans les tortures auxquelles il était en proie, on l'entendoit répéter : « Et cependant je n'étais pas né méchant homme!!! »

Un mouvement convulsif agitait ses mains qu'il frottait l'une contre l'autre, comme s'il eût voulu en faire disparaître quelque tache. Je n'eus pas le courage d'observer plus long-temps cette espèce de vampire.

Je promenai mes regards sur des objets moins pénibles. Dans l'intérieur de certaines boites osseuses saupoudrées d'amidon au-dehors, je ne vis que des formes plastiques qui représentaient des bastilles, des ponts-levis, des donjons, des lettres de cachet.

Je fus effrayé à la vue de plusieurs têtes creuses tapissées de petits miroirs taillés à facettes, qui ne réfléchissaient les objets qu'après les avoir dénaturés; sur chacun de ces rayons trompeurs était écrit le mot *délation*.

L'examen du cerveau d'un poète lauréat m'amusa beaucoup; toutes les cases en étaient remplies par des hémistiches de Voltaire, de Boileau, de Racine, par des vers de Pannard, de Collé, de Vadé, le tout rangé par ordre de rime d'une manière si commode, qu'en moins d'une heure, mon homme pouvait au besoin improviser autant de couplets qu'il en faut pour une fête de cour.

Je vois plus loin deux orateurs célèbres que sépare un gros homme qui a encore sa serviette à sa boutonnière; sur le front de l'un j'avais lu *noblesse, fidélité;* sur le front de l'autre *liberté, patrie;* mais je pénètre en dedans d'eux-mêmes; les mots sont changés: au lieu de noblesse et fidélité, je lis *insolence, privilège;* au lieu de liberté, patrie, je trouve *égoïsme* et *ambition.*

Une foule d'autres originaux s'offraient encore à mon observation, lorsque je m'éveillai au bruit des ravages que causait sur la scène le vent du désert qui joue un si grand rôle dans le mélodrame d'*Ismail* et *Maryam:* je venais de voir la vérité en songe; à mon réveil je me trouvai dans le pays des illusions.

ALLUSIONS,

APPLICATIONS, SUPPRESSIONS.

Je connais une chose plus niaise que d'aller au théâtre pour chercher, dans les pièces que l'on joue, des allusions aux événements et aux hommes du jour; c'est de se fâcher contre ceux qui usent comme ils l'entendent du droit d'applaudir ou de siffler, qu'ils ont acheté à la porte. Je dirai aux premiers : « Vous gâtez votre plaisir et celui des autres,
« en détournant votre attention et la leur de l'action
« qui se passe sur la scène; appelés pour juger de
« la beauté d'un édifice, si vous ne vous occupez
« qu'à en détacher quelques pierres, pour les jeter
« à la tête de vos adversaires, ceux-ci useront du
« même moyen, et les spectateurs du cirque, des-
« cendus dans l'arène, s'y donneront en spectacle
« aux comédiens. »

Je dirais aux édiles qui président aux jeux du théâtre, et qui viennent pour épier l'esprit public :
« Vous faites bien mal un fort vilain métier, et si
« l'on vous paie pour dégrader l'art, pour faire
« haïr l'autorité qui vous emploie, vous remplissez
« votre tâche avec trop de conscience. »

« Eh quoi! vous êtes arrivé à ce point d'impru-
« dence et de faiblesse, de faire un crime à des
« spectateurs d'applaudir avec enthousiasme aux
« maximes de la morale éternelle, à l'expression des
« plus nobles sentiments! vous méprisez vos maîtres,
« au point de voir des applications injurieuses pour
« eux dans les applaudissements que l'on donne à
« des pensées sublimes exprimées en beaux vers! Si
« vous pouviez les compter et les reconnaître, vous
« dénonceriez chaque soir, comme ennemis de
« l'autel et du trône, tous ceux qui pensent avec
« Philoctète,

> Qu'un prêtre, quel qu'il soit, quelque dieu qui l'inspire,
> Doit prier pour ses rois, et non pas les maudire.

« Vous accuseriez tous ceux qui, s'associant au
« juste ressentiment de Jocaste contre un pontife
qui

> Abuse insolemment du commerce des dieux

« pour opérer une révolution dans l'état, répè-
« tent après cette reine :

> Les prêtres ne sont pas ce qu'un vain peuple pense;
> Notre crédulité fait toute leur science.

Il me faudrait citer le tiers du répertoire du
Théâtre-Français, si je voulais faire mention de
tous les passages susceptibles d'allusions et d'interprétations; je me borne à examiner à qui doit rester

le tort, dans les vers précédents, à ceux qui les applaudissent comme maximes générales, ou à ceux qui s'évertuent à y trouver un point de contact séditieux avec les événements de la vie réelle.

Dans ces deux citations, il est évident que ni Philoctète ni l'incestueuse et vertueuse reine n'ont eu la détestable intention d'insulter nos missionnaires et nos évêques, qui ne devaient éclairer le monde que deux mille ans plus tard. D'où vient donc votre colère, messieurs, contre les applaudissements dont ces vers sont toujours salués ? Vous êtes dévots, rien de mieux; vous allez au spectacle, cela n'est défendu que par saint Cyrille; mais, dévots ou non, il faut être raisonnables. Ces vers qui vous offensent sont dans la bouche d'une païenne, sont dirigés contre les ministres du paganisme : quelle sorte d'intérêt prenez-vous donc aux flamines, aux corybantes, aux hiérophantes et aux augures? Si par hasard vous vous imaginez que la satire de ceux-ci est applicable au curé de votre paroisse ou à l'évêque de votre diocèse, vous voyez bien que c'est vous qui leur en faites une injurieuse application : avouez-le donc, mes frères, vous êtes des impies; car, comme dit l'Écriture, *c'est vous qui forgez, dans votre cœur, la haine contre le prochain.* Vous pensez mal de vos supérieurs, et vous les mettez en mauvaise odeur parmi les hommes; permettez-moi *d'illustrer* ma proposition par un exemple : je ne vous cite pas mon autorité pour me ménager un moyen de vous confondre, si vous vous avisiez d'en contester le mérite.

Il y avait autrefois un prince des Affhgans doué de plus d'esprit et de raison qu'il n'en faut pour faire un despote : ce prince, d'une beauté singulière, qu'il appréciait tout aussi bien que ses favoristes, eut un jour le caprice tout-à-fait oriental de faire apprendre à dessiner à tous ses courtisans. Dès qu'il les crut en état de saisir une ressemblance, il les réunit dans la salle du divan, se plaça devant eux dans une attitude héroïque, et leur ordonna de tracer son portrait.

Yamrou (le prince) était beau, mais une petite loupe déparait sont front impérial; la majestueuse quiétude de son nez aquilin était légèrement interrompue, dans sa partie inférieure, par un mouvement capricieux qui changeait brusquement sa direction; son cou, dont rien n'égalait la rondeur et la blancheur, était peut-être un peu court pour la dimension de sa tête.

A peine les courtisans eurent-ils mis la main à l'œuvre, que chacun à l'envi s'applique à faire disparaître du portrait les défauts du modèle : celui-ci redresse le nez retroussé de sa hautesse; celui-là allonge son cou : tous effacent la petite loupe.

Yamrou, un miroir à la main, compare chacun de ses traits avec les diverses images qu'on lui présente, et s'irrite des changements qu'on a fait subir à sa figure: l'amour-propre jusqu'alors lui en avait dérobé les défectuosités; la flatterie des peintres courtisans les lui faisait apercevoir : « Eh quoi ! leur dit-il, vous avez osé changer le nez de votre maître ! vous avez eu l'audace de dépouiller son front de cette loupe qui en est le plus bel ornement; vous avez trahi les intérêts de la vérité ! flatteurs ou traîtres, vous méritez la mort; et il les fit jeter dans la mer enveloppés dans un beau schall du Thibet.

La maxime, *major e longinquo reverentia* n'est pas applicable, je le sais, aux vérités qui viennent de trop loin: citons un fait qui s'est passé plus près de nous.

Un homme que le monde a vu grandir comme l'ombre des Apalaches, qui couvre deux cents lieues de terre, et qui disparaît au coucher du soleil, fut au moment de traiter un de ses ministres comme le prince des Affhgans avait traité ses peintres, et par une raison à-peu-près semblable.

Un de ces grands crimes que la politique désigne sous le nom de coups d'état avait été commis quelques mois auparavant; l'homme du jour, qui était alors roi de l'Europe, avait fait annoncer, le matin, qu'il assisterait à la représentation de l'opéra nouveau. Le surintendant des théâtres frémit en songeant que dans la pièce que le maître allait entendre se trouvait ce vers séditieux :

Le salut des états ne dépend pas d'un crime?

L'auteur est appelé; il essaie de prouver que ce vers ne renferme qu'une de ces maximes philosophiques d'une application trop générale pour être dangereuses : l'édile en fait sentir au poëte le rapport direct avec l'événement récent dont gémit encore la capitale ; le vers est changé.

Mais à la représentation le prince, qui avait le livret sous les yeux, lit un vers et en entend un autre : il veut connaître le motif du changement qu'il remarque ; il interroge le courtisan qui se voit forcé d'avouer la précaution qu'il a cru devoir prendre contre une application injurieuse : « C'est vous qui la faites, interrompit le prince en fureur, et c'est vous que j'en punirai. » On ne sait de quelle nature fut le châtiment, mais du moins est-il sûr que l'édile ne fut pas noyé.

L'horreur des allusions était poussée plus loin encore par certain préposé à la douane des pensées théâtrales qui, par égard pour un ministre d'alors, homonyme de quelques valets fripons de comédie, défendit aux auteurs d'introduire sur la scène aucun personnage de ce nom.

En signalant l'absurdité de ces allusions et de ces

interprétations, qui font aussi peu d'honneur à ceux qui les forgent qu'à ceux qui cherchent à les prévenir, je suis loin de vouloir condamner l'explosion de l'enthousiasme public, interprète d'un grand sentiment, d'une grande pensée nationale, quand les vers du poète la font jaillir spontanément de l'ame des spectateurs. Les Romains se levant ensemble pour rendre hommage à Helvidius, dont le poète Ennius avait fait l'éloge en traçant le portrait d'un citoyen vertueux, me semblent dignes des plus beaux temps de leur république.

A l'aspect d'un général célèbre qui venait d'être disgracié, le parterre, applaudissant à ce vers de Tancrède,

C'est le sort d'un héros d'être persécuté,

faisait un acte de patriotisme et annonçait déja le siècle qui devait suivre.

Il y a certaines allusions nauséabondes par lesquelles les auteurs de nos jours briguent trop souvent les bravos du parterre. Je n'entends pas sans un peu d'humeur, je dois en convenir, ces éternels éloges de la *gloire française*, de la *générosité française*, de la *valeur française*, auxquels des spectateurs français souscrivent de si bonne grace et applaudissent avec si peu de modestie. C'est d'Angleterre que nous vient ce ridicule usage, dont le bon goût devrait au moins faire justice. Comment ne s'aperçoit-on pas qu'il est indécent qu'un peuple se dise à lui-même : « Je suis le plus aimable, le plus brave, le plus spirituel de tous les peuples? » comment ne sent-on pas que l'amour-propre qui se flatte qui se caresse, ridicule chez un individu, ne l'est pas moins chez une masse d'hommes qui s'individualise, et que le véritable orgueil national doit consister, non dans cette naïve admiration de ses supériorités physiques ou morales, que chaque peuple d'ailleurs est en droit de contester à l'autre, mais dans un profond respect pour les lois, dans une jalouse surveillance de ces droits et de ces libertés qui distinguent entre toutes les nations celle qui jouit de ces inappréciables avantages?

LE CHAMP DU PAUVRE.

Depuis quelques jours je ne rêve que tombeaux, que lauriers en poudre, que néant des grandeurs humaines. Un sentiment qui tient de la douleur et du mépris remplit mon ame à l'aspect de ces esclaves que j'ai vus jadis prosternés dans la poussière aux pieds d'un héros qu'ils appelaient bassement leur maître et dont ils outragent aujourd'hui la cendre. Puissant, nous l'avons abandonné à leurs lâches adulations, à leur encens mercenaire; malheureux, nous avons respecté sa sublime infortune; mort, nous devons un hommage d'admiration à sa cendre. Sa mémoire est nationale, elle nous appartient; la bassesse et la haine voudraient vainement en déshériter la patrie.

Je suis interrompu dans ces tristes méditations par l'homme du monde dont la visite pouvait en ce moment me contrarier davantage. C'est un personnage bien plaisant que le seigneur Pantaleone del Titolo. Ce vieil Italien a blanchi dans les cours; il ne connaît en fait de beaux-arts que le blason, et se croit le premier homme du monde, parcequ'il descend, par un mariage de main gauche, d'un petit duc légitimé au seizième siècle.

Del Titolo venait me prier de l'accompagner au cimetière de Mont-Louis, où il avait à faire une recherche de la plus haute importance, et dans laquelle je pouvais, disait-il, lui être d'un grand secours. Cette visite me ramenait dans le cercle d'idées dont je craignais de me distraire, et j'étais bien aise de voir, d'observer la plus sotte des vanités humaines en présence de l'égalité des tombeaux.

Il s'agissait de retrouver dans ce vaste jardin de la mort une pierre aux armes de l'illustre famille del Titolo, laquelle recouvrait les cendres d'un parent éloigné mort en France pendant les troubles de Naples.

La loupe en main, Pantaleone allait de monument en monument, et commentait d'une façon si bizarre les inscriptions gravées sur le marbre funéraire, que j'eus besoin de toute la gravité de mes réflexions pour ne pas rire de la puérilité des siennes....*Povera!* disait-il, *nobilità de niente-oime! oun petit poetastro*, près de *sta grande sepoltura..... Che vergogna!.... oune danseuse* près de *stessa eminenza... Abominazione!.... Buon Dio! la revoluzione a nivele jusqu'al cimetiere.*

Il ne fallait rien moins que l'espoir de retrouver la noble trace de son défunt cousin pour faire dévorer à Pantaleone l'ennui de cette foule de sépultures bourgeoises qui ne portaient pour indices que des souvenirs d'affection, des versets de Bible, des vers médiocres et des noms inconnus.

Pendant qu'il continuait ses recherches, en les accompagnant de remarques impertinentes dont je commençais à me lasser, j'allai rendre hommage aux cendres glorieuses et patriotiques de Masséna, de Kellermann, de Chénier, de Renault-de St-Jean-d'Angély, de Bernardin-de-Saint-Pierre, de ces véritables nobles qui, suivant la forte expression de Corneille,

... De leurs propres mains ont bâti leur fortune.

Je m'arrêtai sur le penchant de la colline, d'où je découvrais à mes pieds la partie la plus pittoresque de ce champ du repos éternel, plus loin les faubourgs de l'est, les constructions bizarres qui lient entre elles les murailles d'enceinte, et par-delà, cette chaîne de coteaux circulaires au centre desquels Paris est situé. Le soleil, à son zénith, faisait étinceler de toutes parts le marbre et le bronze des monuments; le parfum des fleurs, cultivées par des mains pieuses, épurait l'air de la tombe, et les oiseaux chantaient dans les bosquets funèbres : tout semblait respirer la vie dans l'empire de la mort, et en éloigner les pensées funèbres pour les porter vers ce Paris, qu'une vapeur noirâtre couvrait comme un drap mortuaire, et d'où s'échappaient des murmures lointains et monotones semblables aux plaintes souterraines d'un peuple enseveli sous des ruines.

Tout en contemplant avec une mélancolie qui n'était pas sans charme ces richesses de la sculpture monumentale, ces vases, ces fleurs, cette élégance d'un luxe pieux consacré à décorer, à embellir la demeure de ceux qui ne sont plus, j'étais descendu par un sentier étroit dans un petit enclos séparé du reste de l'enceinte par une allée de tilleuls; une foule de petites croix noires, plantées sur des espèces de taupinières, m'indiqua le dernier asile des pauvres. Eh quoi! me disais-je, la société qui les repousse de son sein pendant leur vie, rejette encore leurs dépouilles après leur mort! Cette idée d'exil et de proscription jusque dans la tombe me pénétrait d'une douleur profonde que je nourrissais en parcourant les épitaphes inscrites sur quelques unes de ces tombes modestes, et dont la touchante simplicité me semblait bien préférable au fastueux langage des marbres adulateurs. — *Ida, morte à trois ans, enfant de souffrance.* — *Hippolyte Lefèvre attend son amie.* — *J. S. blessé mortellement à Waterloo!!*

Mon attention est détournée par l'arrivée d'un convoi sans prêtre, sans parents, sans ami,.... sans chien.... C'est un ouvrier maçon mort à l'hôpital. Je n'entends aucune prière, je ne vois couler aucune larme, et quelques pelletées d'argile, jetées à regret sur le frêle sapin qui l'enveloppe, dérobent à peine le cadavre d'un homme à la voracité des corbeaux qui croassent autour de leur proie. Comment se défendre d'un sentiment d'indignation à l'aspect d'un malheureux qui a vécu dans le travail et la misère, qui a dormi sur la paille, et à qui la pitié publique n'accorde pas un linceul au jour de sa mort?

Un cri de surprise m'arrache à ces tristes réflexions; le très noble, très haut et très puissant seigneur Pantaleone venait de lire au-dessous d'une des petites croix noires parsemées de larmes blanches l'épitaphe de son illustre cousin : *Agostino del Titolo, mort à Paris, abandonné de ses amis et de sa famille: passants, priez pour lui.*

Je vis avec un dédain profond la révolte d'un misérable orgueil, et je me plus à répéter la plainte amère qui s'échappait de la tombe de l'indigent: *Mort abandonné de ses amis et de sa famille.*

CHACUN A SA PLACE.

Je venais de lire la première épître d'Horace, je venais d'entendre un discours prononcé par l'orateur Onager; un musicien contrapuntiste avait, le matin même, rempli mes tubes auditifs d'accords si savants que j'en étais encore assourdi; le satanique *Renégat* venait de me tomber des mains; l'immense tableau de M. Croutignac était présent à ma mémoire, et les Aphorismes politiques de M. Rectiligne me revenaient de temps en temps à l'esprit.

Bon Dieu! me dis-je, que de gens hors de leur place! et comment une Providence, toute sage, toute-puissante, laisse-t-elle les affaires de notre pauvre monde dans un si déplorable désordre? Je ne m'étonne plus que les humains passent leur vie, comme dit le grand satirique,

A se plaindre du lot que leur donna le sort.

Non, quand le géomètre d'Alembert, quand le théologien Scot, et l'anatomiste Marivaux, renaîtraient tout exprès pour résoudre ce grand problème, ils ne parviendraient jamais à m'expliquer pourquoi *Gravidosus* tient la plume, pourquoi *Co-*

wardini est général, et quel rapport il peut y avoir entre la gravité de la magistrature et la poétique ardeur dont Mœvius est tourmenté : plus j'examine l'arrangement ou plutôt le dérangement des choses d'ici bas, plus j'y trouve de ressemblance avec un cassier d'imprimerie qu'un ouvrier maladroit ou malveillant aurait distribué au hasard ; tout y est confondu : où devraient être des *majuscules* se trouvent des *italiques;* les Y sont dans la casse des A ; les W occupent le coin des S : il est impossible que d'un pareil chaos sorte jamais une composition raisonnable.

Si j'étais Dieu, me disais-je (en me promenant à grands pas dans mon cabinet), si j'étais Dieu!... Et je me jetai sur un canapé pour rêver plus commodément à ce que je ferais si *j'étais Dieu.*

L'objet était majeur, et la fiction pour le moins aussi hardie que celle du grand *Solitaire* des Alpes. Ma tête se chargea du poids de l'immense diadème; un sceptre d'or brilla dans une main puissante; une barbe majestueuse descendit à flots d'or sur ma poitrine, et mon sourcil froncé fit tressaillir l'univers : à ce mouvement de terreur, je me reconnus avec un orgueil bien pardonnable; j'étais Jupiter, *le père des dieux et des hommes!*

Le second essai de ma puissance fut une réforme générale : fort content pour mon compte de me trouver ce que M. de Brissac appelait si ingénument le *gentilhomme d'en haut,* je daignai m'occuper du bonheur de la canaille humaine, ce que font bien rarement les *gentilshommes d'en bas*, soit dit sans reproche et sans rancune.

Pour atteindre plus promptement le but que je me proposais, j'aplatis d'un coup de mon sceptre le globe terraqué, et j'en fis une vaste plaine, où je convoquai tous les animaux à deux pieds, sans plumes, que l'on est convenu d'appeler des hommes : je donnai mes ordres d'un seul mot : *Je veux ;* mon chancelier Mercure fut chargé de leur dire le reste.

« Savoir faisons (cria mon ministre), à tous les
« habitants de la terre, que tous rangs et toutes pro-
« fessions anciennes sont dès ce moment effacés ;
« mortels, ce n'est plus le hasard ou les caprices de
« la fortune, c'est votre inclination qui décidera de
« votre position sur la terre : dans une application
« convenable de vos facultés vous trouverez tout
« le bonheur compatible avec la fragilité de votre
« nature, et toute la liberté dont il vous est permis
« de jouir. » En même temps mon hérault, *Stentor-Montifrage,* criait à tue-tête : CHACUN A SA PLACE ! CHACUN A SA PLACE !

Ma foudroyante et sérénissime majesté voyait en se pâmant d'aise la grande métamorphose qui s'opérait a vue d'œil : chaque individu, chaque esprit, chaque caractère était enfin rendu à sa destination primitive : habits de cour, uniformes, dolmans, robes de soie, blouses, fracs, aumusses, bonnets ronds, bonnets carrés, bonnets pointus, s'échangeaient à la ronde, et chacun s'emparait joyeusement et sans confusion des attributs de sa nouvelle situation.

Que de ravissantes, que de burlesques transfigurations! tel ministre dévot jetait aux orties son habit brodé, et se trouvait tout naturellement changé en capucin indigne; telle tête couronnée plaçait son diadème sur la tête d'un laboureur qui paraissait échanger avec quelque regret son vêtement de burre contre le manteau royal; un pauvre peintre devenait un riche tailleur; un mauvais poète devenait un excellent maçon; une troupe de journalistes se transformait, aux applaudissements de la multitude, en danseurs de corde, et un conseil d'état tout entier en joueurs de gobelets.

Aucun détail ne m'échappa : je vis la comtesse de *Sprucewrincle* s'approprier la forme et le langage d'un Groom; celui-ci prit sa place dans l'hôtel, sans que M. le comte s'en aperçût...

Le terrible *Compilator* devint un habile ouvrier en mosaïque; signor *dell'Octava*, qui voulait absolument faire de l'algèbre en musique, se trouva tout naturellement pourvu d'une chaire de professeur de mathématiques transcendantes. Ladi *Tremendous* quitta son couvent pour venir occuper un entresol dans la rue d'Amboise.

Des transformations plus heureuses servaient de compensations à ces dernières : un obscur marchand devenait un ministre célèbre; un jeune pâtre, doué de l'imagination et de la sensibilité qui font les vrais poètes, allait se placer entre Dante et Milton; un simple artisan quittait le rabot, volait à la défense de son pays, et s'emparait du sceptre des guerriers.

Pendant qu'une foule de prétendus beaux esprits, de soi-disant hommes d'état, se perdaient dans une obligeante obscurité, des jeunes gens sans renommée, de modestes prolétaires, s'élevaient au rang que la nature avait assigné à leurs qualités supérieures.

Mon avénement au trône céleste opéra la plus heureuse révolution dans le gouvernement du monde : *chacun fut à sa place.*

Deux professions seules ne subirent aucun changement; trop basses pour que leur dégradation pût être acceptée par d'autres que par ceux qui s'y étaient volontairement plongés, leur infamie se perpétua intacte dans les mêmes mains: les *espions* et les *bourreaux* restèrent *à leur place.*

Je jouissais du bien que je venais d'opérer sur le petit globule que l'on appelle la terre, et je me préparais à étendre ma réforme à ces myriades de mondes qui peuplent l'espace, quand un de mes parents, ancien capitaine de dragons, nouvellement converti, entre dans mon cabinet, et me demande mes ordres pour la Terre-Sainte, où il allait se retirer dans un couvent, sous la protection de ces bons Turcs qui extermineront, s'il plaît à Dieu, ces maudits Grecs, ces abominables schismatiques qui veulent se soustraire aux bienfaits d'un esclavage légitime.

Cette visite me fit descendre brusquement du haut de mon Olympe. En souhaitant bon voyage au révérend père Dragon, je lui recommandai de prier le ciel pour que chacun fût enfin *mis à sa place.*

NOTRE ÉPOQUE,

OU LES TROIS GÉNÉRATIONS.

M. Montremblet est un gros homme bien frais, bien portant, qui boit sec, mange avec appétit, dort ses huit heures consécutives, et frémit à l'idée du moindre changement, par cela seul qu'il pourrait déranger l'heure de ses repas. M. Montremblet a des rentes sur l'état, un hôtel à Paris, un petit château à la campagne, point de femme, point d'enfant, et une réputation d'honnête homme, en supposant que ce mot signifie ne faire du bien qu'à soi, et ne faire de mal à personne. Son dixième lustre est sonné depuis un an; mais, grace à un régime excellent, aux soins particuliers que le bon homme prend de lui-même, les roses de son teint n'en sont qu'un peu plus vives, et les facultés de son estomac mieux développées; c'est tout au plus s'il a quelques cheveux d'un brun équivoque, annonçant qu'il est près d'échapper à l'automne de la vie.

M. Montremblet, après avoir été maire, juge de paix, procureur de commune, juge et spéculateur, n'était plus qu'un rentier paisible et un parisien désœuvré. Doucement porté par les circonstances, il s'est prêté de si bonne grace à leurs flots les plus orageux, qu'il s'est vu ballotter d'un lieu, d'un âge, d'une place à une autre, sans que sa santé ni sa fortune aient souffert la moindre altération; en un mot, c'est un de ces hommes dont Sterne a dit si finement, « qu'ils ont le talent de résoudre en un doux « égoïsme tous les problèmes de l'existence hu- « maine. »

Dimanche dernier j'étais allé rendre visite à M. Montremblet. Quand j'entrai dans son salon qu'embaumait le parfum des premières fleurs de la saison, je fus tout surpris de le trouver engagé dans une discussion véhémente.

« Et vous aussi, lui dis-je, vous vous emportez! vous renoncez à cette douceur de mœurs et de langage d'où la *terreur* même n'avait pu vous faire sortir?

— Le moyen d'y tenir, me répondit-il, placé comme je le suis entre cet écervelé (il me montrait son neveu Alfred), qui prêche l'indépendance, et monsieur (en m'indiquant du doigt un de ses vieux amis), qui prêche les dragonnades? »

Tandis qu'il essuyait la sueur que ce terrible effort avait fait couler de son front, j'eus le temps d'examiner le convertisseur des Cévennes.

Sa tête en arrière, son sourcil exhaussé, son front étroit quoique chauve, une lèvre mince que l'autre recouvrait, composaient une physionomie qui s'arrêtait précisément entre le dédain et la sottise. On était fâché de ne pouvoir allier aucun sentiment de respect aux idées touchantes de vieillesse et de malheur que sa présence réveillait dans l'esprit. Cet homme me déplaisait par sa bizarre tournure, par son *oiseau royal,* par son habit d'uniforme à la Frédéric, et sur-tout par la dédaigneuse méchanceté de son regard. Probablement le mien ne lui plut pas davantage, car il s'écria d'une voix aigre, en répétant le mot dont je m'étais servi :

« De la modération! oui, de la modération, *après la vengeance,* comme disent fort bien les Anglais; la vieille France était heureuse, infiniment heureuse...

—Vous aviez une place à la cour, monsieur de Hautesource?... interrompit Alfred d'un ton ironique en se balançant sur sa chaise avec impatience.

—Oui, monsieur; mon père était porte-arquebuse; j'avais sa survivance, et j'ai eu l'honneur de voir souvent le roi à la chasse: un jour même, c'est le plus beau de ma vie, sa majesté a passé si près de moi, que son cheval m'a jeté dans un étang : je m'y serais infailliblement noyé si elle n'avait donné l'ordre qu'on m'en tirât.

ALFRED.— Après tout, monsieur de Hautesource, que voulez-vous?

HAUTESOURCE. —Je veux, je veux ce qui était, tout ce qui était, rien que ce qui était en 1780.

Alfred. — Et moi, ce qui sera en 1840.

Montremblet. — Vous êtes un fou, monsieur mon neveu, et vous n'êtes guère plus sage, monsieur Hautesource; on ne doit vouloir que ce qui est, car le passé ne m'appartient plus, et l'avenir ne m'appartiendra peut-être pas : en toutes choses, je veux du comptant : je ne connais d'autre sagesse humaine que celle qui assure mon repos; d'autre jour que celui où je suis; d'autres droits que ceux qu'on me laisse, et d'autre pouvoir que celui qu'on exerce : après cela, comme je me trouve toujours bien où je suis, je veux y rester, et je sais tout aussi mauvais gré à ceux qui me tirent en arrière qu'à ceux qui me poussent en avant.

Alfred. — Mais, mon oncle, quand le siècle vous entraîne, il faut bien marcher avec lui.

Hautesource. — Non, monsieur, on le laisse aller tout seul. Quoi! je verrai de sang-froid les places, les honneurs envahis par des hommes nouveaux...

Alfred. — Ces hommes nouveaux n'envahissent que la renommée.

Hautesource. — La religion méprisée...

Alfred. — Parcequ'il n'y a plus de capucins, et qu'on réimprime le Vicaire savoyard.

Hautesource. — Tous les principes de politique et de morale anéantis!...

Alfred. — Puisque l'on ose en France former des vœux contre les Turcs en faveur des chrétiens grecs que l'on massacre.

HAUTESOURCE. — Enfin le royaume de Clovis tellement déchu, qu'un chef de manufacture, un simple commerçant y prétend à la même considération que nous autres...

ALFRED. — Comment vous en êtes aussi monsieur de Hautesource?

HAUTESOURCE. — Sans doute, monsieur, je suis de ceux qui veulent la religion...

ALFRED. — Du cardinal de Rohan et de l'abbé de Voisenon.

HAUTESOURCE. — Les bonnes mœurs...

ALFRED. — Des *petites* maisons et des *petites* loges.

HAUTESOURCE. — L'antique honneur...

ALFRED. — De séduire les femmes et d'enfermer les maris par lettre de cachet...

MONTREMBLET. — Paix, Alfred! vous allez trop loin, et, sans le vouloir, vous rappelez à monsieur certaine aventure.

HAUTESOURCE. — Cela finira, c'est moi qui vous le dis; je reverrai les beaux jours de ma jeunesse; on me rendra mes droits de chasse, mon droit de champart, mon droit de colombier!...

ALFRED. — Vous ferez grace à vos vassales du droit du seigneur; n'est-il pas vrai, monseigneur?...

MONTREMBLET. — Alfred...

ALFRED. — Chacun son rêve, monsieur de Hautesource: l'avenir se présente à moi sous un aspect bien différent: je vois la France glorieuse et libre sous une monarchie constitutionnelle; je vois la religion de l'Évangile triompher des querelles de l'église ; je vois les drapeaux français flotter encore triomphans sur nos frontières ; je vois la liberté de penser et d'écrire à jamais fondée; je vois les préjugés bannis de tous les esprits, la sottise de toutes les places, l'hypocrisie de toutes les tribunes...

Montremblet.—Quand aura-t-il tout vu? Savez-vous bien, maître fou, que c'est avec toutes ces billevesées qu'on bouleverse les états, qu'on inquiète les hommes paisibles, et qu'on fait tomber les rentes? Que deviendraient les miennes? (Alfred regarde à sa montre, et sort en riant). Ah! les malheureuses têtes!... Mais vous-même, monsieur de Hautesource, ne voyez-vous pas que vos projets sont tout aussi déraisonnables, que vous mourrez à la peine, et qu'à votre âge...

—A mon âge, monsieur, interrompit le doyen des porte-arquebuses, on a encore du sang dans les veines... » et il disparut ; je restai quelques moments encore, et j'entendis par bienséance les doléances de M. Montremblet.

En réfléchissant sur le caractère des personnages avec lesquels je venais de me trouver, j'y trouvai le type des trois générations contemporaines, personnifiant à mes yeux le *passé*, *le présent*, et *l'avenir* de la France.

MES SUJETS D'HUMEUR.

BOUTADE.

Je suis fâché que Newton et Voltaire soient morts sans enfants.

Je suis fâché que Rollet et Fréron aient laissé de la race.

Je suis fâché que Napoléon ne soit pas mort à Dresde.

Je suis fâché que le premier roi de France qui ait fait de jolis vers ait fait la Saint-Barthélemi.

Je suis fâché qu'en courant après la liberté, en 1789, les Français aient passé par-dessus.

Je suis fâché qu'en revenant sur leurs pas trente ans après ils aient passé par-dessous.

Je suis fâché qu'Alexandre ait tué Clitus, et que Henri IV ait laissé périr Biron.

Je suis fâché que la nation la plus libre de l'Europe ait tous les vices d'un peuple esclave.

Je suis fâché que les femmes les plus aimables et les plus courageuses de la terre en soient aussi les plus frivoles.

Je suis fâché que le pays qui a produit les l'Hôpital, les de Thou, les Fénélon, les d'Aguesseau, les

Malesherbes, les Boissy-d'Anglas, les Corneille, les La Fontaine, les La Bruyère, les Bayard, les Condé, les Turenne, les Montébello, les Ney, les Foy, les Gérard, ait aussi donné le jour à..., à..., à..., à..., à...; la postérité remplira les blancs.

Je suis fâché qu'Annibal n'ait pas marché sur Rome après la bataille de Cannes; et je suis plus fâché encore qu'un autre Annibal soit débarqué à Cannes.

Je suis fâché qu'en songeant à rétablir les jésuites, on ne pense pas à rétablir Port-Royal.

Je suis fâché que l'auteur de la Henriade soit l'auteur de la Guerre civile de Genève.

Je suis fâché que l'intérêt ait détrôné la gloire, et que l'usure soit permise à Paris et à Londres comme à Jérusalem.

Je suis fâché que l'estime publique, jusqu'ici inappréciable, soit maintenant cottée à dix millions au

LA QUERELLE DES ALMANACHS.

.... Mon sommeil est si léger, et mes songes, pour la plupart, se lient si naturellement avec les pensées au milieu desquelles le sommeil vient me surprendre, que je ne sais si je dois rapporter comme un fait ou comme un rêve la querelle dont j'ai été témoin la nuit dernière. Je m'étais endormi dans mon fauteuil en feuilletant un ouvrage de M. de Montlosier, où l'on m'avait assuré que je trouverais le plus brillant éloge des couleurs autrefois nationales; je fus réveillé en sursaut par le bruit étrange que faisaient les almanachs royaux, sur le rayon le plus élevé de ma bibliothèque, où ces volumes sont rangés par ordre de dates. Je cherchais à m'expliquer cette agitation d'une manière naturelle, par la présence de quelques uns des ces animaux rongeurs qui ne respectent pas même les œuvres du génie, lorsqu'à mon grand étonnement des paroles distinctes vinrent frapper mon oreille; on ne me croira peut-être pas, mais il n'en est pas moins certain qu'une dispute très vive s'était élevée entre des almanachs, et qu'elle donna lieu au dialogue suivant, auquel je ne change pas un mot.

« Je ne puis vous entendre, criait 1788 à 1820, il

y a trop loin de vous à moi. — Ce gros enflé de 1816, disait 1813 d'un ton très cavalier, grace à son hydropisie de généraux impromptu, occupe plus de place que moi, dont la gloire a rempli l'univers.

—Messieurs, messieurs, disaient en étendant leurs couvertures brodées et fleurdelisées les almanachs de la droite, nous sommes ici en fort mauvaise compagnie; chassons les intrus, et nous serons plus à notre aise... à bas les constituants, les républicains! à bas les révolutionnaires!... » Ceux-ci, adossés au mur, tinrent ferme pendant quelques moments; mais, pressés à-la-fois par les royaux et les impériaux, force fut aux républicains d'abandonner deux des leurs, 92 et 93; mais comme ils se soutenaient réciproquement, le premier qui tomba entraîna l'autre, et successivement on vit s'écrouler la république, le directoire et le consulat. Le mouvement une fois imprimé ne s'arrêta pas au point convenu; déja douze années de l'empire avaient été entraînées dans l'éboulement; 1813 reconnut sa faute, il était trop tard.

Cependant, comme il demeurait prouvé que, sans lui, 1788 et 1816 ne se seraient jamais rapprochés, il essaya de faire valoir ce service et je l'entendis invoquer d'illustres témoignages. « Parlez pour moi, s'écriait-il, vous dont j'ai consacré les noms comme sénateurs, et qui brillez aujourd'hui de tant d'éclat à la chambre des pairs; sage B***, dont la mémoire est si glorieusement attachée à la loi des élections; vertueux M***, honneur du code Napoléon; éloquent et immuable F***, par qui tant de pastilles du sérail furent brûlées depuis vingt ans sur l'autel du pouvoir; vénérable cardinal de B***, qui servîtes avec tant de grace la messe du Champ de Mai; pairs, ou pères conscrits, intercédez pour moi! »

1813 voulut encore se prévaloir des vingt-quatre préfets dont il avait enrichi son collègue 1816; il cita MM. d'Ar..., de Bar..., Dub..., L. Mar..., Kerg..., Tro..., Ville..., Cha..., et plusieurs autres; mais le collègue prétendit qu'il ne pouvait y avoir identité de personnages là où il y avait changement total de caractères; que les personnes dont il se réclamait ne le connaissaient pas, et les cris : A bas l'impérial, le bonapartiste! de recommencer de plus belle...

« Les ingrats! s'écria 1813; ils ne me connaissent plus. Voilà comme ils sont tous... Subissons donc notre destinée; » et sans attendre qu'on le renversât, il se précipita lui-même.

Après les premiers compliments de félicitation, où perçait déjà un certain ton d'aigreur, il s'établit entre les chefs des almanachs *comme il faut* un colloque dont je crois avoir retenu les traits principaux.

« 1788. — Ce que disait tout à l'heure ce fier-à-bras

1813 est une calomnie sans doute, et j'espère bien que revenant aux principes éternels de la royauté par la *grace de Dieu,* vous n'avez admis chez vous que des royalistes purs? il m'a semblé cependant que dans les noms qu'il citait...

1816. — Qu'importe que les noms fussent les mêmes, si les personnes étaient changées? on pouvait s'en fier à la chambre introuvable, pour ne souffrir en place que des gens aussi introuvables qu'elle.

1788. — Voyons un peu où vous en êtes; la religion est la base de l'ordre social... Comment traitez-vous le clergé?

1820. — Nous avons dix-neuf archevêques, et quarante-un évêques.

1788. — Quelle pauvreté! de mon temps, nous avions cent trente-huit prélats, non compris les évêques de Babylone, de Rosy, d'Aarath, des Thermopiles, de Sarept, d'Amiclée, non compris six évêques *in partibus infidelium;* voilà ce qui s'appelle un clergé! Je parierais qu'en diminuant de plus de moitié le nombre des diocèses, vous n'avez pas augmenté d'un écu les traitements des titulaires.

1816. — Nous avons fait ce que nous avons pu, dans un temps où le roi ne peut disposer sans l'aveu des chambres de quelques millions de rentes en faveur du clergé.

1788. — L'évêché de Strasbourg ne rapporte donc plus 400,000 francs?

1820. — Je ne le crois pas.

1788. — Paris, Cambrai, n'étaient pas à dédaigner, 200,000 francs de revenu à chacun; Narbonne, 160,000; Metz, Alby, Auch, 120,000; Rouen, 100,000; enfin savez-vous bien qu'en somme les revenus de nos évêchés s'élevaient à près de 6,000,000? Si vous ajoutez à cela 5 millions 670 mille francs très inégalement répartis entre six cent cinquante abbés commendataires; deux cent quarante abbayes, et trente-quatre mille cent quarante-trois cures, dont les meilleures étaient réservées de droit aux cadets des grandes maisons, et aux aînés de la petite noblesse, vous conviendrez, en comparant cet état florissant de l'église, en 1788, avec l'état de désolation où elle est réduite aujourd'hui, que M. de Mar... a toute raison de s'écrier que la religion est détruite, et que l'athéisme a desséché tous les cœurs.

1816. — A défaut de religion, comme nous l'entendons vous et moi, la nation roturière se vante de quelques vertus; ces gens-là sont, à ce qu'on dit, fidèles à leurs engagements, bons époux, bons pères, bons amis; leurs femmes assurent qu'elles aiment mieux leurs maris, qu'elles élèvent mieux leurs enfants, qu'elles sont plus laborieuses, plus charitables, qu'on ne l'était jadis.

1788. — Il s'agit bien de cela : vont-elles plus souvent à confesse? donnent-elles plus d'argent à l'église? rendent-elles plus souvent le pain bénit? voilà la question.

1820. — Cela commence ; les missions opèrent : on fonde des couvents, on détruit des théâtres ; les jésuites reparaissent, et, avec l'aide de Dieu et de la grande aumônerie, nous reverrons bientôt les cordeliers, les carmes, les bernardins, les augustins, les bénédictins, peut-être même aussi les jacobins.

1788. — Passons aux magistrats : ne pense-t-on pas à rétablir les parlements ?

1820. — Il y a des gens qui pensent à tous, et d'autres à qui l'on ne pense pas.

1816. — On y pensera : qu'on retrouve seulement mes introuvables, et vous verrez s'ils ne vous ramènent pas messieurs de la grand'chambre, de la Tournelle, du Châtelet ; ce qui n'empêchera pas le rétablissement des cours prevôtales, la meilleure institution que je connaisse après la censure et l'inquisition.

1788. — A propos d'inquisition, l'occasion est belle ; que ne traitez-vous avec l'Espagne d'un saint-office complet? vous l'auriez en ce moment à bon compte, et je suis certain que la junte de Madrid ne demande pas mieux que de vous céder son grand inquisiteur et ses familiers ; vous pourriez même avoir, par-dessus le marché, les excellents instruments de torture que les héritiers du révérend père Torquemada avaient fait faire sur de nouveaux patrons; c'est une très bonne affaire.

1816. — L'esprit des Chambres est si mauvais, qu'un pareil article, inséré au budget, ferait jeter les hauts cris à nos factieux du côté gauche; il faut attendre la nouvelle loi des élections.

1788. — Attendre! toujours attendre! vous n'êtes donc pas encore sûr de l'armée?

1816. — Eh! qui diable est sûr de quelque chose au temps où nous vivons? Nous étions parvenus à organiser la plus jolie petite armée du monde; une trentaine de mille hommes, et quels hommes! des enfants qui grandissaient à vue d'œil; un état-major admirable, quatre cent quatre-vingts lieutenants-généraux, huit cent vingt maréchaux-de-camp, cinq cent cinquante colonels d'état-major.

1788. — Bon Dieu! il y en avait là pour ruiner le plus riche empire du monde. Mais que sont devenus tant d'illustres guerriers?

1820. — On ne me les a pas donnés à garder.

1816. — Les congés, les retraites, les réformes, les renvois aux écoles, ont dispersé cette vaillante élite... On pourra la revoir.

1820. — Mais la loi, la maudite loi de recrutement?...

1816. — Tant vaut le ministre, tant vaut la loi.

Qu'on nous laisse faire seulement, et avant deux mois la *Saint-Cyr* AURA VÉCU.

1816. — Ne vous êtes-vous pas aperçu que le collègue 1820 était fortement entaché de bonapartisme, de libéralisme, de jacobinisme, voire même de républicanisme?

1820. — Ne le croyez pas; je suis au fond tout aussi royaliste que lui.

1816. — Vous?

1820. — Moi.

1816. — Nommez, si vous l'osez, vos gouverneurs, vos commandants de division et de département.

1820. — Vous pourriez m'en éviter la peine, puisqu'à l'exception de trois (dont deux ont été remplacés pour cause de mort) ce sont les hommes de 1816.

1816. — A la bonne heure; mais les lieutenants-généraux commandant les divisions?

1820. — Onze des vôtres sont encore en place; il est vrai que deux *remplaçants* viennent d'être remplacés; que l'on gémit à Lyon, à Grenoble, à Paris, du déplacement momentané de MM. C..., D..., et D...; mais tout vient à point à qui sait attendre, et en attendant nous sommes encore en force.

1816. — Je le sais; mais le mal vient de plus bas, et vous ne me nierez pas du moins qu'il ne reste plus un seul de mes colonels?

1820. — Qui dit cela?

1816. — Qui le dit? Eh! parbleu, les gens du métier.

1820. — Probablement on vous a payé pour les croire. Moi, je vous dirai la vérité pour rien. Dans les corps de l'artillerie et du génie il n'a été fait aucun changement. Par-tout où il faut du talent et des connaissances positives l'intrigue ne peut rien.

Dans l'infanterie, sur quatre-vingt-six légions, vingt-neuf colonels ont été remplacés; je ne vous parle pas de dix légions nouvelles qui ont nécessairement eu des colonels nouveaux.

1816. — C'est-à-dire anciens; des gens de la Loire, en un mot. Le fait est que dans ces mutations vous avez perdu huit marquis, deux comtes et un vicomte : dans la cavalerie vous avez été un peu moins maltraité ; sur quarante-sept colonels vous n'en avez perdu que douze, encore dans ces douze ne compte-t-on que trois hommes de qualité: quant à la gendarmerie, Dieu sait le ravage qu'on y a fait!

1820. — Sur vingt-quatre colonels onze de changés, il est vrai; mais observez que sur les cinq cent soixante-dix officiers des différents grades, je puis me vanter encore de quatre cent quatre-vingts serviteurs de l'émigration; que d'ailleurs nous avons augmenté le corps de cinquante brigades à cheval et de trente à pied, ce qui fait quatre-vingts brigades nouvelles : je vous plains, si vous ne concevez pas toute l'importance de cet accroissement de la véritable force militaire... Patience, patience, tout s'organise.

1816. — J'entends... le mal est dans la partie civile. Mes préfets, mes pauvres préfets... que j'avais si bien choisis !

1820. — Je n'ai pu en conserver que quarante-sept, dans la mêlée du 5 septembre ; mais soyez tranquille :

Le flux les emporta, le reflux les rapporte.

1816. — Mais les ambassadeurs ?

1820. — Purs comme l'or ; pas un parvenu.

1788. — Dans la maison militaire du roi et des princes ?

1820. — Pas un, pas un..... Si fait, deux ou trois parvenus.

1788. — Et dans la maison civile ?

1820. — Aucun.

1788. — Entendons-nous : combien avez-vous de premiers gentilshommes de la chambre ?

1820. — Quatre : le duc de Duras, le duc d'Aumont et le duc de La Châtre.

1788. — Mais il me semble que cela ne fait que trois.

1820. — Vous croyez ?

1816. — Comptez plutôt.

1820.—Oui, je me rappelle; il en manque un pour le moment, mais... (*Il parle bas à* 1788.)

1788. — Impossible! On s'est moqué de vous.

1820. — Comment cela?

1816. — Comme on s'en moque tous les jours.

1788. — Mon cher 1820, avez-vous lu le Cuisinier Français?

1820.—Belle question!

1788.—Eh bien! si vous l'avez lu avec fruit, vous devez savoir que pour faire un civet de lièvre, ce qu'il faut d'abord, c'est un lièvre.

1820. — Ah!... j'y suis maintenant.

1816.—Allons, allons, les choses sont moins désespérées que je ne le croyais; et quoi qu'on en dise, mon cher 1788, je vois qu'au train dont il y va l'ami 1820 sera bientôt plus près de vous que je n'en suis moi-même.

EXTRAIT DES MÉMOIRES

D'UN MARCHAND D'OCITIS.

(Traduit de l'Anglais.)

.... Après une traversée fort longue dans des mers inconnues, j'arrivai dans un vaste pays situé entre les monts Calphas et Garamantes, dont les habitants se qualifient de *très hauts,* quelle que soit leur petitesse, et de *très puissants,* quelle que soit leur exiguité. Ces *très hauts* et *très puissants,* qui se disent aussi *très vertueux* et *très miséricordieux,* sont de leur nature très jaloux et très vindicatifs, et pour la moindre chose ils se ruent les uns contre les autres : semblables aux poissons, les gros finissent toujours par manger les petits, à moins pourtant que les petits ne s'unissent entre eux pour résister aux gros.

Lorsqu'un *très haut* en a dévoré un autre, il lui survient une plaie au cœur et une tache au front; pour cacher ces plaies et ces taches, qui sont très nombreuses, il a été arrêté, d'un commun accord, que les *très hauts* auraient toujours la poitrine couverte de petites plaques d'or et d'argent, et le front environné d'un cercle de métal surmonté de petites pointes : les grands et les petits *très hauts* portent tous cette coiffure, qu'ils rehaussent de rubis, d'émeraudes, de diamants, ou simplement de plumes, suivant le degré convenu de leur élévation ; ils ne la quittent jamais, tant ils craignent qu'on ne voie les vilaines taches qui sont cachées desou.

Lorsque je visitai les monts Calphas et Garamantes, la contrée était partagée entre quinze *très hauts* de première classe ; les lettres de recommandation dont j'avais été muni pour quelques uns d'entre eux, par mon ami Shiboulet de Béthulie, m'ont mis à portée de les connaître.

Cozbi, *très haut* des Chevelures, se promène beaucoup et ne marche jamais ; son œil est vif, sa taille singulièrement élancée, et sa franchise est passée en proverbe.

Balac, *très haut* des Mines, a un goût tout particulier pour les souterrains ; il n'aime qu'une certaine musique composée de sons aigus et déchirants, comme ceux des verrous que l'on pousse, des portes de fer qui tournent sur leurs gonds, et des chaînes que l'on traîne avec effort. Il venait de quitter le cachot splendide où il est né, pour habiter un beau palais de marbre qu'un bon génie avait construit pendant un long voyage que fit Balac au pays des Chevelures ; mais on craint qu'un éclat si nouveau ne blesse ses yeux, et qu'il ne préfère les ténèbres dans lesquelles il est né. On dit qu'il n'est occupé maintenant qu'à faire boucher, l'une après l'autre, les fenêtres de son palais, tandis que ses esclaves travaillent à le démolir entièrement.

ALBÉPAR, *très haut* des Yeux-Verts, dit le Grand-Épouseur, en est à sa trentième femme : il avait une fille qu'il aimait tendrement; ses conseillers lui dirent: *Donne ta fille à Chérub ton ennemi*, et il la lui donna; ses conseillers lui dirent ensuite: *Reprends ta fille*, et il la reprit; *Ote-lui sa dot*, et il la lui ôta; *Envoie ton gendre dans la caverne de Caliban*, et il l'envoya : Albépar n'en est pas moins le meilleur *très haut* du monde.

CALIBAN, *très haut* des Fourmis et des Baleines, passe ses jours à fumer et ses nuits à boire; il parle peu, mais il a des serviteurs qui parlent beaucoup pour lui. La folie de Caliban est de se croire un front de belier.

HÉBAL, le *très haut* des Neiges, est d'une taille démesurée, et d'un appétit dévorant; plusieurs parties de son corps sont d'argile, mais ses pieds sont de fer, ses bras d'airain; et sa tête de plomb est toujours dans les nuages. Au moment où j'ai quitté les monts Calphas et Garamantes, les meilleures têtes du pays prévoyaient une lutte épouvantable entre Hébal et Caliban, à laquelle prendraient part, de gré ou de force, tous les *très hauts*

des environs : il y aura un bon coup à faire pour
mon ami Shiboulet de Béthulie; j'aurais pu y
prendre part; mais je suis sans ambition, et les
trente ou quarante millions que je possède me suf-
fisent; me voilà de retour au port d'Arsinoé; je n'attends plus qu'un vent favorable pour rentrer dans
ma patrie, et mettre le diamètre de la terre entre
moi et la race des *très hauts*, à qui Dieu fasse paix
dans l'autre monde.

MES TABLETTES.

Napoléon.

Un homme qui réalise parmi nous ces antiques vertus dont la source est dans l'amour pur et sans mélange de la patrie et de la liberté, le général La Fayette s'élevait naguère, en présence des députés de la nation, contre ceux qui *applaudissent lâchement à des rigueurs lointaines, qui ne sont que d'ignobles réactions de tant de terreurs, et sur-tout de tant de condescendances passées:* la même voix qui se fit entendre à la barre de l'assemblée législative pour y défendre la prérogative et la personne royales contre l'usurpation d'un pouvoir effréné laisse échapper aujourd'hui du haut de la tribune la première réclamation française en faveur du prisonnier de Sainte-Hélène. L'indignité des traitements auxquels il est en proie est l'éternel entretien des feuilles étrangères; et parmi nous, l'accusation de *bonapartiste* plane encore sur quiconque invoquerait un sentiment de pitié en faveur d'une grande infortune.

Est-il vrai que la politique soit à tel point étrangère à toutes les vertus humaines, qu'il n'y en ait aucune qu'elle ne proscrive à son tour, et dont elle ne fasse un crime suivant les circonstances? Croirai-je, parcequ'on l'a mille fois répété, qu'il y ait tel lieu, telle époque où l'on doive craindre de dire que rien n'est plus sacré que le malheur; que rien n'est plus digne d'un grand peuple dont la fortune a tout-à-coup changé les destinées que de réclamer en faveur du complice de sa gloire contre l'abus de la force? Je ne le pense pas, et j'honore trop le gouvernement constitutionnel sous lequel j'ai le bonheur de vivre, pour lui prêter des inquiétudes puériles et des précautions tyranniques dont le despotisme lui-même n'a jamais recueilli que la honte.

Si mon amour pour la liberté publique n'avait pas triomphé dans un autre temps de mon enthousiasme pour la gloire de nos armes; si ma voix, aux jours de la prospérité de Napoléon, s'était mêlée aux acclamations de ses flatteurs, aux vœux de ses thuriféraires, je me tairais aujourd'hui de peur qu'on ne se méprît à mes regrets, qu'on ne calomniât ma pensée; mais j'ai gardé le silence quand un discours, une ode, un distique même (comme le sait M. de Puymaurin) procuraient des places, des pensions, et des dignités; je puis le rompre maintenant sans m'exposer à ce même péril que MM. tels et tels ne se lassent pas d'affronter.

Loin de moi certes tout regret du passé; la monarchie constitutionnelle ne pouvait s'établir que sur les débris de l'empire; la liberté publique ne pouvait fleurir à l'ombre d'innombrables, mais d'inutiles trophées; l'humanité peut donc se féliciter de ce que le pouvoir gigantesque d'un seul homme a été brisé.

Non, ce n'est point au conquérant déchu du trône où il s'était placé lui-même, ce n'est point au colosse précipité du haut de sa colonne triomphale que s'intéressent avec moi ceux qui portent un cœur français; le malheur seul, le malheur sans défense a des droits sur eux.

Napoléon avait été vaincu : son sceptre était son épée, l'une et l'autre durent se briser ensemble. C'est à lui *seul*, comme on le sait, que les rois de l'Europe faisaient la guerre; le sort des armes le fit tomber dans leurs mains; il était le prisonnier de tous; l'Angleterre, qui, malgré Waterloo, avait le moins contribué à sa défaite, réclama et obtint l'honneur de lui donner des fers. Un ennemi plus barbare, mais en même temps plus généreux, aurait peut-être abusé du droit du vainqueur en lui donnant la mort; mais à quelle autre puissance européenne le sort pouvait-t-il livrer ce grand captif pour l'accabler d'autant de maux, pour l'abreuver de tant d'outrages? On pouvait craindre sans doute les suites d'une générosité imprudente qui l'eût rendu à la liberté; et puisqu'il ne s'agissait que de trouver des geôliers (de l'aveu même d'un noble lord), on ne pouvait mieux choisir : mais les Anglais manquaient-ils de prisons en Europe? Gibraltar, l'île de Malte, la tour de Londres, les pontons où sont morts tant de Français, ne suffisaient-ils pas à la garde de cette victime de la fortune? Oui sans doute, s'il n'eût été question que de se prémunir contre la possibilité d'une nouvelle évasion; mais il s'agissait bien moins, pour le cabinet anglais, de conserver ce précieux otage de la paix continentale que de l'avoir en sa seule puissance, et de pouvoir trafiquer au besoin, avec les nations, des sentiments divers que cet ennemi désarmé leur inspire. Le gouvernement britannique sait, par expérience, qu'on est rarement l'artisan de sa propre fortune: c'est toujours à des causes extérieures que remonte la sienne, et sa sagesse n'a jamais été que la folie des autres. Pour lui, c'est un adage et un principe, qu'un serpent doit dévorer un serpent pour devenir un dragon (*a serpent, till he as devoured a serpent, becomes not a dragon*). C'est sur un rocher inaccessible, au milieu de l'Océan, que le serpent britannique a emporté sa proie expirante, et qu'il jouit sans crainte de sa longue et douloureuse agonie.

Lorsque le but de la coalition des rois est atteint; quand les Français, désabusés de trente ans de victoires par un jour de revers, n'aspirent plus qu'à la paix et à la liberté, pourquoi n'invoqueraientils pas pour lui la générosité des vainqueurs? Napoléon, exilé à cinquante ans sur un rocher aride, où on lui mesure l'air embrasé qu'il respire, loin de sa femme, de son fils, sans aucune communication, même de pensée, avec sa famille; livré sans défense, sans protection au plus vil de ses ennemis, dont on a fait son gardien; en proie à toutes les privations, peut-être à tous les besoins; accablé de tous les maux de l'ame et du corps; assiégé par une surveillance sans but et sans motif, dont on a su lui faire un supplice intolérable; ajoutant à ses propres souffrances celles des incomparables amis qui se sont dévoués à son exil! je ne crains pas de le dire, un pareil tableau n'appartient point à l'époque actuelle, et si le treizième siècle a offert le spectacle de Bajazet vaincu, enfermé dans une cage de fer, forcé de se briser la tête contre les barreaux de son étroite prison; ce n'est pas au temps où la philosophie instruit les rois, où la raison éclaire les peuples, où l'humanité préside même à la victoire, qu'on devait s'attendre à voir se renouveler au sein de l'Europe civilisée l'exemple affreux que Tamerlan a donné au monde dans un siècle de barbarie.

Quoi qu'en puissent dire des gens qui cherchent à flétrir le patriotisme d'un nom de parti, il n'y a plus de bonapartistes en France; mais il y a beaucoup de Français, et je suis de ce nombre, qui saluent Napoléon sur son rocher avec plus de respect qu'ils n'en avaient pour lui sur son trône, et qui, pour me servir d'une expression employée pour un autre malheur, par un homme illustré par ses travaux littéraires et par son infortune, lui désirent tout le bonheur qui peut s'accorder avec la paix du monde et le maintien du trône constitutionnel, autour duquel la France est pour jamais ralliée.

La chanson n'est pas faite.

......Un homme d'esprit, qu'il ne faut pas juger sur une phrase bien digne toutefois du journal où elle se trouve, disait il y a quelques jours : *On ne sait encore ce qu'on doit penser de la bataille de Waterloo; la chanson n'est pas encore faite;* il y a cependant et malheureusement quelque chose de vrai dans cette affreuse ironie : depuis que je vis (et il y a de cela quelque cinquante ans) je remarque que les vrais interprètes des mystères de la politique sont les marchands de chansons et les mendiants.

Je ne puis remonter même par les souvenirs paternels, plus loin que les jésuites et les billets de confession en 1760 : alors on chantait des noëls contre les enfants de Loyola, et on entendait sur le pont Neuf le rapport de M. Chauvelin mis en chansons; alors on répétait sur tous les quais les complaintes de *Malagrida* et des révérends de sa compagnie, *criminels de lèse-majesté dans la théorie et dans la pratique.*

On demandait l'aumône à titre de pauvre honteux persécuté *pour la bonne cause;* c'est-à-dire pour avoir défendu les cent une propositions du père Quesnel, ou assisté à une assemblée de *convulsionnaires.*

En 1771, les mendiants étaient de pauvres clercs qui n'avaient pas voulu rester chez un procureur devenu *avocat du parlement Maupeou.* Les chansons, à cette époque, célébraient, sur l'air de la *Bourbonnaise,* la protectrice du chancelier et de l'abbé Terray, l'ennemi du duc de Choiseul, le triomphe du duc d'Aiguillon et les malheurs de La Chalotais.

A la mort de Louis XV, l'avénement de son jeune successeur excita un enthousiasme universel : on garda le silence sur ses nombreux bienfaits; mais Collé chanta *le Retour du parlement,* et mit en vaudevilles les bons mots de M. de Maurepas, sur l'air des *Revenants* et des *Portraits à la mode.*

Les victoires des *insurgents* et l'arrivée de Franklin à Paris furent les sujets d'une foule de chansons dont le refrain était la *patrie* et la *liberté.* Tous les boiteux des rues de Paris l'étaient devenus à Boston, et demandaient un secours à la Charité, pour avoir pris part à la journée de *Saratoga.*

Quelques années après, on opposa dans des couplets pleins de sel et d'esprit (comme en fait encore aujourd'hui le seul M. Bérenger) l'habileté morale de M. Necker et l'immoralité habile de M. de Calonne; on chansonna les *notables* pour leur faiblesse, on loua les parlements pour leur courage; on chanta la *cour plénière* et le cardinal qui l'avait établie sur le papier; on célébra dans les ponts-neufs Despréménil et Monsabert; on porta aux nues Montgolfier qui s'en frayait la route, et l'on mit en pot-pourri l'aventure du collier.

En 1789 un chœur universel célébra pendant quelques jours les états-généraux et les espérances qu'ils avaient fait concevoir : vivent Henri IV et Louis XVI! était dans toutes les bouches, sortait de de tous les cœurs.

Mais bientôt la division des ordres et des partis, des prétentions et des droits, de la cour et de la ville, des grands seigneurs et des gentilshommes, des évêques et des curés, des officiers de naissance et des officiers de fortune, de la majorité et de la minorité de la noblesse, de M. le chancelier et de M. Necker, du roi et de ses ministres, amena, non plus des chants, mais des cris; non plus des refrains, mais des hurlements : on ne demanda plus l'aumône, mais le pillage; les ponts-neufs ne provoquaient plus le rire; la terreur, et les complaintes sur les crimes du peuple remplacèrent les épigrammes sur les sottises des grands.

L'assemblée constituante vit disperser ses membres, emportant avec leur niaise probité, avec leur provinciale inexpérience, une triste raison à peine éclairée par trente mois de leçons perdues pour le bonheur de la France. On chanta leur départ.

Les talons et les bonnets rouges se réjouirent à l'envi; mais déjà les Marseillais faisaient retentir leur chant de révolte, dont les guerriers firent depuis un chant de victoire.

Peu après les pauvres régnèrent, et ce fut aux riches à invoquer la pitié.

Les chanteurs des rues confondaient dans leurs cantiques impies l'Être suprême et Marat, la liberté et Robespierre.

Des chants de sauvages accompagnaient le char de la victoire aux frontières, et le char de la mort dans les places publiques, jusqu'à ce que les triomphateurs du sénat et de l'armée eussent assez longtemps confondu leur sang sur les échafauds.

On respira pendant quelques mois; on ne chantait plus, on reprenait haleine; les pauvres ne demandaient pas l'aumône, il n'y avait plus de riches pour la faire.

Les chants reprirent en 1798 : on chanta la paix; on commençait même à chanter les arts, quand la guerre revint avec tous ses malheurs; les théophilanthropes essayèrent alors, mais sans succès, d'endormir par leurs cantiques la nation sur ses souffrances.

Depuis cette époque, pendant près de trois lustres, on a chanté, dans les carrefours, et les traités frauduleux, et les déclarations de guerre sous-entendues, et les victoires, et les trèves, et les pacifications entamées, et les trèves aussitôt rompues, et l'arrivée du saint père, et les indulgences, et les anathèmes, et les bulles, et l'illustration, et la viduité des familles, et la chute et l'érection des trônes, et le triomphe et le schisme de l'église française.

Les hommes, les écrits et les événements.

...Je veux écrire l'histoire de mon temps; mais je veux l'écrire *cum studio et irâ*, c'est-à-dire comme je la vois: aussi, mon intention n'est-elle pas de la publier de mon vivant. Avant de me mettre à la rédaction de mon travail, je veux consacrer une dizaine d'années de ma vie, car j'ai du temps devant moi, à rassembler mes matériaux. Ces matériaux ne sont autre chose que des notes inscrites, jour par jour, sur mes tablettes, dont je fais le dépouillement toutes les semaines, en classant les objets conformément aux trois grandes divisions de mon ouvrage : *les hommes, les écrits et les événements.*

Il n'y a guère que le chaos, la veille de la création, ou la cervelle de M..., quand il est en verve, qui puisse donner une idée de l'épouvantable confusion qui règne dans ces tablettes où je laisse tomber au hasard mes pensées, mes réflexions ou mes observations, à mesure qu'elles se présentent à mon esprit, et la plupart du temps sans m'exprimer autrement que par quelques mots ou quelques signes mnémoniques qui servent à les fixer dans mon souvenir.

De la noblesse considérée comme un des fondements de l'état monarchique. — Consulter (sous le n° 213) une ordonnance de l'empereur d'Haïti, en vertu de laquelle ce *monarque au nez camus* confère des lettres de noblesse aux ducs de *Limonade*, de *Bigarade*, de *Marmelade*, et autres dont la liste est annexée à ladite ordonnance, à l'effet de perpétuer dans leurs familles les qualités, les talents et les vertus qui ont illustré leurs chefs; *car tel est son bon plaisir.*

Par un article exprès de cette ordonnance, l'empereur Henri, voulant obvier au danger des mésalliances, défend à tous les susdits nobles, et à leurs descendants en ligne directe, toute espèce d'affinité matrimoniale avec les gens de *couleur*, et principalement avec les individus de cette race blafarde d'Européens qui corrompraient en peu de temps la pureté du sang nègre, dont le précieux dépôt est confié à la noblesse d'Haïti. Le considérant de cet édit en fait une pièce infiniment curieuse : singulières conséquences qu'on en peut tirer.

Jacobins en bonnets blancs. — Font retentir les salons de ce qu'ils nomment *leurs principes.* Veut-on raisonner avec eux, ils déclarent qu'ils ne raisonnent pas; les invite-t-on à lire, ils assurent que les livres ont fait tout le mal: on les prie d'exposer au moins la série de leurs idées; ils sont tentés de répondre comme ce gros conseiller allemand: « Est-ce que j'ai des idées, moi ? » Tout cela ne serait que risible, si ces petits messieurs et ces vieilles dames n'exigeaient que vous parlassiez comme eux. Mais encore, leur dit-on, faut-il savoir ce que vous voulez; alors ils s'approchent de votre oreille en criant tout haut: *Point de charte, point de charte, et tout ira bien...!* Dieu sauve la France des *bonnets blancs,* après l'avoir sauvée des *bonnets rouges !*

. . . .
. . . .

Légitimité du mensonge politique. — Swift remonte aux droits que les hommes ont à la vérité. Il démontre que chaque individu a le droit de l'exiger de ses amis, de sa femme, de ses enfants, de ses serviteurs, mais qu'il aurait très mauvaise grace de le demander à ceux qui le gouvernent. Il cite en preuve la conduite que l'on tient à l'égard des enfants, à qui personne ne se croit obligé de dire un mot de vérité.

A qui appartient le droit du mensonge politique? — Notre auteur en fait l'apanage exclusif de ceux qui sont au timon des affaires dans les gouvernements *purement* monarchiques ; mais, dans tout état jouissant d'une constitution libérale, il veut que le peuple participe à la jouissance de ce droit, et prouve, par plusieurs exemples, que, sans cette ressource, le bon peuple d'Angleterre ne serait jamais venu à bout de se débarrasser de certains ministres. (Application du principe.)

Règles pour inventer, répandre et propager les faussetés utiles. — Bruits sourds, libelles, pamphlets, exemples des moyens qu'on peut employer pour faire rejaillir l'honneur, la honte ou le blâme d'une action sur celui qui n'y a jamais eu la moindre part. Précautions, écueils à éviter ; ne pas faire prêcher la religion par un athée reconnu, et la modération par un énergumène. Il y a cependant un art d'imputer à un homme des actions diamétralement contraires à son caractère et à ses principes ; mais c'est le secret des seuls maîtres de l'art.

Des mensonges dans le genre prodigieux. — Prenez garde de vous répéter, vous manqueriez votre but. Si vous mettez en jeu une tempête, un tremblement de terre, une insurrection, que le théâtre soit au moins à une bonne journée de cheval.

Fautes énormes commises par différents partis. — Funestes conséquences de ces maladresses. Point d'autre ressource pour la faction que de dire la vérité pendant trois mois consécutifs.

Précautions indispensables dans le choix des agents. — A mérite égal, préférer les jeunes gens qui peuvent se battre, pour soutenir un mensonge.

Projet d'établissement d'une société qui aurait le privilège de forger les mensonges politiques. — Nécessité d'admettre, comme membres de cette corporation mensongère, des personnes de tous les états. L'auteur pense qu'il serait facile à l'association d'avoir pour coopérateurs des gens qui ne s'en douteraient pas. Combien de gens propres à ce rôle! *Gobe-mouches;* associés les plus utiles, puisque personne ne soutient une chose de meilleure grace que celui qui la croit vraie. Punition sévère contre tout membre de la société convaincu d'avoir rougi en débitant une nouvelle.

De l'art du *chuchotement.* — Plan d'un comité secret pour les faux bruits. Observations sur les saisons et les températures propres à différentes espéces de mensonges.

Une des plus grandes finesses de l'art : démasquer et dénoncer une fausseté dont on est l'auteur ignoré.

Tacite. — Plus je lis, plus je deviens indépendant des opinions reçues et des réputations faites; la voix des siècles elle-même ne m'en impose pas, car si la Vérité est fille de Saturne, on sait que ce père des dieux s'est amusé quelquefois à dévorer ses enfants. La première des autorités à mes yeux c'est le fait que je vois, c'est ma raison quand je l'interroge dans le silence des passions et des préjugés. J'ai été élevé comme un autre dans l'admiration de Tacite, non seulement comme écrivain (car j'ai trouvé beau tout ce que j'ai entendu et sublime tout ce que je n'ai pu entendre), mais comme philosophe, comme ennemi du despotisme, comme ami de l'humanité; je serais probablement mort sur cette opinion, consacrée par le temps et par l'assentiment général, si je ne me fusse avisé dernièrement de relire le traité de cet auteur sur *les mœurs des Germains*. J'en extrais le passage suivant, où l'auteur révèle un caractère odieux qu'il prête à une nation entière, avec des éloges qu'une autre peut réclamer aujourd'hui.

Après avoir parlé des Tenctères, Tacite ajoute (je me sers de la traduction de M. Dureau de La Malle) :

« A côté de ce peuple on trouvait autrefois les
« Bructères; maintenant on dit que les Chawares
« et les Angrivariens ont pris leurs places, ayant de
« concert avec les nations voisines chassé et exter-
« miné les Bructères, soit en haine de leur orgueil,
« soit par l'appât du butin, *soit par quelque faveur*
« *des dieux envers nous, car leur* BONTÉ *nous ména-*
« *gea jusqu'au* PLAISIR *de contempler ce combat, sans*
« *être obligés d'y prendre part; et, ce qui est plus*
« BEAU, *n'étant que simples spectateurs, nous vîmes*
« *plus de soixante mille hommes venir se faire égor-*
« *ger pour l'*AMUSEMENT *de nos regards.* Puisse,

« puisse, au défaut *d'amour pour nous, subsister*
« *éternellement dans le cœur des nations cette haine*
« *d'elles-mêmes !* »

Quelle horreur dans ces mots: *La bonté des dieux nous ménagea le plaisir de contempler ce massacre de soixante mille hommes !* quelle lâcheté dans cet aveu : *Sans être obligés d'y prendre part !* Qu'on n'accuse pas le traducteur d'outrer l'expression, car ces mots, *ce qui est plus beau,* ne rendent que bien faiblement le *quod magnificentius est* de l'original. *Pour l'amusement de nos regards* est peut-être ce qu'on a jamais écrit de plus abominable : quel sentiment plus atroce est jamais sorti de l'ame des Caligula et des Néron, dont Tacite nous peint les crimes avec une si vertueuse indignation ? Le souhait affreux qui termine ce passage est bien digne d'un peuple dont on a dit que, pour lui,

L'amour de la patrie est la haine du monde.

Périsse, avec les nations qui le professent, avec la mémoire de l'historien qui le vante, ce patriotisme infernal qui, pour ajouter au bien-être d'un seul peuple, médite, à tête reposée, la destruction de tous les autres, et fait de la discorde le premier instrument de sa victoire!!!

J'en reviens à Tacite, et je conclus du passage que j'ai cité, et de vingt autres que je pourrais citer encore, qu'on peut, avec quelque restriction, le proposer comme un modèle de style, comme un historien profond, comme un habile peintre de mœurs, mais qu'en dépit de ses nombreux panégyristes il ne saurait être mis au premier rang des écrivains philosophes et des amis de l'humanité.

Secte d'illuminés connus sous le nom de martinistes.
—Superstition nouvelle, marcotte d'une plante vénéneuse, originaire d'Allemagne. Anecdote à ce sujet.

Le marquis de***, tout récemment initié dans les mystères de la secte, voulant savoir ce qu'était devenue l'ame du major André, son ancien ami, dont tout le monde connaît la tragique aventure, s'adressa, pour être plus sûr de son fait, à madame K***, l'une des trois hiérophantes du temple des martinistes à Paris. (Je parle comme témoin obscur d'une scène qui a eu d'illustres spectateurs.)

Après la lecture de Nahum, l'un des petits prophètes, regardé comme le fondateur de cette merveilleuse doctrine, madame K*** parvint à exalter son ame, et, dans l'état de *somnambulisme* où elle tomba, le major André lui apparut, et déclara:

« Qu'il jouissait de la béatitude éternelle, et qu'il avait trouvé la justice divine beaucoup plus humaine que celle des hommes. » Le *bienheureux* major, dans une conversation d'un grand quart d'heure qu'il eut avec la dame, lui donna, sur les hommes et sur les choses de notre temps, des instructions qu'elle n'a pas jugé à propos de nous communiquer. En prenant congé d'elle, il lui appliqua sur le cou un baiser brûlant dont elle porte encore le stygmate. Le marquis néophyte baisa religieusement l'empreinte mystique, ce qui acheva de dissiper les doutes qui s'élevaient encore dans son esprit.

Nota benè: Tout cela s'est passé en France l'an de grace 1805, au commencement du mois d'octobre.

L'arbre de Catinat. — Tout le monde sait que le château de Saint-Gratien, dans la vallée de Montmorency, appartenait à ce grand et vertueux maréchal que les soldats avaient surnommé le père *La Pensée;* tout le monde sait que dans la première cour de ce château (qui appartient maintenant à M. de Luçay) se voit encore aujourd'hui un très vieux arbre entouré d'une barrière sous lequel le vainqueur de Marsaille avait l'habitude de venir s'asseoir, et relire son Plutarque, qu'il préférait à tous les écrivains de l'antiquité : ce sont là des choses connues de tout le monde; mais ce que tout le monde ignore, ce que j'atteste, ce qu'il est facile d'aller vérifier sur les lieux mêmes, c'est que la maîtresse branche de ce vénérable ormeau, la partie la plus saine de l'arbre, dans laquelle on ne remarquait pas la veille le moindre symptôme de décadence, est tombée avec fracas le jour et à l'heure même de la première entrée des ennemis dans la capitale de la France. Cette coïncidence d'événements est d'autant plus remarquable que ce jour-là le ciel était serein, et que le vent n'avait pas même la force d'agiter le feuillage des arbres.

DEUX SCÈNES

AU FOYER DES FRANÇAIS.

Le *cri* des chanterelles et le *ronron* traînant des basses frappaient mon oreille pendant que je traversais les corridors : la salle était à-peu-près déserte ; on *jouait* Corneille et Regnard ; et la *doublure*, comme dirait le marquis du Calembour, *emportait la pièce* ce soir-là. Je jette un coup d'œil sur la scène et sur les acteurs par le carreau d'une loge, et pour avoir à qui parler, j'entre dans le foyer, où je suis sûr de ne trouver personne.

Je vous salue, grands hommes d'autrefois, Corneille, Molière, Voltaire, Racine...! Vous voilà donc, génies des siècles, rassemblés en buste, dans deux salles enfumées qu'éclaire à regret une lampe indigente! Qu'importe? les rayons combinés de vos divines intelligences n'en forment pas moins, et jeu de mots à part, le plus brillant foyer du monde littéraire : véritables représentants du génie français! vos têtes de marbre sont vivantes à mes yeux, et l'ame immortelle qui les anime brille à travers ces blocs de marbre où le sculpteur a figuré vos traits! je vous vois, je vous entends, vous descendez du piédestal, et votre réunion forme une académie qui n'a rien de commun avec celle des *Quatre-Nations*.

Ici le prologue finit, et la scène commence : elle se passe dans la salle étroite et longue où les grands hommes, rangés à la file, président chaque soir à la distribution des glaces et de la limonade.

SCÈNE PREMIÈRE.

LULLI, QUINAULT, LAFONTAINE, GRESSET, BARON, DUFRESNY, PIRON, LACHAUSSÉE, DEBELLOY, DESTOUCHES, J. B. ROUSSEAU. Les ombres de Lesage, de Beaumarchais, de Chamfort, de Sedaine, de Boursault, de Marivaux et de Saint-Foix.

LULLI (*chantant*). — *Où suis-je? hélas! et que fais-je en ces lieux?* N'entendez-vous pas, M. de Quinault, n'entendez-vous pas ce maudit orchestre?... dissonance abominable!... note fausse!... archifausse!... Aye! aye! je vais me briser.

QUINAULT. — Je vous plains du fond de mon cœur, mon très illustre complice, si depuis votre mort vous êtes aussi tendre à la mauvaise musique que vous l'étiez de votre vivant.

L'OMBRE DE SAINT-FOIX (*ricanant*). — C'en est

fait de M. Baudron; l'illustrissime est homme à le traiter comme ce pauvre chat qu'il assomma de sa main, parcequ'il ne miaulait pas juste: mais aussi que fait-il aux *Français*, ce M. de Lulli? sa place est à l'Opéra; c'est ici le temple des auteurs dramatique, de Molière, de Corneille, et de moi, qui par parenthèse en suis exclus, tandis que le sieur Baron y figure en beau marbre de Carare.

BARON (*d'un air suffisant*). — Il est vrai que vos petites allégories si naivement dialoguées méritaient bien qu'on vous accordât cet honneur.

L'OMBRE DE SAINT-FOIX (*la main sur l'épée*).— Et vos comédies en mauvaise prose que vous aviez achetées à un jésuite, dieu sait à quel prix, en étaient-elles plus dignes, monsieur le comédien?

L'OMBRE DE CHAMFORT. — De la philosophie, mon cher Saint-Foix, de la philosophie! on soupe mal, mais enfin on soupe avec une bavaroise, vous le savez mieux qu'un autre, et si les spectateurs français se contentent maintenant d'aussi maigre chère, Baron a du moins le mérite de les avoir servis suivant leur goût. D'ailleurs Boursault, qui valait bien Baron; Sedaine si fort au-dessus, comme auteur dramatique, de J. B. Rousseau; Lesage et Beaumarchais, à qui je ne balance pas à assigner le premier rang après l'admirable, l'inimitable Molière, ne sont-ils pas exclus de cette enceinte? de quoi donc l'auteur de l'*Oracle* pourrait-il se plaindre?

L'Ombre de Beaumarchais. — Sans compter que j'aimerais mieux avoir fait le *Marchand de Smyrne* que la *Mère coquette*, au risque de me voir banni, comme Chamfort, d'un sénat où siége *l'opérateur* Quinault.

Lachaussée. — N'offensez personne, monsieur de Beaumarchais, on se vengerait sur Tarare.

Dufresny. — Si l'on parle de Tarare, dont il ne doit pas être question ici, je parlerai de *Figaro*, la pièce la plus originale, la plus satirique, la mieux intriguée, et, qui plus est, la plus morale du dix-huitième siècle, en ce sens qu'elle en peint mieux les mœurs.

La Fontaine. — Chacun et chaque chose à sa place; je ne suis pas moins étranger ici que Lulli, Quinault et plusieurs autres, et je suis prêt à céder mon piédestal à Marivaux, tout Marivaux qu'il est, attendu que *les Jeux de l'amour et du hasard* valent mille fois mieux que mon éternel *Florentin*, dont je ne me console qu'en relisant mes Contes.

Piron. — Vanité ou modestie à part, je réclame contre le jugement de Dufresny, et je crois avoir d'excellentes raisons pour soutenir que ma *Métromanie* est fort au-dessus de *Turcaret* et du *Barbier espagnol*.

Chamfort. — Oui, s'il s'agissait d'un concours pour un fauteuil à l'Académie, dont, par parenthèse, vous avez, ainsi que Molière, Lesage et Beaumarchais, l'honneur de n'avoir pas été; mais Voltaire vous dirait peut-être comme à l'auteur du *Méchant:*

> Un vers heureux et d'un tour agréable
> Ne suffit pas; il faut une action,
> De l'intérêt, du comique, une fable,
> Des mœurs du temps un portrait véritable,
> Pour consommer cette œuvre du démon.

LACHAUSSÉE. — Les pièces de ces messieurs sont bien faites, bien écrites; mais le style en est sec.

BEAUMARCHAIS. — Reproche qu'on ne fera pas au vôtre, car il est trempé de larmes.

L'OMBRE DE MARIVAUX. — Le cœur humain est si bizarre, le rire est si près des pleurs, et l'on trouve si souvent l'attendrissement caché derrière la gaieté, que le genre de Lachaussée est peut-être plus naturel qu'on ne croit.

PIRON. — Je reconnais là maître Marivaux, le grand anatomiste du cœur humain, l'homme du monde qui a le mieux passé le sentiment à la filière, pour en composer ses petits ouvrages en filigrane.

MARIVAUX. — Mes pièces se jouent.

PIRON. — Grace à mademoiselle Mars.

DUFRESNY. — Paix et justice entre nous du moins, messieurs les morts : gardons La Fontaine, malgré son *Florentin*, à cause de ses fables; Rousseau, malgré ses *Aieux chimériques*, à cause de ses odes; Quinault, malgré sa *Mère coquette,* à cause de son *Armide;* mais présentons une requête aux comédiens français pour qu'ils accordent leurs entrées à

Beaumarchais, l'Aristophane moderne; à Lesage, le grand peintre des mœurs; à Boursault, qui a du comique et de la naïveté; à Chamfort, qui petille de sel et d'esprit; à Marivaux, qui vit de détails ingénieux; à Sedaine, qui arrache des larmes de meilleur aloi que celles du père Lachaussée; et même à Saint-Foix, qui ne manque ni d'originalité ni de grace dans un petit genre où il n'est pas à craindre qu'il ait des imitateurs.

SCÈNE II.

(Tableau dramatique.)

CORNEILLE, MOLIÈRE, RACINE, VOLTAIRE, CRÉBILLON, DUCIS, Thomas **CORNEILLE, ROTROU,** l'ombre de Chénier.

La scène se passe dans un salon carré attenant à l'autre salle.

J'examinai d'abord de quelle matière les images de ces grands hommes étaient composées.

Corneille me parut être d'un mélange d'or et de lave refroidie; Rotrou, de fonte; Racine, d'or et d'argent travaillés d'une manière merveilleuse; Voltaire, de diamant; Crébillon, d'une pierre noire imitant le bronze, mais raboteuse et friable; Ducis, d'une pierre[1] précieuse qui réfléchit encore les rayons d'un soleil étranger; Thomas Corneille était de plâtre; Molière était formé de cet inappréciable métal de Corinthe que le hasard a produit une fois, et que la nature et l'art ne sauraient recomposer. Examinons maintenant les physionomies.

Je jetai un coup d'œil sur cette figure sèche et inspirée du vieux Rotrou; je crus y retrouver l'ame du grand citoyen qui vint chercher la mort dans sa ville natale en proie à la contagion.

Je m'arrêtai avec enthousiasme devant la méditation sublime et naive du grand Corneille.

Que cette tête de Racine est belle et régulière! comme le génie s'y peint dans le calme de la perfection! il exprime de hautes pensées, de nobles sentiments; il plane sur les hauteurs: moins audacieux que le génie de Corneille, il n'échappe pas à l'œil qui le suit dans son vol, mais aussi ne s'abaisse-t-il jamais à la surface du sol.

Je vois dans Voltaire le diamant que le soleil a frappé de ses rayons; il brille de mille clartés, comme un prisme, et réfléchit toutes les nuances. Son front est penseur comme celui de Corneille; son regard immole le ridicule que Molière observe; et tout en lui respire le sentiment du beau, le goût exquis et l'élégance qui distinguent Racine.

Je ne sais par quelle illusion je vis tout-à-coup s'élever le buste de Chénier sur le piédestal où j'avais remarqué un moment auparavant celui de Thomas Corneille : tous les grands hommes me semblaient applaudir à cette inauguration ; Corneille, Racine et Voltaire détachaient un rameau de leur couronne, pour en ceindre la tête de l'auteur de *Henri VIII*, de *Tibère* et de *Fénélon*. Je croyais entendre Voltaire le louer d'avoir jeté dans ses compositions dramatiques un mouvement inconnu jusqu'à lui; Racine vanter l'élégante pureté de son style, dont Rotrou faisait remarquer la force, tandis que Corneille applaudissait aux inspirations patriotiques dont ses ouvrages abondent....

Un bruit terrestre vint m'arracher à mes rêveries; la foule entrait dans le foyer, et bientôt je n'y vis plus que des grands hommes en marbre.

Illusion! douce illusion! me disais-je en m'asseyant auprès du buste de Ducis, colore toujours ma vie; le monde moral vu à travers la raison est bien terne et bien triste; prête ton prisme à mon âge mûr, et ne le brise pas dans ma vieillesse.

LES PILIERS DES HALLES.

Je passais sous les Piliers des Halles, et je m'étais arrêté près de celui que décore le nom de Molière. Je ne saurais exprimer l'émotion dont je me sentais saisi en contemplant ce toit modeste où l'un des plus beaux génies dont la France s'honore, où l'auteur du *Tartufe* avait vu le jour. Que n'ai-je pu fixer dans ma mémoire, et lier entre elles tant de réflexions, tant de pensées fugitives que l'aspect de ces murs faisait bouillonner dans mon cerveau ! j'écrirais pour ainsi dire sous la dictée de mon sujet, et je ne craindrais pas de hasarder des vérités dont Molière serait seul responsable ; mais l'inspiration a cessé loin de l'objet qui l'a fait naître, et je n'ai plus à rendre compte que de mes propres observations. J'y fus ramené par le choc d'un gros paquet d'habits qu'un homme portait sur sa tête, et dont il heurta assez violemment la mienne ; il s'arrêta pour me faire des excuses auxquelles je répondis d'autant plus poliment que je reconnus, malgré le travestissement que la fortune lui avait fait subir, la personne qui me les adressait.

« Vous auriez été moins surpris, me dit-il, de me voir trompette d'un régiment ou maréchal de de France, que de me trouver fripier sous les Piliers des Halles; mais que voulez-vous? nous vivons dans un temps où la vie est rarement tout d'une pièce, et pour mon compte, je ne suis guère occupé qu'à recoudre les morceaux de la mienne: tant il y a qu'après avoir galonné et dégalonné trois ou quatre fois mes habits, j'en suis réduit à vendre aujourd'hui ma défroque et celle des autres. »

Tout en causant, nous étions arrivés à la porte de son magasin, où j'entrai avec lui; on verra que c'était une bonne fortune pour moi qu'une pareille rencontre.

« Vous savez maintenant le métier que j'exerce; mais je n'ignore pas celui que vous faites, et si vous voulez passer avec moi deux heures seulement, je vous promets une ample récolte d'observations. » Vous prévenez la demande que j'allais vous faire, lui répondis-je, mais pour que je puisse profiter de votre complaisance, il faut que vous me permettiez de prendre place à votre comptoir, et de faire ici l'office de garçon de magasin, afin d'observer de plus près vos chalands. A merveille, ajouta-t-il, et vous voilà installé. »

J'avais à peine lié autour de moi un tablier de serge verte qui complétait mon costume, qu'un vieux monsieur en perruque à fer à cheval, l'épée au côté, le parapluie à la main, entra d'un air à-la-fois fier et honteux, et me faisant signe de le suivre dans l'arrière-magasin : « Garçon, me dit-il en faisant avec son parapluie l'évolution de la lance, fais-moi voir des habits. » Sans lui demander de quelle sorte, je pris au hasard sur les tablettes des habits de formes et de couleurs appropriées à son âge. « Au diable l'imbécile! dit-il en les repoussant avec dédain; c'est un habit militaire qu'on te demande. — Un habit militaire à monsieur! — D'officier-général. — D'officier-général! — Sans doute, ajouta mon bourgeois, qui entra en riant de ma surprise, et je vais montrer à M. le chevalier un magnifique uniforme de lieutenant-général qui lui ira comme s'il eût été fait pour lui; c'est celui que portait le général G...d sur le dernier champ de bataille où il succomba; j'ai eu soin de laisser voir la reprise qu'on a faite sur la poitrine, à l'endroit où est entrée la balle qui a privé ce héros de la vie; mais il est facile d'en faire disparaître jusqu'à la moindre trace. — Non pas, s'il vous plaît, j'ai été blessé tout juste à la même place à l'attaque de Sainte-Lucie, dans la guerre d'Amérique, et je ne suis pas fâché de porter sur mon habit la cicatrice de ma blessure. »

On lui fit voir l'habit; il l'essaya. Jamais figure plus grotesque ne s'était offerte à mes yeux; et il ne fallait rien moins que le sang-froid dont le ciel m'a pourvu pour retenir le rire dont j'étais suffoqué, en voyant ce brave homme, déguisé en héros, se pavancr devant une glace, dont il s'approchait et s'éloignait en marquant la mesure du pas avec son parapluie. Le marché fut fait, l'habit empaqueté très proprement, et M. le chevalier, pour éviter le pour-boire du garçon, le cacha dans son parapluie et l'emporta sous son bras.

Après la sortie de cet original, M. Dubrocart (c'est le nom que je donne au marchand fripier) avait commencé l'histoire de ce guerrier des anciens jours; nous fûmes agréablement interrompus par un gros homme à figure bourgeonnée. « Monsieur Dubrocart, dit-il en se jetant dans un fauteuil, vous êtes, m'a-t-on assuré, mieux assorti qu'aucun de vos confrères en habits de toute espéce. — Oui, monsieur; je puis habiller des hommes de tous les rangs et de toutes les tailles, depuis le monarque jusqu'au charbonnier, depuis le grand amiral jusqu'au matelot, depuis l'ambasseur jusqu'au facteur de la petite poste; je ne suis pas moins riche en costumes anciens et étrangers. — Je ne pouvais donc mieux m'adreser, car vous saurez que je suis directeur de spectacle, et que je viens chez vous pour habiller à neuf la troupe la plus complète qu'on ait encore vue, et dont l'établissement doit faire époque dans les annales de la littérature dramatique. Je voudrais d'abord un très bel habit de tyran de mélodrame. — De quel temps et de quel pays? — N'importe, tous les tyrans se ressemblent, et comme ils ont par-tout le même caractère, je veux qu'on les représente sous le même costume. — Dans ce cas, voici le *Tibère* de la comédie française ; il n'a pas servi, et je vous en ferai bon marché. — Va pour le *Tibère*. Maintenant montrez-moi des habits de ville pour les différents emplois de la comédie moderne. — Voici d'abord des grandes et des petites livrées de toutes couleurs. — Tous ces habits-là sont usés jusqu'à la corde, et il est aisé de voir qu'ils ont été retournés deux ou trois fois. — En les galonnant en faux sur toutes les coutures, ils peuvent encore vous faire beaucoup d'honneur. Vous savez d'ailleurs qu'en fait de livrée comme en fait de noblesse la plus vieille est la meilleure. — Je prendrai ces casaques si vous m'arrangez de deux beaux habits de cour du dernier goût. — Que dites-vous de ces deux *marquis*? On ne brode plus comme cela aujourd'hui. Si je vous disais de quelle garde-robe ils sortent, et quelles épaules ils ont couvertes!... — Cela m'importe aussi peu qu'au public ; sur les planches, tant vaut l'homme, tant vaut l'habit : à la cour c'est tout le contraire. J'ai besoin de quelques uniformes. — J'en ai pour habiller une armée entière ; mais la plupart sont en très mauvais état, je dois vous en prévenir, et figureraient mieux sur un champ de bataille que sur un théâtre. — Je vois là des uniformes de conseillers d'état, de préfets, de chambellans, tout cela brille aux lumières, et c'est tout ce qu'il faut pour des guerriers de comédie...

« Comment habillerai-je mon financier? Les *Turcaret*, les *Mondor* d'autrefois n'ont plus de modèles vivants; les vices de ces gens-là sont les mêmes, mais leurs ridicules sont différents. — Je ne puis vous offrir que cet habit de ministre. — Il est couvert de taches. — *J'y mettrai des paillettes*[1]. » M. le directeur compléta sa garde-robe théâtrale en achetant de vieilles soutanes pour faire des robes de juges, des blouses de charretiers pour sa grande coquette, des redingotes à la russe, des gilets de Vienne, et des pantalons hongrois, pour habiller son jeune premier...L'espace me manque : peut-être aurai-je occasion de revenir sur ma séance aux piliers des Halles.

[1] Ce mot heureux est pris d'une fable de M. Arnault.

LE CHIFFONNIER LITTÉRATEUR.

Nihil legebat quod non excerperet.
PLINE LE JEUNE.
Il ne lisait que ce qu'il avait recueilli.

Depuis quinze ans que je me suis réduit au rôle de spectateur, il n'est pas une classe de la société dont les mœurs et les habitudes ne soient devenues l'objet de mes observations. Je ne fais pas grand cas du talent d'imitation que possédait Vadé, et je ne m'arrête pas de préférence dans les lieux où il passait sa vie; mais j'aime à les visiter quelquefois, ne fût-ce que pour achever de m'y convaincre qu'il n'y a véritablement entre les hommes d'autre différence que celle qu'établit leur tailleur : déshabillons-les; sous la pourpre, sous la bure, sous les haillons, nous trouverons les mêmes appétits, les mêmes passions, les mêmes sentiments, les mêmes intérêts.— Belle découverte, en vérité!

A ces mots, par lesquels on répondait à ma pensée, que j'avais sans doute exprimée tout haut en marchant, je m'arrêtai, et je vis à la lueur d'une lanterne placée sur la borne un pauvre diable occupé à lire un chiffon de papier qu'il venait de ramasser. « Bon homme, lui dis-je, sauriez-vous quelle heure il est, et dans quelle rue nous sommes? — Il est onze heures, et vous êtes dans la rue de Richelieu, au coin de la rue de Ménars. — Parbleu, je vous remercie; je m'éloignais de mon chemin; mais encore une question : vous savez donc lire? — Je le crois bien; c'est mon métier. »

La réponse me parut singulière, et je continuai l'entretien. « Mon ami, je devine votre état à l'instrument que je vois entre vos mains; comment donc se fait-il... — Mon crochet, monsieur, c'est l'instrument de mes études. — Causons ensemble. — Très volontiers; j'ai du temps à perdre. — Je vous tiendrai compte de celui que je vous dérobe. — Je suis philosophe, et je n'ai besoin de rien : *omnia mecum porto*. — Comment diable, du latin! — Et même du grec : ο φιλωτατε!... — Mais vous me surprenez beaucoup. — Vous n'êtes pas au bout de vos étonnements : non seulement je suis savant, comme vous voyez, mais je suis devin, car je vous vois pour la première fois, et je sais qui vous êtes. — Eh bien, voyons; qui suis-je? — A votre démarche, à votre son de voix, à ce manuscrit roulé dont le bout sort de votre poche, je devine que vous êtes un auteur, et conséquemment mon confrère, car je suis homme de lettres, tel que vous me voyez. — Ce qu'il y a de sûr, c'est que vous êtes au-dessus de votre profession, et je connais beaucoup de gens qui n'en peuvent pas dire autant. »

Tout en causant mon homme continuait à ramasser, avec cette dextérité commune aux gens de son métier, des feuillets imprimés qu'il trouvait en assez grand nombre dans un amas de débris de toute espèce; mais il ne les jetait dans sa hotte qu'après les avoir attentivement examinés l'un après l'autre. « Maudit bavard! s'écria-t-il en déchirant en morceaux un de ces feuillets; je te trouverai donc à tous les coins de rue! — A qui en avez-vous, lui dis-je. — Eh parbleu! à cet ennuyeux écrivailleur dont les œuvres dépecées remplissent mon magasin, et que les épiciers eux-mêmes refusent de m'acheter à deux sous la livre tant le papier est mauvais. — La postérité ne se montrera pas moins dédaigneuse peut-être. — Ah bien oui! croiriez-vous que dans tout ce fatras je n'ai pas trouvé deux extraits dont je pusse enrichir ma compilation, car il est temps de vous apprendre que je suis chiffonnier littéraire pour vous servir : je suis le créateur d'un métier où tous mes élèves ont fait fortune. »

Plus je causais avec cet homme, plus j'étais étonné de sa manie biogénique : en le regardant avec quelque attention à la lueur de sa lanterne et des réverbères, je distinguai un front chauve et proéminent, un nez aquilin très effilé, et une bouche où se peignaient des habitudes bachiques et une malice innée.

« Comment vous nommez-vous? lui demandai-je. —

André Vergéte pour vous servir... Vous avez envie de connaître mon histoire, n'est-il pas vrai? Eh bien, vous la saurez, si vous avez le courage de me suivre jusque chez moi. » J'acceptai la partie, et nous voilà cheminant ensemble.

« Mes premiers souvenirs, continua-t-il, datent de la rue Quincampoix; quant à ma naissance, elle est si obscure qu'il ne tient qu'à moi de la croire très illustre. Je lisais dernièrement une feuille de commentaires, tombée sous mon crochet à la porte de l'Institut; on y prouve que rien n'est plus difficile à démêler que la généalogie des rois d'Égypte : or, puisque la mienne est tout aussi embrouillée, pourquoi ne supposerais-je pas que je descends des rois égyptiens? — Votre nom de Vergéte en est la preuve : comment n'y pas reconnaître celui d'*Évergéte*, second roi de la dynastie des Ptolémées?— Diable! c'est bon à savoir; et, dès ce moment, j'ajoute à mon nom l'*É* qui lui manque, et me voilà aussi sûr de mon origine que la plupart des rois mes confrères.

« Quoi qu'il en soit, une vieille marchande de marée, qui m'avait pris en affection sans se douter de l'honneur que je lui faisais en acceptant ses soins, me plaça en qualité d'enfant de chœur chez le vicaire de la paroisse Saint-André-des-Arcs; c'est là que je pris ce goût de lecture qui décida de ma vie entière. Ce bon vicaire était, sans comparaison, l'homme de son temps qui avait, non pas lu, mais parcouru le plus de livres : il ne tenait pas précisément au choix, mais bien à la variété de ses lectures. Pour contenter ce besoin, il avait fait faire un pupitre circulaire sur lequel il plaçait une vingtaine de feuillets de différents livres, et le mouvement de rotation imprimé au pupitre lui permettait de les parcourir d'un coup d'œil.

« — Il est probable que l'invention de ce pupitre s'est propagée, et qu'il est à l'usage de cette foule de gens du monde et de prétendus gens de lettres qui prononcent si affirmativement sur les ouvrages anciens et nouveaux dont ils n'ont pas lu dix pages de suite. »

André Vergéte m'avait exquissé la première partie de sa vie nocturne, quand nous arrivâmes dans une petite ruelle du faubourg Montmartre.

« Monsieur, me dit-il en s'arrêtant à la porte d'une allée, il y aurait conscience à vous faire monter dans mon galetas; j'aurais peur qu'à votre âge vous n'y arrivassiez pas en vie. » J'insistai pour le suivre. « Dans tous les cas, ajouta-t-il, comme je vous crois en état de grace, si vous mourrez de fatigue en arrivant là-haut, vous serez à moitié chemin du paradis, que je vous souhaite en bon confrère. — Vous avez de l'esprit, maître André. — Je vous crois, car pourquoi me flatteriez-vous?... » Ouf!... Nous voilà parvenus au septième étage d'une maison dont l'escalier n'avait pas moins de cent soixante-dix marches. « Du courage, me dit André, le plus fort est fait. » Je ne concevais pas ce qui pouvait nous rester à faire, puisque nous étions à bout d'escalier... Mon homme avec son crochet souleva une trappe, et fit descendre une échelle au moyen de laquelle je me hissai dans un vaste grenier divisé en trois chambres par des cloisons de nattes. La première, qui lui servait de magasin, était remplie de morceaux de papiers; il couchait dans la seconde; et, dans la troisième, qu'il appelait emphatiquement sa bibliothèque, cinquante ou soixante volumes assemblés avec de gros fils, et enveloppés d'affiches de spectacles, étaient rangés sur de vieilles planches suspendues horizontalement par des cordes attachées aux solives.

« Vous voyez, me dit-il en élevant sa lanterne, les œuvres du prince André Évergète. » J'ouvris le premier volume, composé comme les autres de feuillets de toutes les dimensions, depuis l'in-4° jusqu'à l'in-18, et je lus sur le titre : *Les Guenilles littéraires, ou le Chiffonnier compilateur*.

« Vous voyez l'ouvrage de ma vie, continua-t-il, le trésor posthume que je réserve à mes héritiers; c'est le résidu de la nouvelle littérature germanico-anglico-welchico-française. J'ai trouvé l'art d'y fondre ensemble soixante fragments de poèmes épiques, douze cents pages de romans, deux cent quarante scènes de tragédies, de comédies, et de mélodrames; deux mille couplets de chansons, trois cent soixante pages de citations extraites des discours de toutes les tribunes, quatre cents pages d'histoire de mon grand fournisseur, le tout obscurci par des notes formées d'articles de journaux. »

Je m'amusai à parcourir cette encyclopédie des sottises, des folies, des platitudes et du mauvais goût de notre siècle, que le *Chiffonnier compilateur* avait si malignement composée des débris de quelques centaines de volumes qui ont eu leur jour de vogue. André Vergète avait établi je ne sais quel malin désordre entre tous ces fragments : le traité de l'*Absolu*, du Polonais Wronsky, servait d'Introduction à la Monarchie de M. de M***; une scène de comédie de M. de*** était intercalée dans un acte d'une tragédie du même auteur: on lisait de suite, et sans s'apercevoir du passage des vers à la prose, une page du *Renégat* et une page des *Chevaliers de la table ronde;* un chapitre de l'*Indifférence* de M. L... semblait amener tout naturellement un fragment d'histoire de M. Ch...

« Je devine, dis-je à André, tout ce qu'il peut y avoir de piquant dans cette compilation amphigourique; mais une épigramme en soixante volumes est un peu longue : un pareil ouvrage aurait eu besoin d'un système. — Eh vraiment, c'est par-là que je brille! jetez plutôt les yeux sur ma table des matières... » En effet rien de plus systématique que l'index de ses *Guenilles littéraires*, dont il avait formé deux grandes divisions : l'*absurde*, le *ridicule*.

Sous le premier titre il a placé les rêveries métaphysiques, la littérature du cochemar, les théories du brigandage, la délicatesse des espions, la sensibilité des bourreaux, l'enlacement des images incohérentes, l'abus des métaphores inconcevables, le conflit des étoiles, des nuages et des torrents.

La classe du *ridicule* renferme le genre vaporeux, le pathétique affecté, la sensibilité à propos d'une mouche écrasée, la manie d'analiser, la fureur de décrire ; dans une autre subdivision, le style génevois, avec ses formes arides et pédantesques, ses forces centrales, ses contre-poids, ses vibrations, son omnipotence et ses raisonnements algébriques. Il avait placé dans une troisième subdivision de la même catégorie les lieux communs de l'éloquence collégiale, la logo-diarrhée de certains professeurs ; la critique banale de certains journalistes ; le marivaudage édulcoré des écrivains suivant les cours ; les classiques dégoûts des esprits stationnaires ; les plaintes émoussées ; les rébus ; les quolibets ; l'ironie perpétuelle ; en un mot, toute l'artillerie pétillante et inoffensive de la littérature en vaudeville.

« Mon cher André, lui dis-je, vous avez fait un si bon ouvrage, qu'il vous suffit de l'annoncer pour faire votre fortune. — Ma foi, monsieur, qu'à cela ne tienne ; mais je ne vois pas bien... — C'est pourtant tout simple : vous ferez paraître un *Prospectus* dans lequel vous indiquerez nominativement tous les auteurs qui doivent figurer par lambeaux dans vos *Guenilles littéraires*, en laissant à chacun la liberté de retirer la part qu'il peut avoir dans cette friperie, moyennant le prix d'un exemplaire payé d'avance : il est bien peu de vos coopérateurs forcés qui ne s'empressent, pour éviter cette exposition publique, d'acquitter la petite contribution frappée sur leur amour-propre ; et, par ce moyen, vous écoulerez l'édition d'un ouvrage qui ne paraîtra pas, et que vous aurez vendu à condition de ne pas le mettre au jour. — Parbleu, vous me donnez là une bonne idée, et j'y réfléchirai demain dans ma promenade nocturne. »

Je n'ai pas quitté mon *Chiffonnier compilateur*, sans lui laisser un bon à-compte sur les frais du *Prospectus*.

FIN DU PREMIER VOLUME DES MÉLANGES.

TABLE.

Avant-Propos............................ Page	3
Discours de réception à l'académie française........	9
Premier Dialogue.................................	28
Second Dialogue..................................	43
Troisième Dialogue...............................	56
Quatrième Dialogue...............................	71
Cinquième Dialogue...............................	83
Sixième Dialogue.................................	99
Septième Dialogue................................	117
Malesherbes et M. Boissy-d'Anglas.................	129
Sur une nouvelle édition des œuvres complètes de Voltaire.......................................	153
Portrait de Voltaire, par Goethe..................	163
Shakespeare, Voltaire, Racine.....................	168
Le Morceau de fer et le Lingot d'or...............	175
Duel et Suicide...................................	185
La Vanité d'un tombeau............................	194
Les Missionnaires en France.......................	198
Sermon d'un philosophe chrétien sur la dévotion monarchique....................................	227
Fanatisme et Cruauté..............................	232
La grande et la petite Église.....................	243
De la Censure littéraire..........................	254
L'Auteur et le Censeur dramatique.................	259
Les Censeurs, pièce à tiroir, en trois actes et en prose.	266
Les petites Prophéties de Babelmicedek............	282

Dialogue de Lucien.................................... Page	285
Henri IV et les trois couleurs	288
Le bon vieux Temps	294
L'Abbé-Cuisinier, ou une Scène de cour...........	301
Les Jésuites..	304
Anytus et Mélitus. Petit dialogue	315
Les Tablettes d'un goutteux. Pot-pourri politique, critique, moral et littéraire......................	322
Nous mourrons tous	348
La Marquise et le Libéral.............................	352
Le Miroir...	360
Allusions, applications, suppressions...............	368
Le Champ du Pauvre...................................	376
Chacun à sa place......................................	381
Notre Époque, ou les trois Générations............	387
Mes Sujets d'humeur...................................	393
La Querelle des Almanachs...........................	395
Extrait des Mémoires d'un marchand d'ocitis........	406
Mes Tablettes	410
Deux Scènes au foyer des Français.................	429
Les Piliers des halles..................................	437
Le Chiffonnier littérateur.............................	443

FIN DE LA TABLE.

www.ingramcontent.com/pod-product-compliance
Lightning Source LLC
Chambersburg PA
CBHW070547230426
43665CB00014B/1840